從詮釋學與天台學說起

吳汝鈞　著

臺灣學生書局印行

自　序

　　本書所收，主要是我近年參加研討會中作主題演講與專題演講的文字，及附錄的兩篇簡短的翻譯。整體來看，內容以就詮釋學（Hermeneutik）來解讀佛教天台學為主，因此定名為「從詮釋學與天台學說起」。第一、二、三、四章的焦點是天台學，第五章也與天台學有關。第六、七章則分別處理佛教唯識學與精神分析的問題和現象與物自身的分離問題。第八章則是我自己在近十多年間努力打拚的純粹力動現象學的問題。第九章則談論佛學研究方法，兼及論學問題。

　　以下分別交代此中有關文字的撰作來由和性質。第一章〈葛達瑪的詮釋學對佛學研究的啟發——以天台學的研究為例〉是參加中央研究院中國文哲研究所於 2006 年 1 月舉辦的「理解、詮釋與儒家傳統國際學術會議」上所發表的論文。第二章〈從二諦、三諦到佛性：就詮釋學的觀點看〉是參加華梵大學東方人文思想研究所於幾年前成立的天台學資料典藏庫的成立典禮上作的專題演講。第三章〈天台學的核心觀念與實踐：對海外的天台學研究的反思〉是參加華梵大學東方人文思想研究所於 2012 年 6 月舉辦的「第四屆東方人文思想國際學術研討會：天台思想與實踐」上所作的主題演講。同文經略加修改後又作為主題演講文稿發表於浙江省慈溪市五磊講寺在 2015 年 5 月主辦的「諦閑大師與民國佛教研討會」。第

四章〈牟宗三先生與勞思光先生對於天台學的理解〉是對在 2016 年 6 月參加中央大學主辦的「當代新儒學未來發展：李瑞全教授榮退學術會議」所發表的〈關於天台學的存有論問題〉一文的改寫而成。第五章〈東亞佛學研究之現況與前瞻〉是參加國立臺灣大學哲學系在 2014 年 10 月主辦的「2014 東亞佛教思想文化學術研討會」上作的主題演講。第六章〈佛教唯識學與弗洛伊德的精神分析的比較研究：以阿賴耶識和潛意識為中心〉是參加杭州佛學院在 2015 年 10 月舉辦的「2015 年第三屆唯識學高峰論壇」上作的主題演講。第七章〈關於現象與物自身的分離問題的現象學與歷程哲學之解決〉是幾年前參加中央研究院中國文哲研究所舉辦的「理解、詮釋與儒家傳統：個案篇」研討會上所發表的論文。第八章〈純粹力動現象學的構思與建立〉是參加中央研究院中國文哲研究所於 2014 年 9 月舉辦的「東亞哲學的終極真理國際學術研討會」上所發表的論文。此文經局部修改與補充後又先後於 2015 年春、夏間在國立中央大學儒學研究中心與上海華東師範大學哲學系作專題演講之用，後者是由思勉人文講座撥款贊助。另外，我在中央大學作完演講後，又與大學的中文研究所與哲學研究所的師生進行討論，交流意見，有錄音記錄，此記錄也附於文後，供讀者參考。最後，第九章〈論佛學研究方法，兼評倪梁康先生《宗教經驗與般若現象》一文〉則發表於中央研究院中國文哲研究所編的並在 2015 年 6 月出版的《中國文哲研究通訊》中。

由於各章（特別是由第一章到第五章）所討論的問題的相近性，故在少數地方在內容上有重疊之處。但因各章都是各自獨立而撰寫成的，為了保持原文的完整性，因此以其本來面目刊載出來，請讀者垂注。

是為序。

吳汝鈞

2015 年 9 月

臺北南港中央研究院

從詮釋學與天台學說起

目　次

第一章
葛達瑪的詮釋學對佛學研究的啓發
——以天台學的研究爲例

一、葛達瑪的詮釋學

　　在本文中，我要以詮釋學為主、現象學為輔作為參照，展開對佛教天台宗哲學特別是它的「中道佛性」與「心念」觀念的研究，看看現代的詮釋學（Hermeneutik）與天台佛學在甚麼地方有交集之點，從而探索一下詮釋學作為一種哲學方法，在運用上對天台學的理解所可能有的啟發。這可以說是跨文化特別是跨哲學的研究。在詮釋學方面，我以最重要的詮釋學家葛達瑪（Hans-Georg Gadamer）的鉅著《真理與方法》（*Wahrheit und Methode*）」為依據。[1]在這裏，我要先對詮釋學作一些探討與交代。詮釋學是有關對文本（text）、文獻的詮釋的學問。它最初沿著兩個方向發展：神學詮釋與語文學詮釋。前者指涉對《聖經》的正確的解讀，後者則成了神

---

[1]　Hans-Georg Gadamer, *Wahrheit und Methode: Grundzüge einer philosophischen Hermeneutik*. Tübingen: J. C. B. Mohr (Paul Siebeck), 1990. 此書以下省作 *Wahrheit und Methode*。

學中的一個重要學科。依葛達瑪的看法，兩者最初是並行發展的，最後受到高度的關注，導致舒萊爾馬赫（F. D. E. Schleiermacher）的普泛詮釋學或傳統詮釋學的產生，很多人都知道這事件了。

詮釋學是一種理解的方法，它有技術性的一面，毋庸置疑。但不光是這一面，它具有自身的藝術指向。葛達瑪提出，詮釋學是一種藝術的表現，這不是技術性的、機械化的，而是以完成一項藝術作品為目標的。故詮釋學不光是照著作者的意思來理解，不是一成不變的照著說，而是要求創意，它與藝術品一樣是一種有創意的工作。

初步來說，我們可以把詮釋學看成是對於文本的意義（Sinn, Bedeutung）的解釋（auslegen）與理解（verstehen）的哲學。「解釋」的工作較簡單，層次也較低，它基本上涉及事實性、經驗性。「理解」則指涉精神的、生命的層面；生命也不光是物理的、生理的問題，而是一有機的（organic）機制（mechanism）。[2]法國現象學家利科（Paul Ricoeur）便視詮釋學為有關與文本的解釋相連繫的理解程序的哲學。他是同時以解釋與理解來說詮釋學，而以後者為本。詮釋學的前輩狄爾泰（Wilhelm Dilthey）也曾說，自然需要解釋，人則需要理解。[3]此中的理由，據我的體會，是由於自然（Natur）傾向於靜態，動感不足，變化不大，故容易相處，而少洶湧的波濤。人便不同，他有自己的主體性（Subjektivität）與自由意志（freier Wille），變數大，動感濃，需以層次較高的理解來溝通、處理。或者可以這樣說，自然是經驗性格，人則有經驗性格，同時也有精神

---

[2] 解釋與理解很不同，我們必須分別清楚。

[3] Wilhelm Dilthey, *Gesammelte Schriften* VII, Göttingen, S. 208.

性格，而且以後者為主。狄氏主要是以精神性格說人，強調與精神有密切關連的理解一面。在本文中，我們說詮釋學，也是重視它的理解一面。我們甚至可以說，詮釋學是有關理解（真理）的學問。

說到理解或解釋，自然離不開進行這種活動的媒介，這即是語言（Sprache）。理解或解釋可簡單地說是以語言為媒介的一種談話，或與文本的作者進行對話、溝通。葛達瑪便說過，理解的開始，是某一方面與我們進行攀談（anspricht）；他並說這是一切詮釋學的詮釋活動中的最首要的條件。[4]這讓我們想到宗教或哲學的遇合（religiöse, philosophische Begegnung）的問題；這是現代思想界的重要話題與活動，是不同宗教與哲學背景的人的對話（Dialog），目的是增進相互間的理解；而對話的媒介，自然是語言。

理解的對象是文本，那是以語言文字構成的。這些語言文字所構成的文本有它的產生的特殊背景，那便是歷史語境。而我們理解文本，也應該盡量把它放在它的歷史語境之中。這在理解天台學來說，我們應留意它的用語的習慣，例如「實相」是指終極真理，「不思議」指背反（Antinomie）的東西的融合與同一，如煩惱與菩提的同一，生死與涅槃的同一。[5]「一心三觀」指一種超越一般的理智或知解的認識規律的對事物的觀法。「中道佛性」指視中道（madhyamā pratipad）與佛性（buddhatva）等同，中道是客體真理，佛性是主體真心，這種等同有心即理或心理為一的思想傾向。「不斷斷」指不

4　*Wahrheit und Methode*, S. 304.

5　背反是指兩種性格完全相對反的東西總是擁抱在一起，連結在一起，不能分開的情況。康德（I. Kant）有二律背反之說，京都學派也常說生死的背反必須被超克，才能說覺悟與解脫。

需斷除煩惱或與佛以外的九界眾生斷絕連繫而仍能了斷生死輪迴的問題。

這種對歷史語境的留意，也牽涉到宗教學上所謂的宗教的類似性（religiöse Homogenität, religious homology）的問題。這概念是指人或不同宗教在心靈、精神或人性方面有相類似的地方。例如佛教的「空」一概念的內涵，在某個意義上可以透過道家的「無」一概念表示。由於這方面的類似性，我們可以將佛教與道家放到非實體主義的立場上去。儒家的「天道」一概念的內涵在某個意義上可以基督教的「上帝」一概念來表示，它們都走實體主義的思維導向。在關連到詮釋學的歷史語境一問題上，讀者可以藉著這種類似性，把作者在撰寫文本時的心境嘗試再現，舒萊爾馬赫稱這種心理作用為「移情」（Empaphie, Einfühlung），狄爾泰則稱為「體驗」（Erlebnis）。這種移情作用在美學上也被視為一種重要的美感經驗。葛達瑪更進一步發展，認為體驗是對話雙方（在這裏應指文本作者與讀者）溝通的橋樑。在這點上，特別是在溝通或體驗上，我們又可以天台學的例子來說。智顗大師說「煩惱即菩提」，[6]這是一種弔詭的說法，不易理解。我們可以就苦痛煩惱本身所可能對我們具有正面意義或積極影響來嘗試解讀。例如，對苦痛煩惱的經驗與承受，可以培養我們的忍耐性，也可以拓展我們的容受面（我們不單能容受快樂，同時也能容受苦痛），這樣便能提升我們的精神境界，充實我們的心性涵養，以至增長我們的人生智慧。

現在讓我們再回到語言文字的問題。葛達瑪非常重視語言在理解中的重要性，認為我們的所有理解都是在語言中發生的，讀者要

6　智顗著《法華玄義》卷九，《大正藏》33・792b。

與文本構成某種關係，需要涉入語言的範域。我們只能靠語言來理解存在。因此有人把他的詮釋學叫作「語言詮釋學」。進一步說，我們通常是認為對文本的解釋與理解都是方法論的（methodological）意義，葛達瑪對理解有較極端的看法，有視理解具有本體論的（ontological）意義的傾向。他稱自己的詮釋學為哲學詮釋學（philosophische Hermeneutik），在這種哲學詮釋學中，語言被本體化了，成了語言本體論，一切理論與解釋，都要在語言中發生。這讓我們想到一個問題：語言是不是那樣重要呢？那樣萬能呢？語言的作用有沒有限制呢？有沒有語言所不能表達的超語言的東西，例如終極真理呢？葛達瑪似乎認為語言可表達一切，[7]儘管他說真正的語言不是抽象的符號，不是僵化的、死硬的文字，而是具有生命的，它的主體在動詞（verbum）。他似乎未意識及語言之外的真實世界，或語言所不能表達的絕對的事物；他只重視言說一面，未有重視超言說一面。這點若以東方哲學作參照，便很明顯了。《老子》書中說「道可道，非常道」，正表示有不能以語言表達的「道」，或絕對的、終極的東西。[8]

再下來便是這樣一個問題：理解純然是一種對文本的客觀的解讀，抑有讀者的主觀（或主體）的創發性在裏頭呢？葛達瑪首肯創

---

[7]　這是我自己的猜測，未能證實。

[8]　關於這一點，我亦頗感困惑。葛達瑪是詮釋學的一代宗師，不應有語言萬能的想法。他是德國哲學家，不可能沒有聽及德國神秘主義的說法，後者便認為有語言所不能表達的東西，只有直覺（Anshauung）才能提供通道。他是海德格（M. Heidegger）的高足，不可能不知道海氏要翻譯《老子》的事。這本小書便是以「道可道，非常道」作開始的。

發性一面，他先說舒萊爾馬赫，謂後者視理解為一種對作品的重新
構架（rekonstruktiver Vollzug einer Produktion），具有創造義，而
且這種重新構架可以突顯文本作者本來疏忽了的、未意識到的內
涵。[9]在這種重新構架的活動中，讀者自己的主體性，或個別的體會、
旨趣的涉入，是免不了的。在這個問題上，我要指出，這些東西的
涉入，倘若發生於文本的內容脈絡之中，而不是在內容脈絡之外，
則我們應予以積極的評價。這如同兩個人對話，一人就某一問題提
出他的觀點，另一個聽了，也提出他的回應，而這回應是原來的人
所忽略的，而且有新意在內，這新意並未溢出原來所涉的題材的內
容脈絡，則這新意應是值得重視的，而這類型的討論、對話是值得
提倡的。這新意的提出，可說有創造義。這讓人想到故傅偉勳教授
所提出的創造性的詮釋。在這種詮釋中所展示的新的內涵，是超越
文本作者的意識空間的。葛達瑪自己也曾引述查勒頓尼烏斯（J. M.
Chladenius）的說法，即是，我們理解文本作者的作品，有充分理據
去想像文本作者自己未有想及的內容。[10]這種未有想及的內容，倘
若是具有建設性意義的話，則可說相當於傅偉勳所提出的創造性詮
釋中的「當謂」。[11]

　　葛達瑪認為，理解（Verstehen）活動對原來的文本言，具有再
產生的意涵，這是對曾經了解過的事物的再了解，是一種再創構的
做法（Nachkonstruktion），這種再創構的成立，是以一種具有創建

9　*Wahrheit und Methode*, S. 196.

10　Ibid., S. 187.

11　傅偉勳：《從創造的詮釋學到大乘佛學》（臺北：東大圖書公司，1990），
　　頁 33-39。

組織的原初決定（Keimentschluβ）為根基的。[12]這個意思，就關連
到天台學來說，對於智顗大師的「中道佛性」、「不空」、「佛性
常住」等概念，也可這樣處理。而葛達瑪所謂的具有創建組織的原
初決定，正是智顗哲學的出發點和根本精神，那便是他從《法華經》
（Saddharmapuṇḍarīka-sūtra）所體會到的開權顯實、發跡顯本所得
來的靈感。特別是他對釋迦的從本垂跡這一宗教經驗的體會，即是，
釋迦自久遠以來即已成佛，他是為了普渡眾生這一充滿悲願的宗教
理想而從本體世界以色身之跡示現，便很有本源的（ursprünglich）
意義、原初的涵義。[13]

　　天台學是一種哲學，它是有其源流的，是上承《法華經》、龍
樹（Nāgārjuna）的中觀學（Mādhyamika）與《大智度論》
（Mahāyāna-prajñāpāramitā-śāstra）的思想，也受到《涅槃經》
（Mahāparinibbāna-suttanta）的佛性觀念的影響。因此，要具體地、
內在地、深入地了解天台學，便不能不照顧它的所承，從思想史的
脈絡來探討，特別要認真解讀《大智度論》與《法華經》，因為前
者是智顗在他的前期讀得最多的論典，而後者則是他在後期讀得最
熟的經典。故在這裏我們也就關連著思想史一面來看一下詮釋學，

12　*Wahrheit und Methode*, S. 191.

13　《法華經》中所展示的釋迦的這種從本垂跡的志業，就筆者自己提出
　　的純粹力動現象學來說，是很順適的：釋迦的生命存在來自純粹力動
　　的世界，他以人的形態在這個娑婆世界中示現，傳播佛教的福音，普
　　渡眾生。在這個世界逗留了八十年，任務完畢，便回返到他所自來的
　　純粹力動的世界，或本體世界。「從本垂跡」中的「本」是指純粹力
　　動的本體世界，「跡」則是形跡，是釋迦在這個經驗世界中施教所示
　　現的變化身（apparition）。

或倒轉次序來看。我們可以說，對於思想史的理解，就詮釋學的角度而言，特別是參考利科的觀點來說，我們應基於一種「效應歷史的意識」（Wirkungsgeschichtliches Bewuβtsein）來理解。即是說，我們不視思想史為一種純粹是外在的、客觀的現象，或事件，卻是視之為一種所謂「效應歷史」（Wirkungsgeschichte）；它不是與現代環境割截開來，而是與後者連成一體的。我們自身與思想史有一種互動的關聯：我們在思想史中得到培養與教育，而思想史的存在根源，也要在我們的生活環境中有它的痕跡。基於這點，便有所謂「場域」（Horizont）與「體驗」（Erlebnis）的問題。即是，我們要參涉我們的場域與體驗來處理思想史。我們要與思想史相融和，把它作為文本來了解，和它交談，進行對話（Dialog）。要真切理解思想史，便需與它遇合（begegnen, encounter），與它對話。場域與體驗便在這個意義下顯出它們的重要性：告訴我們思想史對時代的啟示，為我們與歷史的關係定位。說到這裏，我想到智顗大師在他的《法華玄義》中引《法華經》的「一切世間治生產業皆與實相不相違背」[14]的話語。「一切世間治生產業」指具體的現實環境，這是我們的場域，為我們所接觸、所體驗；「實相」則是傾向抽象意義，是治生產業的背景、基礎，這相當於思想史。兩者不相違背，指我們的現實環境，是實相參涉的場地、展現的場地。離開現實環境，實相便失去作用、示現的依據了。兩者是相融和的，不相衝突的。同樣，我們的場域也與思想史溝通與融和，思想史是在當前的場域中發揮它的啟示、啟迪作用。離開了當前的場域，思想史便成了古董，失去生命力、活力，對時代不能起指引作用，變成與現實

14　　《法華玄義》卷八，《大正藏》33‧778a。

完全脫離的客觀的被研究的對象。

　　有一點要注意的是，我們自身的場域與體驗讓我們進入思想史之中，以主體的身分展示前此判斷（Vorurteil）作用，把原來背負著的價值觀與既成想法，以有意識或無意識的方式，散發出來，這有時會造成偏頗的、慣習不變的見解，因而形成效應歷史。這種做法的意義很明顯，它是以一種存在的、主體性的態度來理解思想史，後者對於當事者來說，自然不是與自己的處境完全無關的客觀現象或事件。一言以蔽之，如何在效應歷史與客觀理解之間取得平衡，讓歷史不離人生，而人也不會由於以既成的前此判斷而產生偏見，在對歷史的理解上誤導他人，的確需要具有高度的詮釋學的智慧。

　　葛達瑪認為詮釋學不能以抽離的方式被建立起來，它不能離開特殊的存在，不管是人抑是物的存在。這有一種重視現實的實踐的意味。葛氏顯然認為詮釋學應該是一種與現實密切關連著的實踐性格的學問，因此他提出詮釋學的實用、應用（Applikation）的功能。在他看來，理解本身便是一種效應、效能（Wirkung），是對存在世界的開顯（嚴格地說，應是讓存在世界向我們開顯，展示它的本質、性格），理論與知識的建立，是不重要的。在他看來，開顯不同於知識；我們對 A 事物有知識，只表示 A 事物是我們的認知對象，我們知道它是甚麼樣的對象而已。開顯則有一種物我在精神上、本質上相通甚至通而為一的意味。開顯是一種高層次的接觸與解悟，在現象學與詮釋學來說，都有深遠的涵義。關於這點，這裏暫時擱下。我們在這裏想強調的是，天台宗智顗大師的「一念三千」的著名的說法，也有對存在世界開顯，或存在世界對我們開顯的意味。三千諸法象徵存在世界，它與我們的一念同起同寂：同時生起而展璀璨，也同時沉降而歸寂靜。而三千諸法也隨一念的境界、狀態而

浮動：一念是淨，則三千諸法是淨法，其中沒有執取；一念是妄，則三千諸法是染法，其中充滿迷執。不管是淨是妄，三千諸法或存在世界都是受一心作用開顯的。[15]

　　順著詮釋學的實用、應用的效能說下來，我們可以在這裏作較深刻的討論了。就詮釋學的立場而言，解釋（Auslegen）、理解（Verstehen）與應用（Anwendung, Applikation）應該是連繫在一起的。這點很容易了解：被解釋、理解的那些事物的意義（Sinn, Bedeutung）會對人產生感染的效應，形成或影響人的信念，而構成人的世界觀、價值觀，這便是應用了。這在東方宗教與哲學，不論是儒、釋、道來說，便是實踐。我們不妨以王陽明的知行合一的思想模式來解讀詮釋學。就天台學來說，作為終極真理（實相）的中道佛性，是具足功用的，能本著這功用來普渡眾生。知的同時便有行：能知中道佛性，便能體證、實踐中道佛性，能像菩薩那樣「出假化物」。即是，以自身通過修行累積得來的功德，所謂「功」、「自進」，去利益他人，所謂「用」、「益物」，合起來便是教化、轉化眾生，所謂「化他」。[16]

　　關於轉化或教化，葛達瑪用的字眼是 Bildung，那是從詮釋學的

15　關於一念三千的詳細說明，參看拙著《佛教思想大辭典》（臺北：臺灣商務印書館，1992），頁 12a-b。

16　智顗《法華玄義》卷五：「功論自進，用論益物。合字解者，正語化他。」（《大正藏》33・736c）關於中道佛性的功用性格，參看拙著 Ng Yu-kwan, *T'ien-t'ai Buddhism and Early Mādhyamika*. Honolulu: University of Hawaii Press, 1993, pp. 66-73。又可參考拙著《中國佛學的現代詮釋》（臺北：文津出版社，1995），頁 62-71。特別有關真理或中道佛性的用，參考拙著《佛教思想大辭典》，「用」一條目，頁 200a-201a。

角度來說的。他用「深沉的精神上的轉變」（tiefgreifender geistiger Wandel）來說教化。[17]他並把教化界定為「人開拓自己的天資和力量的獨特方式」。[18]這天資和力量或能力（natürliche Anlagen und Vermögen）應該不是就生物學的生物本能說，而應有超越的意味，可視為相當於佛性，而其開拓或表現方式，在佛教來說，便是般若智慧（prajñā）。這可從下面接著的論述得到佐證。他特別多次提到精神（Geist），認為精神科學是跟隨著教化而起的，精神性的存在（Sein des Geistes）與教化理念（Idee der Bildung）有本質上的連繫。[19]若對比著天台學來說，精神性的存在可說相當於佛性，或中道佛性，教化理念則與能普渡眾生的中道佛性的功用相通，後者依智顗的說法，便是以治眾生病患（精神上的病患）為喻的知病、識藥、授藥的本領。[20]

　　關連著教化的問題，葛達瑪又強調人的明顯特徵在能斷離直接的和自然的成素（Unmittelbare und Natürliche），在本質方面具有精神的、理性的面相（geistige, vernünftige Seite），但他常不守其本性，因此需要教化。[21]所謂「在本質方面具有精神的、理性的面相」似有人性本善的意味，倘若我們以善性來解讀「精神的、理性的面相」的話。可惜人常不能謹守這些面相，因此需要教化來使他歸於正軌。這種說法顯然有類孟子的性善說。對比著天台學來說，直接的和自

17　*Wahrheit und Methode*, S. 15.

18　Ibid., S. 16.

19　Ibid., S. 17.

20　關於這種治眾生病患的本領，參閱拙著《中國佛學的現代詮釋》，頁64-70；*T'ien-t'ai Buddhism and Early Mādhyamika*, pp. 66-75。

21　*Wahrheit und Methode*, S. 17.

然的成素可比配智顗常說的無明、煩惱、一念惑心和我見。而本質
方面的精神的、理性的面相，則可比配佛性（buddhatva）、法性
（dharmatva），以至中道佛性。依智顗，人常有一念惑心，生起我
見、一念無明之心，壞行為便因此而來了。因此需要修行，要有止、
觀的工夫，以恢復原有的佛性、法性的光明。這些點都可以說宗教
的類似性。說到教化，葛達瑪認為它的一般性格是讓人自己成為一
個普遍的精神本質或存在（allgemeines geistiges Wesen）。這是一種
主體性，是人本來便有的，它具有普遍性（Universalität）。人若不
能守住這普遍的本質，便會陷溺於個別性（Partikularität）中，與未
接受過教化的人無異。[22]這裏說的普遍的精神存在，在佛教特別是
天台學來說，便是不是直身、色身，而是無生無滅的法身
（dharma-kāya）。[23]至於個別性，正是指有生有滅的直身、色身而
言，那是經驗性的東西，是生滅法。它必須接受教化的洗禮，才能
昇華，由色身、物理的身體而轉化為精神的法身。葛達瑪的有關教
化的結論是：要尋求普遍性的提升（Erhebung zur Allgemeinheit），
棄去特殊性。[24]這即是捨無明而復法性（法身）；說得弔詭一點，
便是實現無明即法性、煩惱即菩提、生死即涅槃的宗教理想。更可
以說是生命從無明與法性所成的背反中突破開來，超越過來，以臻
於無無明與法性的對立的絕對的、終極的境界。

　　討論到這裏，我想可以對（哲學）詮釋學的意義與作用作一個

22　Ibid., S. 18.

23　智顗《法華玄義》卷七：「滅者即解脫，解脫必有其人，人即法身，
　　　法身不直身。」（《大正藏》33・776b）即是說，解脫是就法身言，
　　　人是憑法身而得解脫的。這法身自然不是色身、直身。

24　*Wahrheit und Methode*, S. 18.

總結了。葛達瑪的哲學詮釋學有把傳統的詮釋學從方法論和認識論的研究轉化為宗教的、形而上學的或存有論的研究的傾向。他多次強調詮釋學與對真理的經驗（亦可說是體證、開顯）（Erfahrung von Wahrheit）的密切關連。[25]他也明確地表示詮釋學現象不是方法論問題。[26]他視詮釋學為一種哲學，故有所謂「詮釋學哲學」（hermeneutische Philosophie）的說法。這詮釋學哲學可被視為有關真理與生活世界的現象學；也可以說，它涉及生命與存在的真理與導向。在這一點上，海德格的此在詮釋學（Dasein Hermeneutik）可作為一明顯的例子。在這種詮釋學哲學中，人的生命存在是被展露的世界的源泉，而理解（Verstehen）亦被提升至本體論的層次，與人的生命的本質和表現密切聯繫著。葛達瑪顯然繼承了這種思想，並加以發揮，強調真理的開顯在這種學問中的重要性。而真理的開顯聚焦在人的普遍的、精神的本質從特殊的、自然的生物本能中突破開來，提升上來，因此他很重視能使這個宗教理想落實的教化（Bildung）作用。而理解和開顯，亦很自然地從一般的認知意義或對客觀對象的建立這種導向被撥轉過來，深入地指涉到事物的真理特別是人的生命存在的真理的建立與體證方面去。[27]

---

[25] Ibid., "Einleitung", XXVII / XXVIII, XX / X / XXX.

[26] Ibid., "Einleitung", XXVII / XXVIII.

[27] 以上所述，參考了拙著《法華玄義的哲學與綱領》（臺北：文津出版社，2002）上篇〈《法華玄義》思想的哲學與詮釋學定位〉第一節〈詮釋學與天台哲學〉的意思，但亦有不少補充。

二、中道佛性觀念的意義
與它在天台詮釋學中的定位

　　首先，我想指出，一般來說，宗教所關心的問題，不外兩個方面：一是對終極真理的理解，二是對這終極真理的體證方法。前一方面是認識論的問題，後一方面則是工夫論的問題。這兩個問題的關係是，對終極真理的理解決定體證終極真理的方法。反之則不然。即是，不能以體證終極真理的方法決定對終極真理的理解。對於這兩個問題的解決，最後自然是從人生的負面如罪過、苦痛煩惱、死亡中解脫開來，達致具有永恆價值的宗教理想。

　　就天台宗的情況來說，特別是該宗的開創者智顗大師來說，他所視為終極真理的，是佛性（buddhatva）、中道（madhyamā pratipad），或中道佛性，最後者是表述終極真理的最周延的方式。至於智者所提出的體證終極真理的方法，則是一心三觀、三諦圓融、三軌、三因佛性、三菩提、三智、三解脫門、三種止觀等等以三體結構或三體模式（threefold-pattern）所成立的說法，則是方法論意義的。對於天台宗的思想的理解，應以佛性、中道、中道佛性為準，三體模式是無所謂的，它表示一種方便法門。既有三體模式，也有二體模式，如二諦、二行、二空（但空、不但空）、二教（頓教、漸教）、二智（權智、實智）、二圓（昔圓、今圓）等等，也可以有四體模式，如四諦、四句、四教、四門入道、四教四門、四時、四悉檀、四種十二因緣、四種三昧、四種四諦等等，有種種不同說法。甚至有一體模式，例如一實諦。而這「一」也不是數目上的一，而是絕對的、終極的一。日本人研究天台學，喜歡以三諦、三觀一類三體模式來說，例如佐藤哲英。西方學者受了他們的影響，也以

三體模式來說天台學。這都是有問題的。就對真理的理解來說，智顗當然認許空是真理，但他認為空是有所偏，不能周延地表述真理。在他的判教學說中，他以藏教與通教以空是真理，它們體證真理的方法依次為析法與體法。至於別教與圓教，它們都以中道為真理，而體證真理的方法，則依次是歷別和圓頓。就空與中道來說，他認為中道較能周延地表述真理的性格。這些都是有關智顗的判教或教相判釋的重要之點。[28]至於佛性問題，何以說它也關連著真理呢？這是由於他以有無說佛性來判分全體佛教典籍，所謂「三藏十二部」。他說：

> 大小通有十二部，但有佛性、無佛性之異耳。（智顗著《法華玄義》卷十，《大正藏》33‧803c）

而在他眼中，佛性即是中道，因此他提「中道佛性」一複合觀念，認為若能體證中道佛性這真理或第一義理，便得覺悟。[29]他更直截了當地說：

> 解脫者，即見中道佛性。（智顗著《維摩經略疏》卷八，《大正藏》38‧674b）

這真是畫龍點睛的說法了。

　　「中道佛性」可以說是智顗哲學中最重要的觀念，是他對真理

---

[28]　有關智顗的判教說，參看拙著《中國佛學的現代詮釋》，頁 42-52。
[29]　《法華玄義》卷五，《大正藏》33‧734b。

的最完整的、周延的表述式。不過,一般人都未有留意,我想這是由於他們基本上都是透過著名的所謂「天台三大部」(《法華文句》、《法華玄義》、《摩訶止觀》)來理解智顗的緣故。這三大部是智顗說法的記錄,由其弟子灌頂錄成,但未經智顗過目,便流傳開來了。同時,這三大部雖有提及中道佛性,但不是很頻密。提得最頻密的,反而是他在最後自己親自撰寫的對《維摩經》的疏解:《維摩經玄疏》、《維摩經略疏》、《維摩經文疏》和《四教義》。因此,就表述智顗的思想這一點來說,他對《維摩經》的疏解較諸他的三大部有更深、更真實的代表性。以下我多舉一些這方面的例子:

> 藏通觀生、無生,入偏真理,名為真實。別圓觀無量、無作,入中道佛性,名為真實。(《維摩經略疏》卷三,《大正藏》38・607b)

即是說,藏教或三藏教法(包括原始佛教與小乘 Hīnayāna)觀取萬法的生、滅性格,而契入一切皆無常住性這樣的空或偏真的理法。通教(包括般若思想、中觀學、《維摩經》)觀取萬法無生無滅、超越生、滅兩邊的性格,而契入空或偏真的理法。別教(包括《大乘起信論》、如來藏思想)觀取菩薩以其如來藏的真心運用無量數的法門以救渡眾生,而契入中道佛性的真理。圓教(包括《法華經》、《涅槃經》、天台教法)則不刻意施以種種作業,卻是即時即地現證諸法的中道佛性的真理。

> 二諦無中道體。(《維摩經略疏》卷十,《大正藏》38・702c)

這是說，由中觀學所立的二諦（真諦與俗諦）並不能真正建立中道佛性這一真理。中道即是中道佛性，體則略有體性的意味，但不是實體、自性的那一種。

> 通教所明二諦，含中道在真諦中。（《維摩經略疏》卷十，
> 《大正藏》38・702b）

這是說通教有真俗二諦的說法，它也有中道的觀點，但這中道是被包含於作為真諦的空之中，中道並不能超出空諦而獨立成一諦，更談不上中道佛性問題。這是智顗不滿意大乘通教的中道思想。另外，《維摩經文疏》亦說解脫即是對中道的體證，對佛性的體證，而能安住於涅槃（nirvāṇa）的境界之中。（卷二十三，《續藏經》28・273b）

在這裏，我想關連著胡塞爾的現象學與我自己的純粹力動現象學（臺北：臺灣商務印書館，2005）作一些比較。就終極層次言，智顗的佛性或中道佛性是絕對性格的最高主體性，它是以活動（Akt, Aktivität）說的，不是以存有（Sein）說的。它相當於胡塞爾所說的絕對意識（absolutes Bewuβtsein），與我構思的純粹力動（reine Vitalität）也相近。只是有一點不同：不管智顗把佛性或佛性中道發展到甚麼程度，這種絕對性格的最高主體性的本性還是空的，它的真正的形而上學的體性義終究建立不起來。

另外，在關連到詮釋學方面，葛達瑪強調，在胡塞爾的生活世界（Lebenswelt）中，生命不是自然狀態的「正在～趨附那邊～生命」（Gerade-Dahin-Leben）。我們可以把生命還原至最基層的作為客觀事物的超越的主體，這內裏有一種主體性與客體性的內在的諧

和關係（innere Zuordnung）。[30]按胡塞爾所提的「正在～趨附那邊～生命」（Gerade-Dahin-Leben）應是一種固定的、呆滯的、凝結的、機械性的依據。生命不應是這樣的自然狀態的依據；它應可還原為它的最原初的狀態，那是消融了一切主客對立關係的諧和境界，像西田幾多郎所提純粹經驗的那種狀態。這是存有論地先在於一切主客對立關係的諧和的基礎。[31]

　　進一步看生命的問題。葛達瑪強調，在胡塞爾的生活世界（Lebenswelt）中，這種生命有具體的性格，這具體的性格正是狄爾泰與胡塞爾最後要回歸的處所。[32]這種看法，頗近於存在主義（existentialism），也有京都學派時常提及的存在的、主體性的認識的意思。生命不能當作抽象的、普遍的概念來理解，它是要體證的、體驗的。東方哲學便有這種強項：它要人對生命有具體的體證，不作抽象的思維。葛達瑪也提到胡塞爾所強調的體驗流的同一性（Einheit des Erlebnisstroms）。[33]這其實是生命自身體證自身的同一性，境界可以是很高的。我們在上面所引述的《維摩經略疏》中的「解脫者即見中道佛性」和「入中道佛性，名為真實」，都是這種自我同一的意涵。即是，中道佛性自己體驗自己，體證自己，由此

---

[30]　*Wahrheit und Methode*, S. 253.

[31]　這是筆者對這個觀念的粗略解釋。有關純粹經驗的詳細涵義，參看西田幾多郎著《善の研究》，《西田幾多郎全集》第一卷（東京：岩波書店，1978），頁 9-18。又可參考拙著《絕對無的哲學：京都學派哲學導論》（臺北：臺灣商務印書館，1998），頁 5-16；《京都學派哲學七講》（臺北：文津出版社，1998），頁 8-13。

[32]　*Wahrheit und Methode*, S. 254.

[33]　Idem.

達致自我同一。自我既是同一，則亦沒有主體與客體的區別，自我同一達成了主客二元區別的基礎。[34]

最後，我們討論一下中道佛性一語詞的理論效力。很明顯，「中道佛性」是一複合語詞，由「中道」與「佛性」組成，這也表示中道與佛性是相互等同的。中道（madhyamā pratipad）的本意是不執取兩邊，從相對的兩邊或兩端超越上來，以臻於絕對的理境。這表示中道是原理、標準之意，智顗自己也曾用過「中道理」一字眼。佛性（buddhatva）則是成佛的基礎或可能性、潛能，這是心或心靈的工作、效能。故智顗也有「佛性真心」的說法。這樣，「中道佛性」表示中道理等同於佛性真心，即是理等同於心，理即心，或心即理。這正是儒學陸九淵、王陽明學派所優言的心即理、良知即天理的思維導向，以價值義、規範義的主體性與價值義、規範義的理法為同一。因此，我們可以說，中道佛性是儒學特別是宋明儒學的心即理，心、理為一這種思維導向或理論立場的佛教的展示方式。這點可以提供佛教與儒學一種很好的對話空間、機會。

同時，在把中道佛性一觀念比照到詮釋學（Hermeneutik）方面，起碼有兩點可說。第一，葛達瑪（Hans-Georg Gadamer）提到狄爾泰（Wilhelm Dilthey）所言及的知識與反省、反思，認為狄爾泰是指涉一種具有生命導向、指向的活動。葛氏特別提及狄氏論到思想對生命的影響，這影響來自一種內在的需要。即是，我們要在感性

34　這與佛教知識論者法稱（Dharmakīrti）的自我認識（svasaṃvedana）意思相近，但層次不同。法稱的自我認識或自己認識是知識論的問題，是經驗對象的層次；這裏所說自我同一則是覺悟的層次，是終極的主體對自己的自認自覺。

知覺、慾念和情感的不停變化之中，確認一種堅實的要素，它能給予我們固定的、統一的生命指向（stete und einheitliche Lebensführung）。[35]這種由堅實的要素而來的固定的、統一的生命指向，其實可以用來說中道佛性。它是真理、規範，同時也是心能，由規範便可說生命指向（Lebensführung）。另外，中道佛性具有常住性，它不是生滅法，因此它能對我們的生命提供堅固性、固定的和統一的力量。我們在中道佛性中可以得到自我認同（self-identity）。[36]第二，上面提到詮釋學中的一個重要觀念「理解」（Verstehen）。葛達瑪視理解最後可有自我理解（Sichverstehen）的意味。即是，我們理解某種表述，不單是對該表述所涉及的東西的直接把握，同時也開啟了、理解了隱藏在表述內的東西，並且自覺到我們自己在對這隱藏了的東西具有溝通和察識。由此便會按照自身的條件、可能性去作出相應的做法。[37]葛氏的這種觀察，對我們理解中道佛性來說，有很大的啟發性。中道佛性是最高主體，說它是真我，亦不為過。因此，對中道佛性理解得越深，便越增加我們對於自己的理解。

三、中道佛性的性格與詮釋學的解讀

以下要探討的，是本文最重要的題材，那便是中道佛性的性格

---

35 *Wahrheit und Methode*, S. 242.

36 關於中道佛性的常住性，參考拙著 *T'ien-t'ai Buddhism and Early Mādhyamika*, pp. 64-69；又拙著《中國佛學的現代詮釋》，頁 59-61。

37 *Wahrheit und Methode*, S. 265.

和純粹力動（reine Vitalität）跟它的義理上的關連，看看有哪些方面是後者承受（pick up, inherit）前者之處，和有進於前者之處。[38]我們先論中道佛性的性格一問題。

如筆者在英文著作《天台佛學與早期中觀學》（T'ien-t'ai Buddhism and Early Mādhyamika）與《中國佛學的現代詮釋》中所論述，作為終極真理，中道佛性有三種性格：常住性、功用性與具足諸法。由於這些性格在上述兩部拙著中已被周詳地處理過，我在這裏只作簡單的、扼要的敘述。所謂常住性是指中道佛性是一精神性的主體，它既是心，也是理。智顗在他的《法華玄義》中清晰地以法身來說中道佛性：

> 盧舍那佛處蓮華海，共大菩薩，皆非生死人。（卷七，《大正藏》33・772c）

> 滅者即解脫。解脫必有其人，人即法身，法身不直身。（卷七，《大正藏》33・776b）

為方便計，我把引文的出處在其後直接標出，以代附註。智顗是以法身（dharma-kāya）來說中道佛性，這法身是我們的精神之身，不是肉身（直身）；肉身有生有滅，是生滅法（saṃskṛta），法身則無生無滅，是非生滅法（asaṃskṛta），具有常住性，不會消失。法身是解脫主體，色身（rūpa-kāya）則與解脫（mokṣa）沒有直接的

38　純粹力動是拙著《純粹力動現象學》中展示終極真理的最周延的表述式。一切有關問題，請參閱該書。

關連。智顗又以《華嚴經》（*Avataṃsaka-sūtra*）所說的毗盧舍那大佛（Vairocana Buddha）作譬，說這大佛與多個大菩薩置身於蓮花之海中，他們都以法身為本而示現，不以有生死性格的人的形像示現。智顗以中道佛性等同於法身，有沒有文獻學的依據呢？有的，他說：

> 中道即法身。（《維摩經略疏》，卷八，《大正藏》38・674b）

這裏所說的中道，即是中道佛性。這中道佛性是智顗在他的最後期寫《維摩經》（*Vimalakīrtinirdeśa-sūtra*）的疏解時常提及的。至於中道佛性或法身具有常住性，也有文獻學的依據。《維摩經略疏》說：

> 法身金剛之體，常住湛然。（卷五，《大正藏》38・632a）

同書又說：

> 如來身者，金剛之體，即法身常身。所以喻金剛者，體堅用利，徹至本際。堅譬法身不為妄、惑、生、死所侵，常住不變。利喻法身智德，般若照用之功，無所不備。徹至本際譬法身斷德，解脫終窮，惑障斯斷。（卷五，《大正藏》38・632a-b）[39]

---

[39]　與此相類似的說法，也可見於智顗的《維摩經文疏》卷十五，《續藏經》28・137b 中。

在這裏，智顗大師善巧地運用譬喻來發揮他所提的中道佛性具有常
住的性格。他以金剛石取譬，展示法身或中道佛性的常住性、不受
摧毀性，所謂「體堅用利，徹至本際」。而這兩句中的「堅」、「利」、
「徹至本際」，都是就中道佛性的常住性而言，其中也牽涉及它的
功用、作用問題。[40]這功用、作用問題，下面跟著會有周詳的闡述。

　　在這裏，我要特別提出智顗在最後一段引文中所涉及的譬喻問
題：以金剛石的堅實性譬喻中道佛性或法身的常住不滅性。智顗其
實是一個非常出色的譬喻家，他常以日常生活所見到、接觸的事物
來譬喻有深遠意味的觀念，很有生活氣息。金剛石的譬喻顯然有其
代表性。若就詮釋學而言，譬喻或隱喻（Metapher）是一個重要的
課題，在詮釋方法方面有其必須的、具體的、生動的意義，也是詮
釋學特別是強調文本（text）方面的詮釋學時常討論到的，法國詮釋
學和現象學哲學家利科（Paul Ricoeur）便很強調和重視這種做法；
譬喻方法可以盡顯語言的作用與創發性能。葛達瑪在他的《真理與
方法》（*Wahrheit und Methode*）中，提到隱喻（Anspielung），把
它與肖像畫和獻詩視為從審美意識（ästhetisches Bewußtsein）生起
的。這種審美作用、藝術現象或範式有一個特質，這便是所謂「境
遇性」（Okkasionalität）。葛達瑪認為境遇性是一種意義
（Bedeutung），這意義是在相關的情境（Gelegenheit）的內容上被
決定的。[41]這其實即是我們一般所謂的「際遇」，也有懷德海（A. N.
Whitehead）所謂的「實際的境遇」（actual occasion）一觀念的意味，

40　有關上列《維摩經略疏》一段文字的解讀，請參考拙著 *T'ien-t'ai Buddhism and Early Mādhyamika*, pp. 65-66，在這裏不擬重複敘論了。

41　*Wahrheit und Methode*, S. 149.

後者被視為終極實在（ultimate reality）的一種表現形式，另一種形式則是「實際的存在」（actual entity）。[42]隱喻或譬喻是以際遇為基礎，以一件事件比況另一事件，或以一事項發揮象徵作用，以表達說者所提供的抽象的訊息。[43]

現在我們看中道佛性的功用性格。這是智顗在中道佛性所具足的三種性格（常住性、功用性、具足諸法）中闡述得最多的。所謂功用，其著眼點是宗教意義的轉化眾生，遠離煩惱，同證涅槃。最具體的說法，見於《法華玄義》中。同時，智顗把功用分開為「功」與「用」來說：

> 功論自進，用論益物。合字解者，正語化他。[44]

即是，功是自己努力學習、修行，累積功德；用則是把自家在功方面的所得與眾生共享，利益眾生。功用總的來說，是在宗教意義方面救渡眾生，教化、轉化他們。在功用這一點，智顗又善巧地運用譬喻來解說：

---

42 有關懷德海的實際的存在與實際的境遇的詳細解釋，參看拙著《機體與力動：懷德海哲學研究與對話》（臺北：臺灣商務印書館，2004），頁 35-53、55-66。

43 智顗自己所熟悉和宗述的《法華經》（*Saddharmapuṇḍarīka-sūtra*）便很能運用譬喻來表達抽象的、深奧的義理，所謂「法華七喻」。不過，葛達瑪的譬喻或隱喻是審美性格、藝術性格的，《法華經》的譬喻則是宗教導向的，有很明顯的轉化意味。智顗承接了《法華經》的這種做法，在他的《法華玄義》中加以發展開來，有較強的思辯性格，但還脫不掉教化眾生、普渡眾生這種宗教目標。

44 《法華玄義》卷五，《大正藏》33‧736c。

> 若豎功未深，橫用不廣。豎功若深，橫用必廣。譬如諸樹，
> 根深則枝潤，華葉亦多。[45]

智顗以種樹的事例來作譬。在功方面要做得深厚，基礎打得穩固，才能產生多方面的、寬潤的作用。種樹亦是一樣，倘若樹根能深入地下，便能吸取較多養分，讓樹枝向四面伸展，更能散葉開花。

　　關於功用的意味和作用，可以在幾方面配合著、應用詮釋學來助解。首先，我們看「此在」一觀念。葛達瑪在他的著作中提到海德格（M. Heidegger）的此在（Dasein），說這此在依它自己的存在的完成，便是理解（Verstehen）。[46]這是把理解從知識論層次上提到存有論的層次；理解不是對此在作一種客觀的、主客相對待的認識，而是讓它能自由地、充沛地完成自己的存在性。這種完成，不是認知的完成，也不是道德的完成，而應該是美學的、審美境趣的完成。這讓人想起郭象注《莊子》內篇〈逍遙遊〉開首的一段話：

> 夫小大雖殊，而放於自得之場，則物任其性，事稱其能，各當其分，逍遙一也。豈容勝負於其間哉！[47]

這是首先肯認各種事物都有自身的存在性，所謂「分」，價值是從能否自由自在地實現這種存在性，以至於圓滿的程度說。所謂圓滿，是物能任運地發展、完成它的本性，事能恰當地施展它的能力、影

---

[45]　Idem.

[46]　*Wahrheit und Methode*, S. 268.

[47]　郭慶藩輯《莊子集釋》第一冊（北京：中華書局，1978），頁 1。

響力。而要這樣做，需要有一事物能從容地、無礙地遊息於其間的場所，這便是「自得之場」。自得應該是以物自身的層面來說的或大或小的事物的姿態，而不必是被作為對象來看待的事物。事物如能達致這種境界，便是「逍遙」。在這種境界中，事物無大小的區分，也無所謂勝負。大者不必勝，小者不必負，只要能任性稱能便成。這是質的問題，不是量的問題。若在質方面能夠自得地存在，則一切皆勝，若不能，則一切皆負。這「自得之場」，意味深遠，最能和它比較的、相應的，我想還是京都哲學家西田幾多郎所提的場所。這個問題比較複雜，我只在這裏蜻蜓點水式地點出，不作細論。希望以後有機會作更深更廣的探討。我想回返到詮釋學的問題方面，海德格和葛達瑪對於此在從認知性的處理轉到存有論的處理，正是所謂實存性詮釋學（Hermeneutik der Faktizität）。對於中道佛性，我認為也可以作類似的處理：我們讓中道佛性按照它自己的存在性，即一方面是最高主體性的心能，一方面是客觀的真理、規範，而完成它的作用。這作用即是上面所述的它的功用性，這樣便可以說對中道佛性的詮釋學的理解。[48]所謂「完成」，即是對中道佛性的體驗、證成。

　　第二，上面提到胡塞爾的生命可被還原為最基層的超越的主體，這裏面有一種主體性與客體性的內在的協諧狀態（innere Zuordnung），葛達瑪也這樣說過。葛氏所說的「超越地被還原的主體」（transzendental reduzierte Subjektivität）應是相應於胡塞爾的絕

---

[48]　有關中道佛性的功用性，筆者在自己的其他著作中已作過周延的闡釋：*T'ien-t'ai Buddhism and Early Mādhyamika*, pp. 66-73；《中國佛學的現代詮釋》，頁 62-71；《佛教思想大辭典》，頁 200a-201a。

對意識（absolutes Bewuβtsein），它既是絕對的主體，也是一種協諧性的活動（Aktivität）。這正相應於智顗用以說實相的「中實理心」觀念，它是「寂滅（照）靈知」的，這便有活動的意味。[49]智顗說到實相的「功能」，這功能也表示這個意思，即是，實相不是存有（Sein），而是活動（Aktivität）。

　　第三，葛達瑪早年從事哲學與詮釋學的理論建構工作，到了晚年，則特別重視實踐問題。他強調歷史、藝術、語言，都從實踐角度出發。說實踐便離不開用的問題，因此在這一點上，智顗的功用思想可以與葛達瑪的詮釋學體系關連起來。關於這個問題，我在這裏沒有篇幅討論，希望以後有作深入探討的機會。另外我想指出，狄爾泰提及費希特（J. G. Fichte）的自我的睿智的直覺（intellektuelle Anschauung），表示費氏的自我不是實體（Substanz），不是存在（Sein），不是被給予的東西（Gegebenheit），而是表現在這睿智的直覺中的一種活動或能力，與能動概念（Energiebegriffe）關連起來。[50]按費希特以自我為活動，應是最高主體義，而由活動自然能說力用、功用，就這點看，這自我是與中道佛性相通的，後者便是具足功能性、能活動的終極原理、終極主體。

　　第四，我在這裏所說的功用，其意義範圍比較寬廣。功用除了身體與精神上的作用之外，也包括思想、語言的活動在裏頭。這思想、語言的活動，可以概括上面提到的譬喻、隱喻和義理的排比、評估甚至判教的工夫在內，這便是詮釋學所謂的實用（Applikation）功能了。在這裏，我謹選取智顗自己所重視的三獸渡河一譬喻來例

49　《法華玄義》卷八，《大正藏》33・783b。
50　*Wahrheit und Methode*, S. 246-247.

示一下。話說有兔、馬、大象三隻動物要渡河，河床有深有淺。由
於兔與馬力量太弱，雖然渡河到彼岸，但涉水不深，不能接觸河底。
大象因為力大，故不單渡了河，同時能踏著河底。對於這個事件，
智顗以譬喻來說：河水喻空；水底喻不空；兔、馬力弱，喻二乘；
大象力大，喻菩薩。結果是，二乘能見空之理，菩薩則見空之外，
復能見不空。[51]這若關連著智顗的判教法來說，則二乘的藏教和通
教能見空理，菩薩除見空理外，復能見不空之理。同時，一些菩薩
只能漸進地見不空，這是別教；一些菩薩能頓然地、一下子地見不
空，這是圓教。對於這個譬喻，我們不妨作一扼要的反思與總結。
譬喻中所涉的空、不空、二乘、菩薩、別教、圓教等概念，都是智
顗的判教法的背景、內容。這些背景與內容，都可說是詮釋學中的
前此判斷（Vorurteil），也涉及智顗本人的場域（Horizont）。而他
以三頭動物來作譬喻，顯示真理的不同層次：空、不空，以至實證
真理的歷別與即顯的不同方式，也離不開詮釋學的實用
（Applikation）問題。毫無疑問，譬喻是詮釋學的一種解釋（auslegen）
和理解（verstehen）的方式。在創發性上，理解自然是較解釋為強
的。[52]在對於這一譬喻的構思之先，智顗在了解《法華經》的譬喻
（法華七喻）的確下了好些工夫，然後繼續發揮，而提出自己的譬
喻。這樣做，正是葛達瑪所強調的詮釋學的重新構築（rekonstruktiver
Vollzug einer Produktion）。這肯定有他自己的主體性、主體思維的

51　《法華玄義》卷八，《大正藏》33・781c。這個譬喻所涉的故事相當
　　詳細，我在這裏只扼要地、簡單地說出來。

52　解釋（auslegen）是描述、敘述事實性的、經驗性的事情，理解（verstehen）
　　則從事實性的、經驗性的層面滲透到本質的層面，以探討精神的、生
　　命的內涵。

傾向在裏面。這便顯出他在構思上的創造性。我們亦可以看到，這樣的譬喻的運用，具有藝術意義，像葛達瑪所說的那樣。

　　第五，語言也可以被視為詮釋學所說的實用或實用性中的一種。它的作用是透過漸進的方式，逐階而上，步步升進，最後深刻地、全面地展示真理或實相。這可以說是海德格和葛達瑪所說的對真理的開顯或對真理的經驗（Erfahrung von Wahrheit）的顯明事例。整個過程是以語言來進行的。在佛教，特別是中觀學，最能善巧地運用語言來展現真理的層次或面相的，莫如四句（catuṣkoṭi）。每一句都針對真理的某一層面或面相而有所表述：這即是肯定、否定、綜合與超越。[53]這也可以說是真理對我們的步步開顯，漸次深入地開顯，由肯定的面相到否定的面相，到肯定、否定兩者的綜合面相，最後真理又被提到超越（對肯定、否定兩者的綜合所作的超越）的面相，其大門全面敞開。這顯然是要以語言為媒介來展現實相、本體的思維導向，很符合葛達瑪的語言本體論的詮釋學的旨趣。不過，四句之外又有四句否定，這表示以語言為基本性格的四句仍有不足的地方，仍未足以真切地、圓實地揭示實相、終極真理。四句否定的提出，是由於它能超越與克服語言的限制，從超言說的方式展示實相。[54]語言畢竟不能真切地表露本體，葛達瑪的語言本體論似乎未能臻於究極，它未能交代超語言方面的東西。這也讓人想到禪宗最後捨棄語言，用其他種種古怪的方式來指點真性、實相，以履行傳為菩提達摩（Bodhidharma）所說的「教外別傳，不立文字，直指

53　有關四句的探討，參閱拙文〈印度中觀學的四句邏輯〉，拙著《印度佛學研究》（臺北：臺灣學生書局，1995），頁 141-175。

54　有關四句否定的意義與作用，參看同上所揭拙文、拙書，頁 156-172。

本心，見性成佛」的宗旨，並非無理。

　　現在我們看中道佛性的第三個性格：具足諸法。這牽涉及智顗的存有思想，或存有論，問題比較複雜。就那些能代表智顗思想的文獻來看，所謂中道佛性具足諸法，可有三個可能的詮釋。第一個可能的詮釋要從以法性說佛性，以佛性等同於法性開始說。所謂法性（dharmatā），即是法（dharma）的本性，亦即一切事物的本質、本性。這首先讓人想到空（śūnyatā）一觀念，特別是般若思想與中觀學的空。空即是無自性，這是說一切事物、緣起法的本質、真理，這便是法性。但智顗對空有他自己的理解脈絡，如二乘的空、通教的空、別教的空（還有不空）並不盡同，起碼從修證空這一真理的方法一點來說是如此。智顗比較傾向以中道來說法性，而在鳩摩羅什（Kumārajīva）所翻譯的龍樹（Nāgārjuna）的《中論》（Madhyamakakārikā）的三諦偈中，表面上確有空等同於中道的意味。就這一點來說，法性既是空，則說法性是中道也無不可。而由上面的所說，智顗以中道等同於佛性，而成中道佛性一複合觀念。這樣，法性、中道、佛性、中道佛性便指涉同一的東西，那便是真理，特別是超越真理（transzendentale Wahrheit）。依此，在真理（Wahrheit）這一觀念脈絡之下，中道佛性等同於法性，法性既是一切法的本性，故不離一切法，因而具足一切法，則中道佛性自然亦具足一切法。但這樣還不夠，對動感、功用的提倡起不了最大功效，因動感、功用要從心、念說，才是恰當，才有最強的說服力。要普渡眾生，轉化這個充滿塵垢的、混濁的娑婆世界，把它建立為人間淨土，便得非從具足諸法的具足者，從客體的法性、中道佛性轉到心、念方面來不可。這即是要強調心、念與諸法的密切關係，要心具諸法才成。對於這點，就智顗在跟前所達致的認識來說，並

不困難。他既說法性、中道佛性具足諸法，而佛性又是以心說，所謂「佛性真心」，則作為主體的心念，亦可說具足諸法。從真心一面說心具諸法，自無問題；從妄心或平常一念心說具足諸法，也很能說得過去，這便是智顗的「一念三千」的著名的說法了。這念或心是平常一念心，它可以是清淨的，也可以是染污的。一般來說，平常一念心是染污心的可能性較大，而且大得多。

四、一念三千的救贖義與存有論義

在這裏，我們有停頓一下，把討論的問題集中在一念三千這一著名說法的必要。這種說法的出處，特別是「三千」的意味，學者說的已很多，我不想在這裏重複。我只想在這裏略提一下：三千指三千種世間法，或世間的存在，或泛指經驗世界、現象世界。「一念」則是指我們日常所生起的一念心思。我們的心思、心念很多，種種念想接踵而來，好像在大海水面，一浪接一浪而來。在這裏，我想先就一個問題來說：一念三千是一種存有論觀點，抑是一種工夫論觀點？倘若是工夫論觀點，它的救贖義在哪裏？

我想先處理工夫論的問題。毫無疑問，一念三千是一種工夫論的觀點，它可直通至工夫論的最高的修證、救贖目標，這在佛教來說，即是覺悟、得解脫而成佛。[55]所謂「剎那一念」中的一念，此念是

55　我在自己的著作中，常運用「救贖」字眼來說東西方的宗教目標、理想，自然也包括佛教特別是天台學在內。這字眼的相應的英語是soteriology，形容詞則是 soteriological。這個語詞固然常用於基督教的救渡論之中，但也應可以用在其他宗教的義理之中，包括佛教的解脫論。「贖」這個字眼在中文中本來便存在，作釋放、回歸到原來狀態、

善是惡,是淨是染,是關鍵性的。先看智顗對這個概念的理解,他說:

> 凡夫一念皆有十界識名色等苦道性相。迷此苦道,生死浩然。
> 此是迷法身為苦道。不離苦道,別有法身。如迷南為北,無
> 別南也。若悟生死,即是法身。故云:苦道性相即是法身性
> 相也。56

凡夫通常發一念心,便涵有十界事物,或泛說有十個方向,所涉都是苦痛煩惱。這是妄念的所涵,是念具。這具的意思,是坐落於某種境地。這種具,很明顯地是工夫義。即是說,你的當下一念的所向,所著落處,正顯示你的修持學養、工夫學養。倘若你的學養是負面的,念念都是隨著私欲、私利的腳跟轉,則你可能墜落到畜牲、餓鬼、地獄三惡道的境地,整個生命都為苦痛煩惱所折磨。但你亦可一念醒覺,向上提撕,發悲心弘願,要自渡渡他。這醒覺與提撕,正是在你為苦痛煩惱所腐蝕的處所發生的。這正是引文所說「不離苦道,別有法身」。法身並不遠離苦惱,即此苦道,即是法身,端在你能否轉,或如何轉。這亦是工夫的所在。這可以說是苦道具法身,苦道即此即是法身。這是一個工夫論的命題,不是存有論的命題。即是,並不是在存有性、存在性的導向下苦道即是法身,卻是

補過的意味解。例如「將功贖罪」、「贖身」之屬。在一般生活上,你因貧窮而不能開飯,便把較貴重的東西拿到當鋪(大押)去換取金錢來濟急;到了有錢的時候,便拿錢到當鋪把原物取回、贖回。有人認為這個字眼(贖、救贖)只能用於基督教的意義範圍,未免過於執著,無助於宗教的對話與不同宗教的相互理解。

56　《法華玄義》卷五,《大正藏》33・744a。

在個人的實修實證的親身體驗、經驗之中，你的精神狀態當下便能從苦道中活轉過來，而臻於法身的境界。這當然涉及在工夫實踐中的定慧修行。你的存有性，你周圍的事物的存有性，都沒有關連。

　　現在可以看「一念三千」的觀點了。智顗在他的《摩訶止觀》中說：

> 三千在一念心。若無心而已，介爾有心，即具三千。亦不言一心在前，一切法在後；亦不言一切法在前，一心在後。……若從一心生一切法，此則是縱；若心一時含一切法者，此則是橫。縱亦不可，橫亦不可。只心是一切法，一切法是心故。[57]

這裏說一念心，或一心，通常是就虛妄的心念而言。「三千」自是指一念心生起時它所可能停駐的境地。這停駐是工夫論義，境地則是修行的階位，例如智顗本人是居於五品弟子位。工夫、涵養高的，他的心念會達致較高的修行層次，低的便只能停留在較低的修行層次。[58]「三千」、「四千」是無所謂的，只表示多種不同修行的層

---

[57]　《摩訶止觀》卷五，《大正藏》46・54a。

[58]　這讓人想起儒家孔子自述自己的人生體驗、體證的歷程：十五歲時立下求學的意願，三十歲時確定自己的生命方向，四十歲時便能辨別道德導向的是非、對錯問題，五十歲便知道、體會到形而上的天道實體的流行不斷，六十歲便能從善如流，七十歲便達致人生的最高的修養境界，無論做甚麼事都能順適、順應自己的心意，但又不會抵觸道德的準繩。（原文為：子曰：「吾十有五而志於學，三十而立，四十而不惑，五十而知天命，六十而耳順，七十而從心所欲，不踰矩。」《論語》為政篇第二，楊伯峻編著《論語譯注》，北京：中華書局，1965，頁 13。）

次而已。人若不生起一念心，便不必說。只要猝然生起一念心，它便可流蕩於三千或多種境域之中，而停駐於其中，故說「具三千」。進一步說，人只要發一念心，便總有三千或以上種種境域中的一種現前，與這一念心相應。一念心總與三千種境域的其中一種同時生起，也同時沉降。這「同時生起，同時沉降」中的「同時」非常重要。像上面引文中的「一心在前，一切法在後」，或「一切法在前，一心在後」，便不是同時，而是心與法隔斷，而成有法無心，或有心無法。心代表人文，法代表世界，心、法不同時，人文世界便不能建立起來。

就心來說，智顗提出，「從一心生一切法」或「心一時含一切法」都不能建立心與法的善巧關係。從一心生一切法是先有心，然後才生起一切法；這是從心下貫下來，是縱的方向，心與法不同時而有。心一時含一切法是先有心的種子（bīja）含藏一切法，這些種子依緣而現行，而現起一切法，然後再帶動心的生起。這則是以心的種子含藏一切法為主，是橫的方向，心與法也不是同時關係。故「縱亦不可，橫亦不可」，二者都不能交代心與法的同時生起、同時沉降的關係。

要讓一念心能與三千法或三千種境域中的最少一種同時生起同時沉降，只有一種可能性，這便是「只心是一切法，一切法是心」。此中的「是」應作動態的解釋，解作同時現前、現起的意思。即是，一念心與一切法同時現前，同時沉降。這即是，心與一切法有同起同寂的關係，心與法在作用（起）與不作用（寂）中為同調。故心在法在，心不在法不在，法是隨心轉的。這是心或一念心具諸法的意思。我們可以說，通過這種一念心具諸法的觀法，能讓一念心保

住存在，不使存在下墜以至泯滅。[59]

　　要注意的是，一念三千中的一念，並不必然指妄念，人在一念之間，可以捨妄求淨，一念便成淨念，而隨順這一淨念而起的三千諸法或三千境域，亦可相應當下成為淨法、清淨境域。但人如何能從一念妄心轉而成為一念淨心，這當然是工夫涵養的問題，而且是漫長而艱苦的修習、修證的問題。

　　以上我說中道佛性具足諸法義，透過具體的「一念」和「一念三千」來說，比較具體而親切。一念心與諸法同起同寂，故一念心具足諸法。同樣，若一念心的虛妄性轉為清淨性，則一念心便由一念妄心轉成一念淨心，則與它同起同寂的諸法或境域，亦相應地由染污性轉為清淨性。這一念淨心實即佛性真心，若從心開拓，以至於同時涵容主體性與客體性、心與理，則是中道佛性。這樣，具足問題便可說是中道佛性具足諸法。這樣，智顗說具足諸法，不管是中道佛性具足諸法，或一念真心、淨心具足諸法，或一念妄心具足諸法，都有諸法相應地隨著中道佛性、真心、一念妄心而起而降的關係，諸法總是為中道佛性、真心、一念妄心所帶動。倘若我們以前者為客體性（Objektivität），後者為主體性（Subjektivität），則

59　有關這個問題，其詳可參考拙著《天台智顗的心靈哲學》（臺北：臺灣商務印書館，1999），頁 82-84。按在儒家王陽明的哲學中，亦有類似的心與法或存在的關係。陽明說：「你未看此花時，此花與汝同歸於寂。你來看此花時，則此花顏色一時明白起來，便知此花不在你的心外。」（王陽明著《傳習錄》下，《王陽明全書》1，臺北：正中書局，1976，頁 90。）另外，「一念三千」中的「三千」，可以指三千種境域，也可以指三千諸法。諸法或法若取寬鬆角度來說，可有境域的意味。

客體性總是隨著主體性而轉,而生起,而沉降。這便顯出智顗哲學的觀念論或唯心主義的色彩。特別要注意的是,客體性隨主體性運轉,是在工夫實踐、救贖意義下進行的,客體性並無獨立於主體性的地位,故難以構成一套存有論,倘若我們傾向於從實在論(realism)來說客體性的話。若就智顗的判教理論特別是他的圓教觀點看,則圓教意義的具足,或在圓教的義理脈絡下的具足,只可以說這是工夫論意義的具足,或圓具,而不能說是存有論的圓具。或者我們可以說,在智顗的圓教體系中,並無獨立的存有論,他的存有論是在工夫論、救贖論、實踐論的脈絡下建立的。一切存在,都作為實現宗教理想即覺悟、成道、得解脫的大目標之下的契機、憑依而有其價值,那是助成這一宗教目標或理想的價值。離開了這個背景、目標,對一切存在事物的研究便淪於虛浮,淪於鑽牛角尖,存有論也不能建立,即使勉強要建立,也變得沒有對生命境界的提升、對終極真理的體證的意義與作用。**60**

60　對於天台智顗的哲學的理解,牟宗三先生的鉅著《佛性與般若》上、下(臺北:臺灣學生書局,1977)曾給予我很大的助力。但在存有論一問題上,我與牟先生有顯著的分歧。他強調智顗的天台教法是最後的、最殊勝的圓教,它能給予一切法根源的說明,它言性具或心具,是存有論地圓具一切法。牟先生並表示,這樣圓具一切法,才能保住一切法的必然性。(《佛性與般若》下。他的這種說法遍布於下冊全書,故這裏不引述其出處的頁碼了。)我認為這種說法有商榷的空間。智顗說一切法的具足,特別是圓具,基本上是工夫論的意義,而不是存有論的意義。理據如下:

　　一、智顗在《法華玄義》中,提到「圓行」,這表示圓滿的修行。我們要特別留意的是,這圓滿的修行具足一切法;或更確切地說,中道佛性或真心在圓滿的修行中具足一切法。這「具」直接承接著圓行

而來，應該是工夫論義，有教化、點化的教育義與倫理義，而不應是存有論義。（《法華玄義》卷四：「若圓行者，圓具十法界，一運一切運。」《大正藏》33‧725b。）因此，稍後他又表示，圓滿的修行並不遠離我們，即在我們當前的一念心中，便能體現出來，展示出來。他更強調，我們即此即在現前的一念心中，便具足一切佛法，包括三諦真理在內。這應是從修證、教化的角度說。這是很明顯的。倘若要說存有論的具，或所具的是存有論的事物，則如何關涉到三諦等佛法呢？他又提到五行、安樂性，這些東西根本不是存有（Sein, existence），不是物體、質體（entity），而是內心透過修證而獲致的真理境界、心境。因此，智顗接著便指出我們在一念心方面要能「即空即假即中」，要能觀照出一念心的即空即假即中的圓頓的、圓融性格、關係。心沒有實體、自性（svabhāva），故是空（śūnyatā）；心具有種種作用、種種方便（upāya）法門，故是假（prajñapti）；由觀心當下便能展現、體證中道佛性這一終極原理，故是中道（madhyamā pratipad）。若在一念心方面能夠觀取得它的空、假、中（同時是空、假、中）的性格，則由於一切由心造，能觀一念心即表示能觀一切法，因而圓具一切法，成就一切法，以至遍運一切法。這些活動都與存有論問題不相干，而是為了修證真理、救贖生命而施行的。（《法華玄義》卷四：「圓行不可遠求，即心而是。一切諸法悉有安樂性。即觀心性，名為上定。心性即空即假即中。五行、三諦一切佛法，即心而具。」《大正藏》33‧726a。）在上面引文中，智顗更提出禪定（samādhi）這樣的修行方式，這與存有論有甚麼關連呢？（上面引文的主題是觀心，或一心三觀：空、假、中，對於這個主題，我在這裏不能細論，參看拙著《天台智顗的心靈哲學》，頁88-104。）

　　二、在《法華玄義》的上述引文稍後的地方，智顗提及圓信解一觀念，強調這圓信解或圓滿、圓融的信仰與理解的基礎在深信一心中具足十法界，亦即具足一切（在佛教，十法界表示就修證方面說的一切，十界則表示一切存在的東西），好像一粒微塵中含藏著無量經卷。這些東西都不是從現實的角度立說，不關乎現實的存在、存有，而純是一種高度的、深厚的修證境界、精神境界的表現，與存有論無涉。

即是說，具足諸法、具十法界是一種信守、信念問題，傾向於道德的、宗教的操守的意味，不是客觀的存有論特別是宇宙論義的構造問題、成立問題。（《法華玄義》卷五：「起圓信解，信一心中具十法界，如一微塵有大千經卷。」《大正藏》33·733a。）特別值得一提的是，智顗說一微塵中可藏含無量經卷，完全與存有論、宇宙論無關；這完全是就義理立言，對於「大千經卷」或「無量經卷」不能認真地以物體、質體（Sache, thing）看，卻是要看它們內部所載的佛法、佛教義理。而「微塵」也不是甚麼原子（aṇu）一類東西，而是指人的腦袋、他的思想。人的思維、思想可以藏無量的義理，便是這麼簡單。在智顗看來，具足一切佛法或具一切法是要在證得諸法實相或終極真理的脈絡中說的，「具」的修證義、救贖義實是明顯不過。這與存有論毫無關連。（《法華玄義》卷五：「圓教菩薩從初發心，得諸法實相，具一切佛法。」《大正藏》33·735a。）

由天台宗的義理與存有論的關連，我們可以想到佛教的核心問題一點。牟宗三先生在他的《佛性與般若》中強調智顗的天台宗是最後的、最殊勝的圓教，它能給予一切法根源的說明，它言性具或心具，是存有論地圓具一切法。這是他論天台教法的關鍵性之點，也透露出他對佛教各宗各派的判教法的一個重要線索：是否對一切法提供根源性的說明。在這個線索之下，我們可就佛教的最重要的理論立場：緣起來說。按佛教說緣起（pratītyasamutpāda）有以下諸種說法：中觀學的八不緣起、唯識學的阿賴耶緣起、《大乘起信論》的如來藏緣起、華嚴宗的法界緣起。這是大乘的緣起說。小乘則有業感緣起之說。（有關這種種緣起的說法與解讀，參閱拙著《中國佛學的現代詮釋》，頁99-104。）在這種種緣起說中，若就給予緣起諸法一根源性的說明來看，則小乘、唯識說、《大乘起信論》的說法應該沒有問題，不會起嚴重的爭議。業（karma）、阿賴耶識（ālaya-vijñāna）的種子、《大乘起信論》一系列的經論所強調的如來藏心（tathāgata-citta），都可以作為諸法的實質性的依據，或直接地（小乘、唯識學）或間接地（《大乘起信論》）生起諸法，對後者有一根源的說明。中觀學說八不緣起，是虛說，不是實說，它並未為諸法找尋一個實質性的源頭，只是以負

面、遮詮的方式說諸法不具有「自性的緣起」、華嚴宗則說「不具有自性」的緣起，它所說的緣起或法界緣起的事物，是毗盧遮那大佛（Vairocana-buddha）順應眾生的願欲，把他在海印三昧禪定（sāgara-mudrā-samādhi）中所體證得的置身於圓融無礙的諸法，投射出來；這些諸法只對佛具有適切性，眾生能否看到，肯定是一個問題。倘若以對諸法的存在性有根源的說明來說是否有存有論，即有根源的說法者有存有論，沒有者則無存有論的話，牟先生認為，空宗（包括般若文獻、中觀學）志在蕩相遣執，以克服對自性的執著，是作用義的圓具諸法，與存有論無關，對諸法的存在性沒有根源的說明，這點我能了解。但牟先生說天台宗所說的性具或心具，是存有論義的圓具諸法，對諸法的存在性有根源的說明，我便無法理解了。天台智顗說一念三千，如上所論證，只表示一念心能帶引三千諸法，和它們同起同寂而已，三千諸法的存在與否，是附於一念心說的，它們的生起、具足，只是由於「介爾有心」而已；它們不能離心而存在，而這「介爾有心」也未表示對三千諸法的存有論、宇宙論的演述。則存有論從何說起呢？智顗並沒有證成獨立的存有論，則說智顗的具足諸法是存有論的圓具諸法，其理據在哪裏呢？說對諸法的存在性有根源的說明，這根源是甚麼呢？

實際上，佛教作為一種具有濃烈的覺悟、解脫的訴求的宗教，不會很著力去發展存有論，天台宗也沒有獨立的存有論。在佛教諸學派中，只有具有實在論傾向而又重視存在事物的知識的說一切有部（Sarvāsti-vāda），可以說存有論。和它在義理上相近的經量部（Sautrāntika）也勉強可說有存有論，但其有條件的外界實在說的傾向不能與說一切有部的法體（svabhāva）恆有的觀點相提並論。大乘佛教唯識派中後期以陳那（Dignāga）與法稱（Dharmakīrti）為首的重視知識論的哲學家、學者的思想也有輕微的存有論的傾向。其他的佛教學派都難與存有論扯上關係。唯識學的「境不離識」說強調外境的緣生性，似乎可說些存有論，但到了「識亦非實」說便需止步了。佛教就整體說，最關心的畢竟是人的救贖、解脫的問題，不是存在、存在世界的問題。即使有部分學派的學說涉及諸法或存在世界的來源、

　　以下我要就詮釋學（也包括現象學 Phänomenologie 在內）的角度來論述一下中道佛性、真心或妄心具足諸法的問題。第一，智顗的「一念三千」、「即事而真」、「一色一香無非中道」、「具足諸法」的說法，[61]一方面表示他非常重視現前的事物，另方面也表示這些現前的事物當下即是真理的所在，我們不應遠離它們去尋覓真理。這些現前的事物很為海德格所重視，這便是「此在」（Dasein）。他在自己的《存有與時間》（*Sein und Zeit*）中即提出基本存有論（Fundamental-ontologie），對此在的存在性作徹底的、全面的分析，特別是關連到人的當前的存在性為然。他強調此在的實存性（Faktizität），它們是不能賦與基礎的（unbegründbar）和不可推導的（unableitbar）。[62]這種此在的實存性有很強的現實性、即

　　根源問題，但這不是終極關心的所在。天台宗灌頂輯錄的《國清百錄》便曾記錄其師智顗的志業：「我位居五品弟子，事在《法華》。」（《大正藏》46・811b。）這是說，智顗所亟亟關心的事，是《法華經》的開權顯實，發跡顯本的事，這很明顯地是指如何啟發眾生參悟真理，體證《法華經》的圓實教法，以得解脫，而不是認識存在、存有，對它們建立客觀知識。因此，說到對全體佛教的義理的全面理解的判教，不應以是否對諸法的存在有根源的說明這一點來處理；牟先生的確有從這一點為線索來做的傾向。在我看來，判教理論應扣緊佛教的求覺悟、得解脫的理想來說，而最關要的，是佛性或中道佛性問題；因這是求覺悟、得解脫的主體。智顗自己便說：「大小通有十二部，但有佛性、無佛性之異耳。」（《法華玄義》卷十，《大正藏》33・803c。）我在上面也引述過這說法。實際上，智顗自己的藏通別圓的判教法，便是以這點為線索：藏教與通教未能正視佛性的重要性，別教與圓教則能盛發佛性的思想。

[61]　這些字眼時常出現在智顗的著作中，這裏不擬交代出處。

[62]　*Wahrheit und Methode*, S. 259-260.

時呈現性，這正類似智顗說一念三千所表示的諸法的現前性和具體性。這三千種事物或境域與心念同起同寂，必須當下把捉，稍遜即逝，如同心念稍遜即逝那樣。葛達瑪也說過，存有（Sein）和客觀性（Objektivität）的一切意義，只有在此在的時間性和歷史性的脈絡下才能被交代清楚。[63]這時間性（Zeitlichkeit）和歷史性（Geschichlichkeit）正是以當下為基礎的。心念在當下生起，諸法即現起；心念在當下沉寂，諸法即消逝。這種此在的實存性正站在實在的實體的常住性的對反位置，後者是傳統的實體主義所強調的。在這點上，葛達瑪也承認胡塞爾的超越的主體性已從這種實體存有論（Substanzontologie）脫卻開來，遠離傳統的客觀主義了。[64]在這點上看，胡塞爾與海德格還是同一路向的，儘管他們在其他問題上持不同意見。

　　現在讓我們順著海德格的此在觀念繼續反思。按詮釋學包括三方面：理解（Verstehen）、解釋（Auslegen）和應用（Anwenden）。葛達瑪留意到海德格對理解有新的詮釋；這是對存有的此在（Dasein）的完成與建立。而前此的狄爾泰則強調精神在晚期所達致的生活體驗，胡塞爾則視理解為「任運自主地生活」（Dahinleben）而獲致的理想，這理想且有方法論的意味在裏頭。[65]我們特別要注意的是，海德格所提的對存有的此在的完成與建立是一種超越的活動。按理解在這樣的詮釋下，便有新意。這新意是對當前的存在（此在 Dasein）即時地、當下地肯定與建立。在天台宗來說，這是對一

---

[63]　Ibid., S. 260.

[64]　Idem.

[65]　Ibid., S. 264.

念三千的三千諸法的一種具有轉化導向的處理,甚至肯認。這其實有智顗在後期解三觀中的假觀的立法攝受的意味。這是以圓教的、圓融的力用來建立諸法,攝受眾生,而沒有絲毫執著成分。[66]葛達瑪自己也認為,理解是一種自由自在的精神狀態,具有解釋(Auslegen)、觀察連繫(Bezügen-sehen)和引出結論(Folgerungen-ziehen)等全面的涵義與結果。[67]這是對事物的一種全面而深刻的探究,我們對三千諸法也應以這樣周延的方式來處理,對善法自然接受,對惡法也加以包容,而當下轉化之。

葛達瑪提到海德格論解釋,謂海氏認為我們不應被隱藏著的「前此之有」(Vorhabe)、「前此之見」(Vorsicht)和「前此之得」(Vorgriff)所迷惑,所限制,要以現前的、當前的事象的實況為依據。這是否有孟子、陽明他們所說的良知、以良知為最終極的依據的意味呢?在這裏下判斷,我想是言之過早。不過,所謂「前此」的東西,倒很有《莊子》書中所說的「成心」(由個人的成見、慣習所造成)、「識知心」(執著計較的分別心)的意思,而海氏所說的現前的事物本身,特別是人的生命存在,也頗有此在(Dasein)之意。海德格的這番話語,對我們理解天台義理有啟示作用。即是,我們對中道佛性、心、妄心所具足的三千諸法,應視為此在看,對它們有一種存有論意義的承許、認受,不能隨便廢棄。它們畢竟本性空寂,沒有自性、實體,對我們行解脫道,不會造成障礙,而我們展現中道佛性,也不應受限於一切既成的俗見、慣習;這中道佛性是我們透過我們對它所具足的三千諸法的直前印證而逆覺出來

66　參看拙著《天台智顗的心靈哲學》,頁 143-145。

67　*Wahrheit und Methode*, S. 265.

的，逆覺中道佛性是三千諸法的載體、源泉。

最後，葛達瑪提到胡塞爾現象學中的生活世界（Lebenswelt）觀念。他認為這個世界沒有對象性，卻是一切經驗、對象的基礎。即是，生活世界在存有論上對經驗具有先在性與優越性，它們關聯著主體而存在，而且存在於相對有效性的運動中。[68]這生活世界頗有上面常提到的一念三千說法的三千法與佛性、真心、妄念同起同寂的意味。特別是它存在於相對有效性的運動中，表示它的存在基礎不是一個靜態的實體（Substanz），而是具有動感（Dynamik）的活動（Akt, Aktivität）。這便有活動先在於存在的意味，這先在當然不是時間性的，而是理論性的、邏輯性的。至於與生活世界同起同寂的主體，應該是清淨性格的、超越的、絕對的，這便是胡氏最強調的和認為具有充分明證性的絕對意識（absolutes Bewuβtsein），在一念三千中與這絕對意識相應的是中道佛性、真心，而不是妄念。另方面，胡塞爾非常強調這生活世界的存在價值，這在他的《生活世界現象學》（*Phänomenologie der Lebenswelt*）與《歐洲科學的危機與超越現象學》（*Die Krisis der europäischen Wissenschaften und die transzendentale Phänomenologie*）兩書中可以見到。這生活世界頗有上面提到的一念三千說法中的三千諸法與佛性、真心、妄念同起同寂的意味。特別是它存在於相對有效性的運動中，表示它的存在基礎不是一個靜態的實體（Substanz），而是具有動感（Dynamik）的活動（Aktivität）。這便有活動先在於存在的意味。不過，葛達瑪說胡塞爾的這樣的活動或運動，是以相對的有效性來說的，這便有問題。像這樣的具有存有論義的先在性與跨越性的運動，應該是

68　Ibid., S. 251.

絕對的、超越的和具有終極意義的。葛氏的意思可能是，胡塞爾的
生活世界是超越的主體或絕對意識（absolutes Bewuβtsein）落實在
現實環境中的表現，一說到現實，便不能免於相對性了。

第二章　從二諦、三諦到佛性：就詮釋學的觀點看

一、問題的提出

　　很多年以前，我出版了一部著作：*T'ien-t'ai Buddhism and Early Mādhyamika*。[1] 此書的主旨在透過天台宗開祖智顗與龍樹（Nāgārjuna）的中觀學（Mādhyamika, Madhyamaka）特別是他的名著《中論》（*Madhyamakakārikā*）的思想的關連來看智顗的天台學的特性。我把焦點放在中觀學上的理由是：《中論》與智顗有非常重要的關連，在後者的著作中，有很多《中論》的文字被引述，最明顯的莫如它的〈三諦偈〉；另外，中觀學的另一重要文獻《大智度論》（*Mahāyānaprajñāpāramitā-śāstra*），是智顗在他的前期中研習佛教典籍的中心著作。[2] 後期則轉到《法華經》

---

[1]　Ng, Yu-kwan, *T'ien-t'ai Buddhism and Early Mādhyamika*. Honolulu: University of Hawai'i Press, 1993. 中譯本：吳汝鈞著，陳森田譯：《中道佛性詮釋學：天台與中觀》（臺北：臺灣學生書局，2010）。

[2]　《大智度論》一書有作者問題（authorship）。依傳統，此書是龍樹所作，鳩摩羅什（Kumārajīva）所譯。但現代學者很有懷疑龍樹是此書的真正作者，他們傾向以此書是鳩摩羅什所作，只是託龍樹的盛名而流行開來。有些學者則保留地認為此書是龍樹所作，但有很多地方是

（*Saddharmapuṇḍarīka-sūtra*）與《涅槃經》（*Mahāparinirvāṇa-sūtra*）方面去。但還時常提到《大智度論》的說法。在拙書中，我提到鳩摩羅什所譯的《中論》中，把〈三諦偈〉中的空（śūnyatā）、假名（prajñapti）與中道（madhyamā pratipad）三個概念平看，都視為是因緣生法（pratītya-samutpāda）的謂詞，智顗便根據這點，提出中觀學的三諦理論：空諦、假諦、中諦。這三諦理論對智顗與往後的天台學的發展，有一定程度的影響。智顗的三體結構（threefold-pattern），如三觀、三佛性、三般若、三身、三德、三軌、三三昧、三止、三止觀等等說法，在思維形態上，都與這三諦的說法有關。我在拙書強調智顗的三諦理論，是由這〈三諦偈〉發展出來，大體上並沒有錯。但說法太簡單、不夠周延，智顗提出三諦理論，還有另外的深邃的理由。這是本文要探討的基本問題。這裏所說的天台學，以智顗的思想為主。

二、葛達瑪的詮釋學

　　中觀學本來有二諦說，智顗則把它作進一步的開拓，而提出三諦說。關於這點，德國哲學家葛達瑪（H.-G. Gadamer）的詮釋學

鳩摩羅什所補充，不能完全代表龍樹的思想。在印度，對於這個作者問題，也有不同的迴響：K. Venkata Ramanan 認為此書可被視為是龍樹所作。R. C. Pandeya 則不予認同，認為不能接受此書是龍樹所作，他在其著作 *Indian Studies in Philosophy* (Delhi: Motital Banarsidass, 1977) 中有一篇長文談及龍樹的思想，但沒有運用《大智度論》這一文獻。不過，這個作者問題對拙著並不構成影響，即便此書不能視為龍樹所作，但仍是中觀學的一部非常重要的文獻。

（Hermeneutik）很能派上用場。[3]我想參考這種詮釋學的方法論來討論三諦的問題，因此，這裏要對詮釋學的要義與效能，作些說明。

　　詮釋學是有關對文本（text）的詮釋的學問。它最初是沿著兩個方向發展的，那便是神學詮釋方向與語言學詮釋方向。前者涉及對《聖經》一類古典文獻的正確的解讀，後者則是神學（Theologie）中的一個重要部分。

　　詮釋學有技術性的一面，亦有其藝術上的指向。葛達瑪認為，詮釋學是藝術性格，其指向或目標是一幀藝術作品的達致。故詮釋學是有創意的，與藝術品表現創意一樣。[4]初步來說，我們可以視詮

---

[3] H.-G. Gadamer, *Wahrheit und Methode: Grundzüge einer philosophischen Hermeneutik*. Tübingen: J. C. B. Mohr (Paul Siebeck), 1990. 此書以下省稱為 WM。

[4] 說詮釋學有藝術性格，是一幀藝術品，這點應如何說明與理解，的確會難倒許多人。我們或許可以這樣說，在宗教中有藝術的要素在裏頭。事實上，在我們的文化活動如道德、宗教、藝術與科學中，宗教與藝術是比較相似的，但如何相近，也不容易說得清楚。若以廓庵的《十牛圖頌》來說，人與牛或心牛的關係，到了第八圖〈人牛雙亡〉階段，主體與客體合一，可以說是藝術發展到的最高點，過此以往的〈返本還源〉與〈入鄽垂手〉便是宗教的任務了。藝術可以獨善其身，是獨上高樓，望盡天涯路，是人生的個體生命所能達致的頂點。但宗教還有普渡眾生的工作要做，不能停留在〈人牛雙亡〉的階段。在這個階段中，藝術不必扮演積極的角色，但它可以滋潤宗教，以一種情意來助長宗教活動，使後者不會淪於乾枯而缺乏生機、生意、生命力。故藝術可以讓宗教充飢，維持它的活力。在京都學派哲學家西谷啟治逝世後，上田閑照為了追悼他，編了一本叫《情意における空》的書，以展現西谷的藝術的、美感的情操。其中載有東專一郎寫的〈情意のうちの空〉一文，強調宗教中有藝術性，以宗教來代表藝術，在本質上，展示藝術在宗教中如何顯現的問題。（上田閑照編《情意におけ

釋學為對於文本的意義(Sinn, Bedeutung)的解釋(erklären, auslegen)與理解（verstehen）的哲學。在解釋與理解之間，解釋是初步的，是事實性格、經驗性格。理解的層次較高，它涉入精神的、生命的層面，是日本京都學派所謂的存在的、主體性的。狄爾泰（W. Dilthey）便說，我們解釋自然，但理解人。[5]自然是經驗性的，人是超越性，且以精神性為主。狄氏主要是以精神性說人，他是詮釋學方面的重要人物，強調與精神有密切關連的理解一面。在本文中，我們重視詮釋學的理解一面。我們甚至可以說，詮釋學是有關理解真理的學問，特別是關於人的真理性。

另外，理解或解釋都離不開進行這種活動的媒介，這即是語言。理解或解釋可說是以語言為媒介的一種談話，或與文本作者進行溝通。葛達瑪曾說，理解的開始，是某一方面與我進行攀談（ansprechen），他並說這是一切詮釋學的詮釋活動中最重要的部分。[6]這讓我們想到宗教遇合（religiöse Begegnung）的問題。這是現代思想界的重要話題與活動，是不同宗教背景的人的對話，目的是增加相互間的了解，雖然不必有具體的、積極的效果（很多時是這樣），讓其中一方或雙方能夠自我轉化。對話的媒介，自然是語言。

る空：西谷啟治先生追悼》，東京：創文社，1992，頁 71-97）我想西谷是要以有生命、有靈性的藝術來展現作為終極真理的空，這與京都哲學一向所強調的「真空妙有」的語詞大有關連，空不是頑空、僵化的空，其中有妙有的意涵，空可以視為是一個存有論的觀念，其中涵容有多姿多采的妙有的世界，巧妙的藝術意味也含於其中。

5   W. Dilthey, *Gesammelte Schriften* VII, Göttingen, S. 208.

6   WM, S. 304.

　　有一點是非常重要的。理解以文本為對象，文本是以語言文字
構成的。這些語言文字有它的產生的特殊背景，那便是歷史語境。
我們理解文本，應該盡可能把它放在它的歷史語境之中。這在理解
天台學來說，我們應留意它的用語的習慣，例如「實相」是指終極
真理，「不思議」指弔詭、矛盾、背反（Antinomie）的東西的融合
與同一，如煩惱與菩提的同一，生死與涅槃的同一。[7]智顗的背反的
運用，很受到《維摩經》（*Vimalakīrtinirdeśa-sūtra*）的影響，特別
是對「不思議」的理解方面。但雙方的語境畢竟不同。智顗以自己
屬圓教，《維摩經》則被視為屬通教。而在歷史的時序上，圓教與
通教成立於不同階段，被智顗視為圓教的《法華經》與《涅槃經》
也與《維摩經》出現於不同時期。若講歷史語境，便需注意這點。[8]
另外，智顗還提出「一心三觀」，指一種超越一般的理智或知解的
認識規律對事物的各個面相的同時展現的觀法。「不斷斷」中的兩
個斷字顯然是矛盾的，在一般的邏輯的理解來說是不通的。但我們

---

[7]　背反是指兩種性格完全相反的東西總是擁抱在一起、連結在一起、不
　　能分開的情況。康德（I. Kant）有二律背反之說。京都學派也提到很
　　多背反，如生死、有無、存在非存在、善惡、理性非理性等等，並強
　　調這些背反必須被克服、超越，覺悟與解脫才能說。

[8]　在背反的思想方面，智顗與《維摩經》的說法幾乎是完全相同的，而
　　背反的存在及其超克，是圓教之為圓教的重要條件。在很多方面，智
　　顗也受到《維摩經》的深刻的影響。特別是在他晚年（亦即最後一、
　　兩年），智顗幾乎把所有的時間，都用在對《維摩經》的疏釋上，他
　　撰有《維摩經玄疏》、《維摩經略疏》、《維摩經文疏》、《四教義》
　　等解《維摩經》的重要文獻，可見他多方面在思想上受到這部經典的
　　影響，也認同它的說法。但仍把後者視為通教，不把它放在《法華經》、
　　《涅槃經》所屬的圓教的位置上，這真是讓人大惑不解。

不應從這種表面的語境來理解，我們應該超越一般的歷史語境，依辯證的導向來理解。前一「斷」字是斷除煩惱，後一「斷」字則是了斷生死大事、斷除一切煩惱而得覺悟、解脫的意思。因此，「不斷斷」是指不必斷除煩惱而得解脫，了決生死大事的意味。這不是邏輯性格的，而是辯證性格的、弔詭性格的。至於「中道佛性」一複合概念（集合中道與佛性兩概念），則我們會在下面有詳細的交待，這裏便暫且擱住。

　　這種對歷史語境的留意，也牽涉到宗教學上所謂宗教的類似性（religiöse Homogenität, religious homology）的問題。這概念表示不同人或不同宗教在心靈上、精神上、人性上以至對超越方面的期待有相類似的地方。例如佛教的「真如」一概念的內涵在某個意義上可以道家的「自然」、「道」的概念來表示。儒家的「天理」、「天命」的概念在某個意義方面可與基督教的「上帝」有對話的空間。在關連到詮釋學的歷史語境一問題上，我們可以藉著這種類似性，把作者在撰寫文本時的心境和矢向再現出來。舒萊爾馬赫（F. D. E. Schleiermacher）稱這種情況為「移情」（Empaphie, Einfühlung），狄爾泰則稱之為「體驗」（Erlebnis）。葛達瑪進一步發展，認為體驗是對話的雙方（在這裏應指文本作者與讀者）溝通的橋樑。在這點上，特別是在溝通或體驗上，我們又可以就天台學的例子來說。智顗說「生死即涅槃」，這是一種弔詭的說法，是一個背反，不易理解。我們可以就生死本身所可能對我們具有的正面的、積極的意義、影響來嘗試解讀。例如對於死亡的畏懼，我們可以想到有生必有死，我們愉悅地接受生存，也應該勇敢地接受死亡。我們享受生存，這得付出代價，這便是死亡。生死不是兩種不相涵接的事件，而是同一事件的不同面相。我們不能只要生而不要死。生與死既是

背反性格，我們所要做的，是要在意志上、精神上突破生死的背反，而解放開來，超越上來，以臻於無生無死的境界。這是絕對的境界，它超越生與死的相對關係，超越生與死的相互獨立、相互分離。這樣我們便沒有死或對死的恐懼的問題。由此我們可以進一步了解到生是建立在死之上的，沒有「沒有死亡」的生。我們便能夠在生死（saṃsāra）這個問題上得到啟示，而能面對死亡而不畏懼。智顗與印度大乘佛學便是這樣理解生死問題的，這便是「生死」的歷史語境。關於另一名相「中道佛性」，其歷史語境有更深邃的意義，這會在後面詳細論及。

　　回返到語言文字問題。葛達瑪非常重視語言在理解中的重要性，認為我們所有的理解都是在語言中發生的，讀者要與文本構成某種關係，需要涉入語言的範域。按這是分析性格的。我們都知道，文本是用語言來寫的，要理解文本，自然是通過語言。因為這點，有人把葛氏的詮釋學叫作「語言詮釋學」。進一步說，我們通常是認為對文本的解釋與理解都是方法論的（methodological）意義，葛氏對理解有較極端的（radical）看法，視理解具有本體論意義。他稱自己的詮釋學為哲學詮釋學（philosophische Hermeneutik），在這種哲學詮釋學中，語言被本體化了，於是有「語言本體論」的提出。一切理論與解釋，都要在語言中發生。但語言是不是那樣重要呢？語言有沒有限制呢？有沒有語言不能表達的超語言的東西，例如本體的世界呢？葛達瑪似乎認為語言可表達一切，儘管他說真正的語言不是抽象的符號，不是僵化的、死硬的文字，而是具有生命的，它的主體在動詞（verbum）。他似乎未意識到語言之外的真實世界，或語言所不能表達的絕對的事物；他只重視言說一面，未有重視超言說一面。這點若以東方哲學作參照，便很明顯了。《老子》書中

說「道可道，非常道」，禪宗強調「教外別傳，不立文字，直指本心，見性成佛」，都表示有不能以語言表達的「道」，和言教之外的「別傳」，或絕對的、終極的東西。

下來便是這樣一個問題：理解純然是一種對文本的客觀的解讀，抑有讀者的主觀（主體）的創發性呢？葛達瑪首肯創發性一面，他說舒萊爾馬赫視理解為一種對作品的重新構架（rekonstruktiver Vollzug einer Produktion），具有創造義。[9]在這種重新構架的活動中，讀者自己的主體性，或個別的體會、旨趣的涉入，是免不了的。這是以主體性來重新構架文本的意思，是有創造義的。古來很多傑出的哲學家都有表現這種做法，智顗也不例外。他所理解的「佛性」觀念，具有強烈的動感；他說三獸渡河，有明顯的譬喻性格。他對《法華經》的解讀，在終極的問題上，例如所謂「佛知見」都有深刻的個人的主體理解，他時常對既有的觀念與問題，加以吸收、消化，以至重新構架其意涵。

三、詮釋學下的理解

現在我們把關注點放在理解方面。葛達瑪認為，理解（Verstehen，作抽象名詞用）對於原來的文本來說，具有再產生、再處理的作用；這是對曾經了解過的事物的再了解，是一種重構（Nachkonstruktion）的作用。這種重構作用，是以一種具有創建組織的原初決定（Keimentschluβ）為根基的。[10]這個意思，就關連到

9　　WM, S. 196.
10　　WM, S. 191.

天台學來說，對於智顗的「中道佛性」、「不空」、「不斷斷」、「不思議解脫」、「一念無明法性心」這些語詞或概念，也可以這樣處理。而葛氏所謂的具有創見組織的原初決定，正是智顗哲學的出發點和原始精神，那便是他從《法華經》所體會到的開權顯實、發跡顯本的靈感。特別是他對釋迦如來的從本垂跡這一宗教經驗（religiöse Erfahrung）的體會。即是，釋迦如來自久遠以來即已成佛，為了實現普渡眾生這一充滿悲願的宗教理想，他從本體的、超越的世界以色身之跡而示現於我們凡夫的面前，便很有本源的（ursprünglich）意義。對於這種事情，智顗展示了他的宗教的重構的智慧。

　　《法華經》用了很多譬喻來說明釋迦如來以多元的途徑來開示眾生，讓他們能夠以不同的方式來理解現象世界的無常性，因而發願要克服、超越這種無常性，讓生命能從凡俗的環境中上提到超越的、永恆的世界。其中的「法華七喻」便是很好的例子。[11]智顗對「法華七喻」的理解，有他獨特的主體思維在內，這有重構性質，在這種性質中，展示出一種本源的洞見與智慧。他不光是閱讀《法華經》，而是就該經的文本的內容，作進一步的反思，把埋藏在經典中的奧義抉擇出來，更進一步作重構性的發揮。

　　進一步看，說如來早已成佛，但為了拯救眾生，帶引他們脫離原始的虛妄執著，最後都能成覺悟、得解脫，對於這點，我們不應

11　「法華七喻」是《法華經》所說的七種譬喻：火宅喻、長者窮子喻、藥草喻、化城喻、衣珠喻、髻珠喻、醫子喻。此中的用意，都是施設種種方便的教法，以引導眾生悟入真實的最後教法。方便的教法是權法，真實的最後的教法則是實法。這是《法華經》所數數強調的開權顯實、發跡顯本的具有啟發性的教育方式。

光從歷史方面看,更應從宗教方面看。歷史能顯現所發生過的事實,但不包含有教化、轉化的作用。教化是道德性格的,轉化則是宗教性格的。智顗理解《法華經》,主要是從教化特別是轉化的角度來考量。他之視如來從佛界中下來,展現色身以與眾生相敍,進一步看眾生是甚麼身便以相應的身相來向他們施教,這會縮短他和眾生的距離,增加雙方的親和感,這仍然是宗教性的,不是歷史性的。由於這種親和感,眾生對如來有更親切的感受,而受教於後者,最後能達致覺悟、解脫。

四、效應歷史與思想史

天台學是一種哲學,它是有其發展的背景與源流的。它上承《法華經》、龍樹中觀學與《大智度論》的思想,也受到《涅槃經》的佛性思想的影響。要具體地、內在地、深入地了解天台學,便不能不涉及它的所承傳,從思想史的脈絡來探討。我們在這裏也就關連著思想史一面來看一下詮釋學,或倒轉次序來看。法國現象學家利科(P. Ricoeur)提出,我們要依於一種「效應歷史的意識」(Wirkungsgeschichtliches Bewuβtsein)來理解。其中的要旨是,我們不應視思想史為一種純粹是外在的、客觀的現象,或事件,而應視為一種所謂「效應歷史」(Wirkungsgeschichte);它不是與現代環境割截開來,而是與後者連成一體的。我們自身與思想史有一種互動的關聯:我們在思想史中得到培育、教育、熏陶,而思想史的存在根源,也要在我們的生活環境中立定,特別是在我們的文化活動中吸取養分,才具有足夠的內涵,構成歷史的一重要的部分。基於這點,便有所謂「視域」(Horizont)與「體驗」(Erlebnis)的

問題。視域是我們對周圍環境以至整個世界的眼界與洞見所及的大範圍;體驗則是我們以自己的生命存在去接觸、感受周遭的環境,這對我們的人格形態的形成起著重要的醞釀與熏陶作用。依於此,我們要參與、涉及我們的視域與體驗來處理思想史的問題。思想史不是與我們了無關係,像科學對象作為我們的對象,它毋寧生活在思想的影響範域中。葛達瑪認為,我們要和思想史相融和,把它們作為文本來理解,和它交流,進行對話(Dialog)。

要真切地理解思想史,是需要與它遇合(encounter, begegnen)的,與它對話的。視域與體驗便在這個意義下顯出它們的重要性:它告訴我們思想史對時代的啟示,為我們與歷史的關係定位。說到這裏,我們不禁想到智顗大師在其《法華玄義》中引《法華經》的「一切世間治生產業皆與實相不相違背」的話語。[12]「一切世間治生產業」指具體的現實環境、我們生於斯長於斯死於斯的世界;這是我們的視域,為我們所接觸、所體驗的,我們不能須臾離開它,我們是腳踏著它的一部分——大地——而生存的。「實相」則是傾向抽象意義,是治生產業的背景、基礎,這相當於思想史。兩者不相違背,指我們生活於其中的現實環境,正是實相參涉的場地、展現的場所。[13]離開現實環境,實相便失去展現、作用的依據了,而它的要呈現的本質也無從建立了。實相與現實環境應該是相融和的、不相衝突的。同樣,我們的視域也與思想史溝通與融和,思想史要在當前的視域中發揮它的啟示、啟迪作用。離開了當前的視域,

---

[12] 《法華玄義》卷八上,《大正藏》33‧778a。

[13] 這也可說是相應於京都哲學家西田幾多郎所說的「場所」,一個萬物遊息於其中的自由的空間而不相妨礙。

思想史便成了缺乏生命力、活力的古董，只給人賞玩，對時代不能起指引作用，變成了與現實脫離的客觀的研究對象。

　　有一點要注意的是，我們自身的視域與體驗讓我們進入思想史之中，以主體的身分展示所謂前此判斷（Vorurteil）：一個概括了我們自己的品質與格調的在隱藏狀態中的命題。這前此判斷把我們原來背負著的既成想法，以有意識或無意識的方式，散發出來，影響到效應歷史（Wirkungsgeschichte）的形成。這有時也會造成偏頗的、慣習不變的見解。當然它的主流還是正確的、積極的。這種做法的意義很明顯，它是以一種實存的、主體性的態度來理解思想史，後者對於當事者來說，自然不是與自己的處境與狀態以至心態完全無關的客觀現象或事件。不用說，客觀性是很重要的。因此，我們如何在效應歷史與客觀理解之間取得平衡、協調，讓歷史不離脫人生，而人也不會因既成的前此判斷而產生偏見，在對歷史的理解上產生錯誤，這需要具有高度的詮釋學的智慧與洞見。

　　葛達瑪認為詮釋學不能離開特殊的存在，不管是人或是物。這裏有一種重視現前的、實踐的意味。葛氏自然是認為詮釋學是一種與現實密切關連的實踐的學問，他因此提出詮釋學的實用、應用（Applikation）的功能。在他看來，理解本身是一種效應、效能（Wirkung），是對存在世界的開顯，理論與知識的建立，並不是那麼重要。葛氏的這種重視實踐、實效的觀點，頗讓人聯想到杜威（J. Dewey）的實用主義（pragmatism）的哲學，而把它們連繫起來。筆者在這裏並無意展示雙方的類似性，畢竟雙方的哲學旨趣不大相同。美國與歐陸的哲學在哪一方面可找到交會點，並不容易決定。我們只想說，就對存在世界的開顯來說，天台宗智顗大師說「一念三千」，確有對存在世界開顯的意味。三千諸法象徵存在世界，它

與我們內心的一念同起同寂：同時生起，也同時沉降。而三千諸法
的境界也隨一念的狀態而浮動：一念是淨，則三千諸法是淨法，其
中沒有執著；一念是妄，則三千諸法是染法，其中充滿迷執。不管
是淨是妄，三千諸法或存在世界都是受一心所開顯的。關於這點，
要說筆者是觀念論的立場，似無不可。但問題並不是那樣簡單。

五、轉化／教化

　　順著詮釋學的實用、應用的效能說下來，我們可以討論得深入
一些。就詮釋學的立場而言，解釋（Erklären, Auslegen）、理解
（Verstehen）與應用（Anwendung, Applikation）是連繫在一起的。
這點並不難了解：被解釋、理解的那些意義，會對人產生感染的效
應，形成或影響人的信念，構成人的世界觀、價值觀，這便是應用。
我們不妨以王陽明的知行合一的思想來解讀詮釋學，而採用天台學
的說法來作譬喻。就天台學來說，作為終極真理或實相的中道佛性，
是具足功用的，它若能充量地展現出來，便能普渡眾生。知的同時
便有行：能體認中道佛性的人，便能如同菩薩那樣「出假化物」。
即是，以自身通過修行累積得來的功德，所謂「功」、「自進」，
去利益他人，所謂「用」、「益物」，合起來便是教化、轉化眾生，
所謂「化他」。[14]這裏所說的知，是在實踐的脈絡中說的，這即是
對中道佛性的體證，能達致這種體證，便能興發具體行為，去做一
些有價值的事。

---

[14]　智顗《法華玄義》卷五上：「功論自進，用論益物。合字解者，正語
　　　化他。」（《大正藏》33‧736c）

從對終極真理的體證，我們便轉到轉化、教化方面來。對於轉化或教化，葛達瑪用的字眼是 Bildung，那是從詮釋學的角度來說。他用「深沉的精神上的轉變」（tiefgreifender geistiger Wandel）來說教化。[15]他並把教化界定為「人展開自身的天資和力量的獨特方式」。[16]這天資和力量或能力（natürliche Anlagen und Vermögen）應該不是就生物學的本能說，而應有超越的意味，可視為相當於具有普遍性（Universalität）與必然性（Notwendigkeit）的佛性，而其展開或表現方式，在佛教來說，便是超越的般若智慧。佛性是體，或本源，能夠發放出般若智慧的作用，或所謂「妙用」。這可從下面接著的論述得到佐證。他多次提到精神（Geist），認為精神科學是隨著教化而起的，精神的存在（Sein des Geistes）與教化理念（Idee der Bildung）有本質上的連繫。[17]若對比著天台學來說，精神的存在相當於佛性，特別是中道佛性，教化理念則與能普渡眾生的中道佛性的功用相通，後者依智顗的說法，便是以醫治眾生的病痛為喻的知病、識藥、授藥的作用。[18]

關連著教化的問題，葛達瑪又強調人的明顯特徵在能斷離直接的和自然的成素（Unmittelbaren und Natürlichen），在本質方面具有精神的、理性的面相（geistige, vernünftige Seite），但他常不守本性，因此需要教化。[19]按「在本質方面具有精神的、理性的面相」似有

---

[15] WM, S. 15.

[16] WM, S. 16.

[17] WM, S. 17.

[18] 關於這種醫治眾生的病痛的作用，參閱拙著《中國佛學的現代詮釋》（臺北：文津出版社，1995），頁 64-70。

[19] WM, S. 17.

人性本善的意味，但是不是如孟子所說的惻隱之心、不忍人之心，便頗難說。但葛氏指出人時常不能謹守其本性，因此需要教化來使他歸於正軌。對比著天台學來說，直接的和自然的成素可比配智顗常說的無明、一念惑心和我見；而本質方面的精神的、理性的面相，則可比配法性（dharmatā）。依智顗，人常有一念惑心，生起我見，壞的行為便出來了，因此需要實踐修行，要有止、觀的工夫，以恢復原來的法性的明覺。這些點都可以說宗教的類似性。說到教化，葛達瑪認為，它的一般性格（按應是作用）是讓人自己成為一普遍的精神本質或存在（allgemeines, geistes Wesen）。陷溺於個別性（Partikularität）中的人，是未接受過教化的人。[20]這裏說的普遍的精神存在，在天台學來說，便是無生無死的法身（dharma-kāya），而不是直身、色身。葛氏有關教化的結論是，我們要追求普遍性的提升（Erhebung zur Allgemeinheit），而放棄特殊性。[21]這即是捨無明而復法性；說得弔詭一些，便是實現煩惱即菩提，生死即涅槃的宗教理想。

六、三諦偈與三諦理論

　　以下我們回到天台宗智顗與三諦偈方面來。傳統一直以為，智顗之提出三諦的說法，是依龍樹《中論》中的一首極重要的偈頌：

　　yaḥ pratītyasamutpādaḥ śūnyatāṃ tāṃ pracakṣmahe,

---

[20]　WM, S. 18.
[21]　同上。

sā prajñaptirupādāya pratipatsaiva madhyamā.[22]

在前半偈，yaḥ 與 tām 相應，是相應關係詞與關係詞的結構，而 tām
則是指涉及 śūnyatām（空）。這半偈的意思是，我們宣稱，凡是相
關連而生起的，都是空。在這裏，相關連而生起的（緣起，
pratītyasamutpāda），都是空。此中的主詞是緣起，空是受位。關於
後半偈，此中的主詞是 sā，是陰性單數，這顯然是指上半偈的 śūnyatā
而言；śūnyatā 亦是陰性單數。而 upādāya 或 upā-dāya 是「由於……
故」之意，表示某種理由。故這半偈的意思是，由於這空是假名
（prajñapti），故它（空）是中道（madhyamā pratipad）。即是說，
此中的主詞是空，而假名與中道是受位。又包含這一意思，空之又
稱為中道，是由於它（空）是假名之故。因此，這首梵文偈頌的意
思是：

> 我們宣稱，凡是相關連而生起或緣起的，都是空。由於這空
> 是假名，故它（空）實是中道。[23]

---

22 *Mūlamadhyamakakārikā de Nāgārjuna avec la Prasannapadā*
Commentaire de Candrakīrti, ed. Louis de la Vallée Poussin, *Bibliotheca*
Buddhica, No. IV. St. Petersbourg, 1903-13. p. 503. 此書以下省作
Kārikā-P。

23 以上有關此一偈頌的梵文文獻學的解析，是我在三十多年前在加拿大
作高級研究時作的，後來收在拙文〈龍樹之論空、假、中〉中，此文
發表於其後的《中華佛學學報》（又好像是《華岡佛學學報》）中。
其後又收入於拙著《佛教的概念與方法》中。此種解析後來被臺灣學
者盜用，發表於一份佛學刊物中，令人歎息。又，下面我特別說及的

由此可以看到，緣起的事物是空、無自性，而空本身也不外是一個
假名，無實性可得，因而我們不應執取空，因為空也是空的。這便
是非無，無是虛無，在這裏與空相通。我們既然要非無，同時也要
非有，否定與無相對待的有。非有非無，這便是中道（madhyamā
pratipad）。這亦是青目（Piṅgala）解讀這一偈頌的意思。青目說：

> 眾緣具足和合而物生，是物屬眾因緣，故無自性；無自性故
> 空。空亦復空。但為引導眾生故，以假名說。離有無二邊故，
> 名為中道。[24]

青目的意思很清楚，因緣生法是空，他不繼續說是假名、中道。而
是提出空亦是假名，故也不應執取。不執取空虛，也不執取實有，
這種不取空不取有，便是中道。因此，中道與空並不是對等的，而
是用來補充空義的。如何補充呢？即是，我們不執取空這一作為真
理的假名，也不執取作為空的相對面的作為真理的有，這是中道。
故中道是「非有非無」，可免除人對空與有的誤解，以為它們是真
理，因而不執取兩者，這便是中道的境界。這是梵文《中論》說到
緣起、空、假名和中道的意思。而青目的解釋，是正對著這梵文原
偈的，他的解釋是正確的。

因此，《中論》仍是二諦模式，這二諦便是假諦與空諦，前者
是俗諦，後者是真諦，這兩諦合起來，便是二諦論。但智顗卻由以

中道與空不是對等的，它是用來補充空義的，一意思，又被大陸學者
引述，表示這是自己的理解。這也是盜用，一樣令人歎息。

[24]　《大正藏》30・33b。

上的三諦偈而提出《中論》的三諦模式：假諦、空假、中諦。但智顗盛言三諦說，以之為龍樹中觀學的對真理的解讀模式。他的文獻學根據，便是鳩摩羅什的《中論》的漢譯：

眾因緣生法，我說即是空（無），亦為是假名，亦是中道義。[25]

按羅什的漢譯，前半偈的眾因緣生法或緣起是空，是合乎《中論》梵文原義的。但在後半偈，他譯為「亦為是假名，亦是中道義」，這是把空與中道並列來看，對等地看，並未有空是中道的意味。再來是，他把前半偈合著後半偈一起看，以緣起為主詞，而平看空、假名、中道，視之為緣起的受詞。這樣，空、假名、中道一氣貫下，都成了緣起的受詞，而且是平列的、對等的，空與假名既成空諦與假諦，則中道自然可以發揮為諦，亦即是中諦。這樣便成就了三諦的理論架構了。

　　那附在漢譯《中論》中的青目的解釋又如何呢？青目並沒有提三諦觀念，那是他看梵文《中論》而提出解釋的原故，他不是看羅什的漢譯《中論》的。他亦先於羅什出現的，更不用說他不能看漢譯的。

　　即是說，鳩摩羅什在翻譯梵文《中論》為漢文時，錯誤地理解〈三諦偈〉的下半部分，因而引導出智顗的三諦理論的建立。智顗大概不懂梵文，沒有讀到梵文〈三諦偈〉，也沒有看到青目的梵文的解釋。我自己在很多文字中，都以這點作為智顗的三諦理論的原因。對於這三諦理論，我近日重新來考量這個問題，覺得當時的想

25　《大正藏》30・33b。

法並沒有錯，但不夠全面，三諦的建立，不是那麼簡單。以下是我所作出的新的觀察與研究。

七、龍樹本來便有二諦理論

龍樹在其《中論》中，本來便有二諦說。他說：

dve satye samupāśritya buddhānāṃ dharmadéśanā,
lokasaṃvṛtisatyaṃ ca satyaṃ ca paramārthataḥ.[26]

其意思是：

眾多的佛陀對於佛法的教說（的提出）都是基於兩種真理。這即是，世俗的真理與勝義的真理。

鳩摩羅什的漢譯是：

諸佛依二諦，為眾生說法，一以世俗諦，二第一義諦。[27]

羅什的翻譯大體上與梵文原偈的意思吻合。其中的第一義諦（paramārtha-satya）即是勝義諦。兩種真理或諦合起來便是二諦。

跟著龍樹又說：

26　Kārikā-P, p. 492.
27　《大正藏》30・32a。

ye'nayorna vijānanti vibhāgaṃ satyayordvagoḥ,

te tattvaṃ na vijānanti gambhīraṃ buddhaśāsane.[28]

其意思是：

那些不能了知這兩種真理的（人），不可能理解佛陀的教法
的深厚性格。

鳩摩羅什的漢譯是：

若人不能知，分別於二諦，則於深佛法，不知真實義。[29]

這與梵文原偈也是切近的，表示二諦亦即是俗諦與真諦是不同的，
有分別的，我們需要把握這種分別性。因為這種分別性涉及實踐工
夫的問題。這便是跟著的偈頌所說的：

vyavahāramanāśritya paramārtho na deśyate,

paramārthamanāgamya nirvāṇaṃ nādhigamyate.[30]

其意思是：

28　Kārikā-P, p. 494.

29　《大正藏》30・32c。

30　Kārikā-P, p. 494.

倘若不依賴日常生活的俗諦慣習，終極的真理便不能說；若
不能證成終極的真理，便不能證得涅槃。

鳩摩羅什的漢譯是：

若不依俗諦，不得第一義；不得第一義，則不得涅槃。[31]

羅什的翻譯符合原偈的意思。這首偈頌有些特別的意思，它從工夫
修行來說我們對真理的獲致。即是，我們要先體會得俗諦，然後以
此為基礎，以臻於真諦，或第一義諦，然後才能成覺悟、得解脫，
而證入涅槃（nirvāṇa）的無生無死的絕對理境。這裏清楚地擺出一
種求道成解脫的漸進的歷程。即是，對於終極真理的證取，是要一
步一步來做的：先要認識世間的俗諦，然後以此為依靠，進一步理
解出世間的真諦，這點做到了，才能說涅槃大覺的證成。而出世間
的真諦也不會遠離凡俗的世間，因為它是依於對這凡俗的世間的俗
諦而證成的，它與凡俗的世間還是連在一起的。

　　對於《中論》這些有關二諦的思想，智顗應該知得很清楚的。
龍樹的中觀學的二諦結構，智顗應是不會違背的，他怎會輕易地讀
到三諦偈的誤譯，以空、假、中共同形容緣起，而視這三者在真理
層次是平等的，因而把中道上提為中諦，以建立圓融三諦的理論呢？
此中的關鍵點，很可能是佛性的問題。以下我們要從思想史方面探
討一下印中的佛性思想，看智顗本人的思想背景和他在佛性問題上
的看法。

---

[31]　《大正藏》30・33a。

八、佛性觀念的意義

　　讓我們從佛陀釋迦牟尼和原始佛教說起。有關釋迦的思想，一般都是就四聖諦、三法印與十二因緣說。四聖諦提出我們要從四個面相以至這些面相的因果因緣來說。四聖諦包含苦、集、滅、道四個真理的面相以至達致這真理的四個程序。苦（dukkha）是一切苦痛煩惱。我們作為一個凡夫，整個生命存在都為種種苦痛煩惱所燃燒，而沒法安靜下來、平靜下來。這些苦痛煩惱也沒有獨立存在性、實體或自性（svabhāva），它們都是由不同因素結集而成的，這便是集（samudaya）。我們要從這種種苦痛煩惱解放出來，超越上來，達到心靈上的、精神上的沒有煩惱的寧靜境界，這便是滅，亦即是寂靜的涅槃（nirvāṇa）境界。而去除這種種苦痛煩惱，讓人能安住於涅槃中的實踐修行的方法，便是道（mārga）。對於這道，一般說為是八方面的方法，亦即八正道或八聖道（ariyo atthaṅgiko maggo）的八種生活方式：正見、正志、正語、正業、正命、正精進、正念、正定。[32]苦、集是世間性格的，集是原因，苦是結果。滅、道則是出世間性格的，道是原因，滅是結果。從四聖諦的整體看，我們可以說苦、集是原因，滅、道是結果。

　　下來是三法印。三法印是我們要以自己的生命存在去印證的三方面的真理。法（Dharma）是真理，印（mudrā）則是印證。我們不單要認識真理，而且要實踐，使它在自己的日常生活中展現出來。這三法印細說是諸行無常、諸法無我、涅槃寂靜。諸行無常是指人

---

[32]　有關八聖道，我在這裏不擬細說，讀者可參閱拙著《印度佛學的現代詮釋》（臺北：文津出版社，1994），頁42-44。

的意念、欲念（心之行）是沒有停止的，它們常在我們的念頭中此起彼落，不斷地升起，也不斷地沉降。念頭或欲念是不會休止的，人窮一生的精力，永無休止不斷追逐目標，這些目標都是無常的，它們是因緣和合而生，不斷地翻滾變化，人為此受種種苦痛折磨，所得到的，只是鏡花水月般虛幻的結果而已。諸法無我是指種種事物都是因緣和合而成，沒有自己的「法」自體，即沒有常住不變的自性。所以人不應執著世間事物，以免自招苦惱。涅槃寂靜是達致涅槃的寂滅無為的境界。

　　至於十二因緣，則是以十二個因果環節，來說明個體生命的形成和如何在生死世間輪轉不已。這十二個因果環節是無明、行、識、名色、六入、觸、受、愛、取、有、生、老死。老死之後，又依輪迴之義再受胎而生，生後復有老死，老死後又受胎而生，如此演化，以至於無窮。凡不能成覺悟、得解脫的眾生，都是依這種輪迴之義發展下去，備受生死煩惱之苦，無有了期。所謂個體生命，即是此十二因果環節中的「有」。

　　原始佛教大體上是指釋迦在世及其後一段時期。然後是小乘佛教流行。其時有說一切有部（Sarvāsti-vādin）和經量部（Sautrāntika）。他們特別是說一切有部強調世間有不是緣起性格的法體。這些法體橫亙過去、現在、未來三世，有常住性，不會消失。

　　其後大乘佛教興起，先有般若思想及多種《般若經》成立，例如《心經》（Hṛdaya-sūtra）、《金剛經》（Vajracchedikā-sūtra）、《小品般若經》（Aṣṭasāhasrikā-prajñāpāramitā-sūtra）等，其後又有《維摩經》（Vimalakīrtinirdeśa-sūtra）、《阿彌陀經》（Sukhāvatīvyūha-sūtra）、《法華經》（Saddharmapuṇḍarīka-sūtra）、《十地經》（Daśabhūmika-sūtra）等大乘經典出現。跟著有大乘學

派出現,主要是中觀派(Madhyamaka)和唯識派(Vijñaptimātratā)
出現。前者主要有龍樹(Nāgārjnna)的《中論》
(Madhyamakakārikā);後者則有無著(Asaṅga)的《攝大乘論》
(Mahāyānasaṃgraha)和世親(Vasubandhu)的《唯識三十頌》
(Triṃśikāvijñaptimātratāsiddhi)出現,分別成為空宗與有宗。空宗
有時也包含《般若經》的思想。

　　順著這種發展來看印度佛學,我們可以看到一種普遍的現象,
這即是重視客觀世界的真理方面,雖然印度佛教大體上不承認有所
謂獨立的客觀世界或客體世界。釋迦牟尼和原始佛教基本上都很留
意客體世界的無自性、空性(śūnyatā)。四聖諦與三法印的義理,
都是以客體世界的非真實性為主,無常、無我、苦、滅等都是傾向
負面的。十二因緣則以順、逆敘述的方式,說個體生命的形成和它
的輪迴流轉的負面性質的現象。小乘的有部和經量部亦集中在說明
客體世界方面,法體是外在於我們的主體而有其獨立的實在性。大
乘佛教特別是般若文獻的思想,聚焦在經驗世界的空、無自性方面
的負面義。《金剛經》中雖然不見有「空」這一語詞,但整部文獻
都是在說事物的空的本質。其他的般若文獻的討論的主題,也是空。
到中觀學與唯識學,中觀學講性空,即是:萬法都是因緣所生,都
有生滅性,沒有常住的、不變的實體、自性。唯識學則重在說萬法
的因緣生起那一面,它們都是由我們的心識生起,而心識也不是實
在,也是由一些因素生起,即是由種子生起,而種子是「剎那滅,
恆隨轉」的,也是生滅法,其性是空。不過,萬法雖然是空,但在
有、存在性方面,它們各有自己的外貌與作用,這便不能平等地說
空,而要涉及各自的差異性了。

　　由上面我們可以看到,佛教的前期以至於近中期的發展,包括

釋迦牟尼、原始佛教、小乘、大乘的般若文獻，以至後來出現的中
觀派與唯識派，它們著力的，都是在客體世界的真理、真性方面，
都是空、無自性的。這空、無自性便成了當時佛教最流行的思想。
但作為一種哲學和宗教理論（佛教的宗教性與哲學性常是連在一起
的）看，是不完足的。在認識論方面，一種認知活動需要有認知主
體和認知客體；在救贖論方面，需要有救贖主體與救贖對象。即使
是自我救贖，還是要有主客的區分。但上面所列出來的佛教各種分
派，都是把著力點放在客體方面，而少注意到主體方面。只有般若
文獻有點例外，它們提出般若智（prajñā），作為認識主體，它所認
識的對象，便是萬法的共同本質，這即是空、無自性。但這般若智
是一種智慧，是讓我們體證到作為真理的空性的智慧。這智慧需要
有一個來源，才能發放出來。這來源是甚麼呢？是佛性（buddhatā,
buddhatva）。這是眾生成覺悟、得解脫的基礎、動力。所謂覺悟、
成佛的行為，都是這佛性的覺悟、充實展現、實現，而成佛，成大
覺者。若不談佛性，或忽略了佛性，一切宗教意義的認識、覺悟都
不能說。智顗便在這種義理脈絡之下，提出佛性的思想。

九、佛性的重要性：具有功用

　　智顗對佛性的重視，可以從下面的探討中看到。首先，在他看
來，佛教的文獻繁多，其義理關連，既廣且深。在佛教的三藏十二
部之中，他以是否說佛性為線索，把它們分成兩部分。他在其重要
著作《法華玄義》中說：

　　　　大小通有十二部，但有佛性與無佛性之異耳。[33]

即是說，在一切佛教的文獻中，我們可以就是否提及與發揮佛性思想來分判：提及與發揮佛性的文獻和沒有這樣做的文獻。在他的判教思想中，他又以佛性觀念是否被視為真理為線索來分判。他把佛教作四種分判，即是藏教、通教、別教與圓教。他指出，藏教與通教以空為真理，別教與圓教則以中道為真理，而中道即是佛性，因此建立中道佛性一複合觀念。進一步，他再就實踐的方式來區別四教。藏教以「析法入空」來證成真理，是笨拙的方式；通教則以「體法入空」來證成真理，這是善巧的方式；別教以「歷別入中」來證成真理，這是笨拙的方式；圓教則以「圓頓入中」來證成真理，這是善巧的方式。這種判教的方法，觀念清楚，理路具有邏輯性，其目標也非常分明：圓教以中道或中道佛性來說真理，又以圓頓的、剎那間的頓然的方式來證成真理。這真理應是指終極真理，是勝義的、第一義的真理。[34]

　　佛性作為最高真理，其特性是具有強烈的動感，這種動感足以普渡眾生，使他們最後都能成覺悟、得解脫，而般涅槃。關於這點，我在下面作比較詳盡的說明。首先，智顗強烈地批評中觀學和通教所說的中道或真理沒有功用：「中無功用」。[35]他以「無方大用」來說如來藏（tathāgatagarbha）。[36]如來藏是佛性的另一種稱法，故

─────────────

33　《大正藏》33・803c。

34　此中有關觀點，參看拙著《中國佛學的現代詮釋》（臺北：文津出版社，1995），頁 48-52。

35　智顗著《法華玄義》，《大正藏》33・705a。

36　智顗著《摩訶止觀》，《大正藏》46・81b。

佛性具有無方大用。

　　智顗在他的主要著作中，以三個辭彙來表示這種功用性格，分別是：「功用」、「力用」和「用」。[37]一般來說，這三個辭彙都指同一事情，即是對於經驗世界所作的功用。當我們深入去理解這些辭彙，即使表面上很相近，但仍有很重要的分別，那是指智顗把功用仔細區分為功和用。關於這點，他指出：

　　　功論自進，用論益物。合字解者，正語化他。[38]

智顗把功用分成功和用，展現功用的性格可以就兩個階段去實踐和成就，分別是：「自進」和「益物」。這表示，一個人必須充分地自我修行，積集功德，然後才能利益他人。

　　在功和用的分別的基礎上，智顗認為只有用才能表達佛性的功用性格。他斷言，這種功用性格的實踐必須連繫著時空的現實世界。即是說，我們必須進入這個現實世界，並參予其中的事務。這就是所謂「入假」，或者說「進入假名的世界」。這是指進入現象的、經驗的世界。在這個世界中的種種事物，雖然都平等地是空的性格，但各種事物都有自身的外貌與作用，為了識別它們，我們施設種種不同的名稱去分別它們。這些名稱都是約定俗成的、施設性的，不是非如此不可的，故稱為假名（prajñapti）。入假是利益他人不能

37　關於功用，參考《法華玄義》，《大正藏》33‧732b。關於力用，參考《法華玄義》，《大正藏》33‧683a；《摩訶止觀》，《大正藏》46‧2a-b。關於用，參考《法華玄義》，《大正藏》33‧685a-b。

38　《法華玄義》，《大正藏》33‧736c。

缺少的一個步驟。假是假名，引伸來說是假名的世界，亦即是世俗或俗世。智顗指出：

> 若住於空，則於眾生永無利益。志存利他，即入假之意也。[39]

入假即是暫時不成佛，不般涅槃，而是留惑以保持世間之身，以方便普渡眾生也。

　　對於救渡眾生，智顗又以治病作為比喻，提出三個步驟，這即是知病、識藥和授藥。[40]關於「知病」，智顗指出病是比喻住著於由惑心生起的我見。這惑心能夠生出種種邪見，這些邪見助長種種惡業，使人陷溺於生死輪迴之中。至於「識藥」，智顗指出，由於有多種病，故亦有相應數量的用藥。他說：

> 一一法有種種名、種種相、種種治，出假菩薩皆須識知。為眾生故，集眾法藥，如海導師。若不知者，不能利物。為眾生故，一心通修止、觀、大悲、誓願及精進力。[41]

按出假即是入假，即進入現象世界。這裏明顯地是通過譬喻來解說。眾生有種種由惑心而起的精神病痛，菩薩都要知曉，並且能知悉用甚麼方法去治療。此中的基本工夫是修習止、觀的禪定與智慧，並提高自己的悲心宏願，精進努力不懈。關於授藥，智顗指出這需視

---

[39]　《摩訶止觀》，《大正藏》46‧75c。
[40]　同上書，《大正藏》46‧76a-79a。
[41]　同上書，《大正藏》46‧77c。

乎眾生的賦稟而定。他把眾生的賦稟分為四類，並按著判教的脈絡去提出授藥的方法。即是說，藏教之藥授予賦稟低的眾生；通教之藥授予賦稟中等的眾生；別教之藥授予賦稟高的眾生；而圓教之藥則授予賦稟超凡的眾生。[42]

這些疾病以及其醫治當然是象徵性的，它們所代表的完全是救渡的意義。最重要的一點是，這個救渡的目標，即眾生的解脫，必須透過行動來達成。這些由菩薩實行的行動必須行於生死苦痛的世間。只有在這世間中去執行工作，才能說佛性的能動性。佛性不是淨態的具有體性義的形而上學的東西，例如柏拉圖的理型（Idea），它卻是一活動，一超越的活動，恆常地在動感狀態中。

十、關於中道佛性與心即理的思維模式

上面剛說過佛性是一超越的活動，在稍前又提到智顗有「中道佛性」一複合觀念。這些意思都非常重要，特別是中道佛性如何可以作為一終極真理看。對於這些問題，我們要在這裏交代清楚。首先，中道的梵文語詞 madhyamā pratipad 的意思與我們的腰部有關，我們的腰部位於我們的身體的中間位置，因此中道便有中間的意義，再推一步便是不偏不倚，遠離兩個極端之意。這便關連到「空」的觀念。我在拙著《天台佛學與早期中觀學》（*T'ien-t'ai Buddhism and Early Mādhyamika*，中譯本為《中道佛性詮釋學：天台與中觀》）特別就《中論》所說的空的確義，作了一些探究，最後的結果是空（śūnyatā）是對自性的否定、對邪見（dṛṣṭi）的否定；對自性的否

42　同上書，《大正藏》46・78c-79a。

定可以納入對邪見的否定之中。這邪見是就概念的兩個端點而言，例如有與無、存在與非存在、善與惡、生與死、理性與非理性，等等。中道的意思，是就對於這兩端的克服（overcome）、超越（transcend）中見到。空是對於假或假名來說的。這空諦與假諦正成就了中觀學的二諦理論。至於中道，在中觀學特別是《中論》中，並未被視為一個諦，或中諦，它只是附屬於空，補空義的不足而已。即是，一切緣起的東西都是空，這「空」亦是假名，因此「這空是中道」。在這裏說這空是假名，又是中道是甚麼意思呢？這點在上面已解釋過，在這裏，我們姑再提一下。空不是有實體、自性的東西，它只是一個名字、假名，姑用來指表、譬喻那不能言詮的無自性的真理而已，故我們不應該執著這空，或無，同時也不應執著這空、無的對反面，亦即是有。這同時不執取有與無，正是中道。這正符合青目解《中論》的意涵。因此，中道在《中論》中，是用來輔佐對空的理解的觀念，是附屬於這空或空諦的。中道並未有被視為在空諦之外的中諦。

　　因此，在中觀學特別是《中論》中，中道是空的附屬語詞。空是真理，中道亦是真理。所謂「真理」（satya, artha），特別是終極真理，是指表事物的真確的狀態，是沒有自性、遠離有無二邊的狀態。真理在這裏的脈絡，是一種狀態（Zustand）而已，是虛的，不能活動的、不具有動感性格的。智顗不太認同真理的這種性格，他認為真理應該是具有動感的、有功用的，不應該只作為一寂靜不動的、呆滯的、僵化的死體來看。那甚麼東西具有這樣的性格呢？這只能就心來說。心是一種能思維、能發動行為的動感性的功能、主體性。這主體性能夠認識外在的種種事物，也能內在地對自身作反省，反省自己的行為是否有當，進一步確認自己應該怎樣去做，

才能達致生活的目標、價值；這生活的目標、價值，在佛教來說，自然是成覺悟、得解脫、般涅槃。這個主體性的心，在早期的大乘文獻中，作如來藏自性清淨心，在較後期的大乘文獻中，則作佛性。般若文獻所說的般若智，和《法華經》所說的佛知見，與此也大有關連。智顗自己便在多處強調心與佛性的等同性。如他在《摩訶止觀》中說：「心即大乘，心即佛性。」[43]又說：「若觀心即是佛性，圓修八正道，即寫中道之經，明一切法悉出心中，心即大乘，心即佛性。」[44]他甚至提出「佛性真心」一複合觀念，把佛性與心等同起來。[45]這幾處所說的心，都是指我們的超越的主體性。

　　要建立一種具有動感的、能活動運作的真理，便得從主體性的心方面來考量。智顗的思考是，空或中道作為真理，需要與心連結起來，亦即是與佛性連結起來，甚至等同起來。關於空，智顗有虛空佛性的說法，也有空與不空的說法，不空是指菩薩所積聚而得的功德，這是普渡眾生的資糧。故空與佛性有密切的關連。不過，他特別注意的，是中道這一方面。中道作為超越的真理，需與佛性等同起來；中道與佛性連結甚至等同起來，成為「中道佛性」一複合觀念。這樣，真理特別是終極真理便可以說動感了。關於中道與佛性的等同，很有文獻上的依據。以下略舉一些作為佐證。《法華玄義》說：「佛性即中道。」[46]這是從意義說，表示佛性與中道的等同性。亦有從實踐工夫方面說的：智顗的《維摩經文疏》說：「正

---

[43]　《大正藏》46・31c。

[44]　同上。

[45]　智顗著《維摩經玄疏》，《大正藏》38・541a。

[46]　《法華玄義》，《大正藏》33・761b。

觀中道,得佛性,成師子吼三昧。」[47]又說:「菩薩觀中道,見佛性故,非凡夫人也。」[48]又說:「解脫者見中道,即是見佛性,即住大涅槃。」[49]這都是說,倘若一個眾生能夠證成中道,便能展現佛性,便得覺悟。這是很自然的,中道與佛性本來便是同一東西,能證得中道,便能展現佛性。故最後智顗說:

解脫者,即見中道佛性。[50]

這裏的意思很明顯,中道佛性即是終極真理;能證成或展現這終極真理,便能得著覺悟,成就解脫。佛教的宗教理想便達致了。

這樣,智顗以中道佛性來說真理,展示真理具有強烈的動感,讓能夠體證得這種真理的眾生,能夠積極、健動起用,將他在工夫實踐中所積累下來的功德,普渡眾生。這種真理觀,展示出一種獨特的思維模式,那便是作為超越的真心的主體性與作為超越的客體性的真理融合而成一體,無任何分別內容在裏頭。這便是主體與客體亦即是心與理成為一體的思維形態。這表示中道的動感的轉向和佛性的客體的與普遍的轉向。這頗類似儒學特別是宋明儒學的陸(九淵)、王(陽明)學派的心即理或心、理為一的思想導向。陸九淵和王陽明先後提出本心或良知即是天理的形而上學的和工夫論的命題,而有別於程伊川和朱熹的性即理的命題,這亦符契於道家特別

47 　《續藏》27・913a。

48 　同上書,《續藏》28・97a。

49 　同上書,《續藏》28・273b。

50 　智顗著《維摩經略疏》,《大正藏》38・674b。

是莊子所提出的人與天地精神相往來的美學的實踐。儒、釋、道在這種次元（dimension）上得到了終極的統一。

十一、由二諦到三諦：動感的真理觀的建立

讓我們回返到智顗由中觀學的二諦論發展為三諦論的問題。從對真理的理解的內容和周延性來看，三諦論的確是較二諦論有較多元的內涵和較高的周延性。二諦論說空諦與假諦，或真諦與俗諦，雖然能讓人看到現象與本質的分別性格，但未有看到雙方的共通點和統一的理想狀態。而一般所謂智顗建立三諦論的靈感來自三諦偈，就上面的理解來說，亦不能免於表面的推想，因而欠缺深邃的洞見。倘若只就三諦偈而平等地看空、假、中三個概念對因緣生法或緣起的受詞性格，而提出空諦、假諦與中諦，則一方面陷於青目以「離有無二邊」來說中道的意涵；這意涵只盤旋於空諦與假諦所構成的平面架構上而已，不能突出空諦與假諦的立體架構上還有中道這一諦或中諦。在次元上，中道應不同於空與假名，它應是建立在對這二者所成的相對的平台的超越的立體架構之上的。倘若只以「離有無二邊」來說中道，則中道只有負面的意涵，而沒有正面的意涵，負面的意涵如何成為諦呢？另外，以三諦偈提到空、假、中而推定有空諦、假諦或真諦、俗諦與中諦，只是一種文獻學的解讀方式而已，這只是機械化的解讀，並不涉及一些具有深厚內涵的識見以至洞見（Einsicht）。再有的是，龍樹在《中論》中清楚提出二諦結構，又強調在實踐上二諦的證成有先後之別，這即是以俗諦為根基，然後著力於真諦，這樣才能達致涅槃的境界。《中論》對於這些說得清清楚楚，二諦的提法彰彰在目，智顗豈能不注意到呢？

單就龍樹在佛教的崇高地位來說，他何能捨這幾首講二諦的偈頌而不顧，而提龍樹所未有明說的三諦呢？特別是，智顗的學問之路有兩階段，前一階段是以《大智度論》為中心的，後一階段才轉到《法華經》與《涅槃經》方面去。可見《大智度論》對他的重要性，而他是依傳統的說法，以《大智度論》是龍樹寫的，是中觀學一部在重要性與地位上僅次於《中論》而已。

　　此中的關鍵在，智顗對真理特別是終極真理有自己一套特殊的看法，即是真理要具足動感，要有能動性，以轉化、教化眾生。轉化是宗教方面的，教化則是道德方面的，在他眼中，轉化較教化重要。動感從哪裏說呢？是從心說的，而心在佛教的文獻中，是以如來藏自性清淨心或佛性來表示的。智顗因此看上佛性。另方面，佛教講真理，都是著於空，有很多時也提到中道。早期的《雜阿含經》便說：

　　　　如來離於二邊，說於中道。[51]

《中論》也說及中道，而且《中論》之得名，也與中道一觀念有關。但智顗對於這些文獻所說的中道，並不滿意，其關鍵點是這些文獻說中道，只作為一個靜而不動的真理看，缺乏動感，因此他批判通教（《大智度論》與《中論》都被他視為通教），說它的中道不具足功用，如上面所已說。他是要把中道建立為一個具有強烈動感的真理。由於他定真理於中道，因此便要把中道與其他有動感的觀念連接起來，這個觀念便是佛性。他因此把中道關連起來，視二者為

---

[51]　《大正藏》2‧67a。

等同。他為甚麼會選擇佛性呢？因為佛性是成佛的可能基礎，是超越的主體性，具有濃烈的動感。因此他強調佛性即是真心，是真正的成佛的主體性。這樣，他便賦與佛性動感的內涵，把它與中道等同起來，而成「中道佛性」或「佛性中道」。他了解《中論》的三諦偈中的中道，其實是中道佛性，不是純然的雙離兩邊的中道。對於這中道的詮釋，並不正確，因為《中論》根本沒有提及佛性，而其中所說的中道也與佛性沒有關連。故他以佛性來說中道，並不如理，但這是他對《中論》的中道的創造性的詮釋，具有很高的義理價值。智顗在名義上是支持中觀學特別是《中論》與《大智度論》的，但這並不表示他對這兩部文獻的本源的解讀是正確的。

十二、從詮釋學的觀點看

以下我們要從西方的詮釋學的觀點看一下智顗的思想，也涉及他與中觀學的關連。首先，就智顗的情況來說，他的思想具有強烈的精神性格，特別是對終極真理的理解方面。詮釋學中所說的對於文本的處理，有解釋與理解之分，解釋是描述的（descriptive）性格的，理解則涉及較高的層次，特別是涉及人的精神的、生命的層面。狄爾泰曾提出，我們處理經驗性的自然，是解釋；但處理人的本質、精神，則要用理解。智顗的思想，有很強的對生命的反思，特別是對終極真理的體證，例如他對空、假、中的三觀的說法，可以關連到他的止、觀思想方面來。要理解他，需要從所謂生命的哲學切入。他看人，基本上著眼於人的精神性的身體，所謂法身（dharma-kāya），而不是人的肉身，所謂「直身」、「生死人」。要理解三諦中的中道一諦，涉入超越的真理，或中道佛性，非要注

意心靈、精神方面不可。他提出包含中道的三諦理論,若與龍樹的二諦理論作對話,顯然後者不如前者內容的深邃。後者的中道只是消極的意義,只是對偏見的否定。前者的中道涉及人的內在的、深刻的性格,要體證它,除了在意義上下工夫外,還有實踐上的指涉,這即是以中道佛性所含有的功用性格,教化、轉化眾生,所謂「普渡眾生」。龍樹的二諦論偏於思辯性,主體性的意識不夠強,因此未有留意到作為超越的、內在的主體性的佛性的功能。他的中道是從負面、虛面上說人不要做這些那些。智顗則不同,他要開拓出一種具有積極的、正面的價值意義特別是宗教救贖的生活世間(Lebenswelt)。智顗的思想,在思辯方面不及龍樹,但在對於以力動的表現來救助眾生,讓他們能夠獨立自主地走向宗教的理想方面,遠遠超過龍樹。至於對於人類所受到的苦痛煩惱與生命上的魔性的折磨的體驗,則更在龍樹之上了。

第二,中道佛性作為一種歷史語境,表示心與理的合一,主體性與客體性的融合無間,是中觀學的中道所不及的。我們可以說,三諦語境不同於二諦語境,前者可以開出三觀的實踐,後者則開出二觀的實踐。三觀(空觀、假觀和中觀)是圓融的形態,是中國的工夫旨趣,二觀(真觀與俗觀)則是超越的,是印度的工夫旨趣。由二諦過度到三諦,由二觀過度到三觀,需要一個媒介,這即是與佛性等同的中道。套用京都學派的田邊元的語詞,這是絕對媒介(absolute Vermittlung)。

第三,智顗在《法華玄義》中提及「煩惱即菩提,生死即涅槃」。只就生死即涅槃來說,它可以是背反、矛盾,也可以是智慧。前者是在俗諦的眼光看,後者則可以在真諦的眼光看。由對於俗與真的突破,便顯出中道。這俗與真都可以是歷史語境。這中道可以涵蓋

兩方面的思考或態度：非俗非真與亦俗亦真。非俗非真是雙邊否定，是龍樹的歷史語境，亦俗亦真是雙邊肯定，這是智顗的歷史語境。雙邊否定是絕對、分解傾向，雙邊肯定則是綜合、圓融傾向。到了智顗提出中道佛性，則成立了一新的歷史語境，它可以是分解的，也可以是圓融的。分解與圓融的結合，是最高的歷史語境，其涵蓋性最為周延。

　　第四，由二諦發展到三諦，是對真理的重新構架（rekonstruktiver Vollzug einer Produktion），豐富了真理的內容。真理是有關現象世間的真理，現象世界越是多元性，則真理的效用（validity）便越廣。俗是經驗性格，真是超越性格。既說空，又能保持緣起，以至把雙方統合起來，在其中建立一種不相互排斥的融和關係，這是三諦的終極目標，因而有更廣的有效性。再進一步說，三諦說與中道佛性觀都展示對真理的重新構架，這特別是對既有的二諦說與中道觀為然。在二諦論中加上中諦，以中道為基礎，便成三諦論。這三諦論不是把中道與空、假在平面上放在一起，三者層次相同。不是這樣。三諦論是立體的垂直性格，中道是最根源的，由中道分化，便能成就空與假、真與俗，故中道是在三諦論的立體結構的高位。這種關係可以在京都哲學家西田幾多郎的純粹經驗一觀念中找到類似的說法。純粹經驗作為一種沒有任何經驗內容的終極真理，是最原初的、最具有基源性，它的分化，便是主體與客體。故純粹經驗是終極的、圓融形態，它分化為主體與客體，則變成分解形態了。智顗把純然是作為理的中道上提為中道佛性，的確可以開拓出一種新的哲學形態。這即是，由中道的工夫，體證佛性的本體（本體不必是實體），這樣便能說即工夫即本體。工夫是對本體體證的工夫，離本體無工夫；本體是工夫要體證的本體，離工夫無本體。這可與儒家的類似

說法作比較,雙方很有對話的空間。

第五,中道佛性一名相不見於《中論》、《大智度論》,而見於《涅槃經》、《法華經》(作佛知見)。這是中道佛性的效應歷史意識,也是中道佛性的視域。其視域遍及於終極真理與主體性,更及於兩者的同一性。這是《中論》與《大智度論》所無的,而有於《涅槃經》與《法華經》。這是智顗在判教中判《中論》與《大智度論》為通教,判《涅槃經》與《法華經》為圓教的背景。在思想史上是這樣,這也是智顗的體驗的全幅呈現。《中論》講空,《大智度論》講般若智,空是真理,般若智發自主體性。而《涅槃經》與《法華經》則兼攝這兩者。《法華經》更提到世間治生產業,這些日常生活的內容不但符合實相的性格,而且展示實相,實相即存於其中。歷史便是這樣發展。這些世間治生產業能夠作為實相顯現的場所、媒介,「一色一香無非中道」,本身便有一種效應歷史的意識。這構成思想史中的一個最後的匯合點。我們可以作如下標示:

二諦→三諦→中道佛性→世間治生產業(與實相不相違背)

對於這種發展,我們應內在地、實存地、主體性地與這思想史的匯合點進行深入的反省與對話、遇合。這與「視域」與「體驗」都有密切的關連。

第六,所謂實相,或者說,具有充實飽滿的多元性的內容,必須涉及顯現(Erscheinen)和實現。若以本質來說實相,則這本質需要在被顯現中被證成,這即是實相的本質顯現於世間治生產業之中。海德格(M. Heidegger)有以下相關的說法:

Sein west als Erscheinen.[52]

這即是說，存在在顯現中證成其本質。這樣，我們生活於其中的現實環境，正是實相參涉的場所、展現的場所。這現實環境，相應於西田幾多郎的場所。實相是在場所中顯現的，或由所顯的境域說，實相本身便是場所。一色一香無非中道。中道是場所，色香在其中顯。倒轉來說亦可以：色香是場所，中道展現於其中。現象與實相可以相互換位。思想史即由此開拓出來。

　　第七，中道佛性顯現於世間治生產業之中，表示對現實的重視。這頗有實用主義（pragmatism）的意味，但不是杜威（J. Dewey）的以實效、手段來說的實用主義，而是表示終極真理是要在現實中完成的、證成的，否則它的本質是無從說明的。離開了一色一香的現實，一切都是空談，包括本質在內。本質必須在展現、顯現中說。說本質而不說它的實現，並無意義。這樣，本質也不能不說動感了。不過，這個問題非常深微，我們在這裏不擬多作討論。

　　最後，有關道德的教化特別是宗教的轉化的問題。這教化、轉化與實用（Applikation）問題也有很密切的關連。上面我們說到，葛達瑪提到所謂教化，是「深沉的精神上的轉變」（tiefgreifender geistiger Wandel），又是「人展開自身的天資和力量的獨特方式」（natürliche Anlagen und Vermögen）。這都有深刻的顯現、實現的意味。實相或真理是要實現的，被體證的，不是拿來說說而已。在智顗的情況，顯現真理需依賴工夫實踐，這便是所謂一心三觀、四

52　M. Heidegger, *Einführung in die Metaphysik*. Tübingen: Max Niemeyer Verlag, 1976, S. 108.

句肯定和否定，以及真妄的相即不離。而就中道佛性的展現言，他提出中道佛性有三面功用，這以醫療的比喻來說，就是醫病、識藥與授藥。

第三章
天台學的核心觀念與實踐：
對海外的天台學研究的反思

一、所涉及的範圍及有關人物

　　天台學是我國佛教中的一個重要的學派，它的開山祖師是智顗，中間經湛然，最後及於知禮。這是就在義理上與實踐上的創發性而言。往後當然繼續有發展，甚至由中土傳到韓國、日本，再及於歐美。這個教派無論是就哲學理論或工夫論方面言，都有極高的成就。其中心點自然聚於稱為「智者大師」的智顗的教說中。我在這裏所謂的天台學，基本上是指智顗的那一套。其他的限於篇幅，不能多有所兼顧。

　　在現代的佛學研究中，天台學的研究，是相當多元的與興旺的。除了中、港、臺的華人社區外，還有國際方面的，此中包含日本、美洲與歐洲方面。這裏所謂「海外」，亦是就中、港、臺之外的日本、美洲與歐洲方面言。具體地說，研究成果在國外出版的，都在本文要探討的範圍中。在其中，日本學者佔最多數，相關的人物有安藤俊雄、關口真大、田村芳朗、勝呂信靜、新田雅章、佐佐木憲德、武覺超、佐藤哲英、日比宣正、大野榮人、小松賢壽、藤井教

公、苅谷定彦、丹治昭義、伊藤光壽、坂本幸男、玉城康四郎、若杉見龍、池田魯參、多田厚隆、稻荷日宣、多田孝正、河村孝照、村中佑生、花野充道，等等。美洲方面有 D. Chappell, N. Donner, D. B. Stevenson, L. Hurvitz, P. Swanson, B. Ziporyn, Ng Yu-kwan（筆者）等。歐洲方面則較少，未見有成書出版。不過，據筆者有限的所知，H.-R. Kantor、沈海燕等人，都是寫博士論文的。最近，沈海燕寫了一本有關《法華玄義》的研究的大書，在大陸印行，值得注意。

二、宗教與終極關懷：救贖問題

　　一切宗教，不管是粗支大葉的，精細深密的，都是指向一個具有超越性格的目標，那便是要從負面的，充滿苦痛煩惱的現實狀況解放開來；這苦痛煩惱在不同宗教中有不同的表述：基督教說原罪，婆羅門教說污垢，佛教說苦、無始無明，儒家說人欲，道家說成心、謬心。哲學方面也有類似情況，如康德說根本惡，海德格說存有的遮蔽，釋勒爾（M. Scheler）說妬恨（ressentiment），柏格森（H. Bergson）說道德與宗教的封閉性，等等。從種種苦痛煩惱中解放開來，而達致一自由的、自在的、超越現實與時空的、恆常的、不朽的境界，這便是救贖（soteriology），或泛說的終極關懷。人的得救、得渡，非得要克服、突破現實上的種種負面的關卡不可。禪宗說的大死，便是一個顯明的例子。所謂「大死一番，歿後復甦」。人必須先對生命中的種種兩難、背反，加以超越，徹底否定、埋葬它們，才有生路可言，不經一番寒徹骨，焉得梅花撲鼻香？

　　大死是終極性的，由大死而得的大生、永生，也是終極性的。於是便有所謂終極關懷問題。此中涉及一種對生命轉化的徹底的關

心、關懷。沒有了它，人生便會一往下墮，迷失於種種情執、妄見之中，與光明愈行愈相遠。關於宗教的終極關懷，田立克（P. Tillich）有如下的說法：

> 宗教是為一種終極關懷所緊抱的狀態；這種關懷使其他所有的關懷成為準備「階段」的，它自身包含有關我們的生命意義的問題的答案。因此，這種關懷是無條件地誠懇的，它顯示一種意願：要犧牲與這種關懷衝突的任何有限的關懷。[1]

順著田立克的這種理解，我們可以想到，宗教絕對不能離開對人的生命存在的意義與目標一類問題的回應。這意義不是甚麼，正是上面提及的由苦痛煩惱解放開來而得救贖。任何事情、事件，倘若與這種救贖目標相矛盾、相衝撞的話，都得讓路，俾後者能先行。說到底，終極關懷是生死相許的，有甚麼問題比生死更重要呢？只有宗教方面的終極關懷、救贖。

　　進一步看救贖問題，它必會與我們對真理特別是終極的、絕對的真理的理解與實踐相聯繫。真理關乎我們的生命的真相問題，與我們體證生命的意義是分不開的。真理的涵義是雙向的：它一方面指涉我們生命中的負面的苦痛煩惱的真確性格，同時自身也展現為某種形態，讓我們對它有深邃的理解，以便找到體證真理、證成真理的途徑。這便是真理與方法問題。以下我們便對這個問題作深入的探討。

---

[1]　P. Tillich, *Christianity and the Encounter of the World Religions* (New York : Columbia University Press, 1964), pp.4-5.

三、真理與方法

　　德國詮釋學家葛達瑪（H. G. Gadamer）寫了一部大書《真理與方法》（*Wahrheit und Methode*），講的是有關真理與方法的關係問題，頗有實踐的方法論意義。不過，他只集中在藝術、語言與歷史這幾方面來說，我們在這裏所著重的，是宗教義的解脫、救贖，亦即是覺悟的問題。關於這方面的問題，已有很多流行的說法：粗略地說，基督教講與上帝同在，婆羅門教講與大梵（Brahman）合一，佛教講轉識成智、空、中道，儒家講天人合一、盡心知性知天，道家則講與天地精神相往來。此中所謂真理，從廣義方面來說，依次是上帝、大梵、空、中道、天、天地精神。西方宗教、哲學重於理論、概念的開拓，東方宗教、哲學則重於實踐、修行，所謂「實修實證」，這已是一般的常識了。不管怎樣，就有關的事件來說，總的來說，不外乎兩點：怎樣去理解真理，和如何去實踐、證成這真理。簡單一點來說是，真理是甚麼？怎樣去實現、體證它？

　　現在我們面臨一個重要的問題。理解真理是認識論和存有論意義的；體證真理則是方法論意義的。雙方在理論上、邏輯上是誰先誰後的呢？進一步說，是哪一邊決定另一邊呢？真理是目的，體證真理是手段。倘若我們從現實的、日常的生活說起，例如，我要到臺中的日月潭去，怎麼去呢？這可有幾種途徑、方法。我可到臺北車站，搭高鐵到臺中，然後再坐客車、公車到日月潭。我也可以從臺北松山機場乘坐飛機到臺中，再轉車到日月潭。當然我也可以坐計程車，由臺北開到日月潭，不必經過臺中。我也可以騎腳踏車，甚至步行到日月潭，但需花很多時間，可能是一天一夜哩。在這些情況中，日月潭作為目的地，只有一個，但可以挑不同的途徑、方

法去。真理與方法的情況也相似。去體證、實現真理這一個目的，應該像往日月潭那樣，有多種方式。但如我要去的地方不是日月潭，而是墾丁公園，那便是另外一回事、一個地方了，我所選擇或可能選擇的方法、途徑便肯定不同。到一個地方是目標，如何去法，要看到哪裏去，則有種種不同的途程、方法。這便是目標與達致目標的方法不同。目標或目的地不同，所採取的途徑也跟著不同。反之則不然。這是目的決定方法，不是方法決定目的。理解真理與達致這種理解的情況也應是一樣；真理如何理解，或要實現甚麼樣的真理，有種種不同的實踐方法。這即是真理決定方法；真理的內涵、意義總是要先考量，考量定了，才能探討應以甚麼樣的方法去達致、實現。

四、天台學的中道佛性觀念

上面所強調的真理決定方法的原則，可以用於種種哲學與宗教中，天台學也不例外。天台宗說到真理，亦即是終極真理，有多種不同的稱法：妙有、真善妙色、實際、畢竟空、如如、涅槃、虛空、佛性、如來藏、中實理心、非有非無、中道第一義諦、微妙、寂滅等。[2]在這些觀念中，哪一個觀念是智顗最重視的，同時又最具代表性的呢？這非佛性（Buddhatā, Buddhatva）莫屬。智顗在他的判教法中，基本上是以佛性作為關鍵觀念的，以佛性為真理的。他以佛性作為根本的標示，指出四教藏、通、別、圓中，藏教與通教以空

2　這是智顗的《法華玄義》的說法。安藤俊雄在他的《天台性具思想論》，
　　頁 59 中也提過（京都：法藏館，1953）。

為真理，別教與圓教則以佛性為真理。在他看來，藏教以空為真理，透過析離諸法的要素，最後歸於空無，以這種方法來體證真理，這是析法空或析法入空，要破壞諸法，其質素是拙的，亦即是笨拙的。通教則即就諸法的呈現而當下證成它的空的性格、真理，這種方法是體法空或體法入空。這種方法不必析離諸法，能保持它們的完整性，不必破壞它們。智顗稱這種方法為巧，亦即是善巧的。別教則以佛性（即下文會提到的中道佛性）為真理，體證這真理的方法是歷劫修行，或漸次地、一步一步地精進向前。智顗稱這種方法是歷別入中，其質素是拙的。圓教亦是以佛性為真理，體證這真理的方法是圓頓入中，這是對真理的當下一下子現成，頓然得悟，這種體證真理的方法為巧。[3]

　　智顗的判教是以佛性觀念作為關鍵性的標示，如上所說。由此可以看到智顗是非常重視佛性問題的。他在其《法華玄義》中便清晰而確定地說：

　　　大小通有十二部，但有佛性與無佛性之異耳。[4]

這是以是否闡揚佛性作為判教的標準，亦不止於藏、通、別、圓四教。佛教各學派義理與實踐上的異同，在於佛性是否受到闡揚。這個觀念的確是智顗的整套宗教哲學體系的核心觀念。他又同時把佛

---

[3] 　有關智顗的判教法及論典引文，參看拙著 Ng Yu-kwan, *T'ien-t'ai Buddhism and Early Mādhyamika* (Honolulu: University of Hawai'i Press, 1993), pp. 39-47，此書有中譯本：吳汝鈞著，陳森田譯：《中道佛性詮釋學：天台與中觀》（臺北：臺灣學生書局，2010）。

[4] 　《大正藏》33·803c。

性和中道（madhyamā pratipad）等同，以中道來說佛性。他說：

> 佛性即中道。[5]

這種說法散見於智顗的很多著作中，特別是天台三大部（《法華玄義》、《法華文句》、《摩訶止觀》）和最後期所作的對《維摩經》（Vimalakīrti-nirdeśa-sūtra）的疏釋中，包括《維摩經玄疏》、《維摩經略疏》、《維摩經文疏》和《四教義》。

　　依於佛性與中道的等同關係，智顗便提出「中道佛性」或「佛性中道」的複合觀念。這在義理上有極為重要的訊息。佛性是成佛的基礎，表示超越的主體性，是由心說的。智顗因此提出「佛性真心」一觀念，表示佛性與真心的等同。[6]他又說：

> 若觀心即是佛性，圓修八正道，即寫中道之經。明一切法悉出心中，心即大乘，心即佛性。[7]

這裏更加強心的涵蓋性，它是一切法生起的根源，略有存有論的意味，但不同於一般的存有論，關於這個問題，這裏沒有篇幅說明了。至於中道，依龍樹（Nāgārjuna）的《中論》（Madhyamakakārikā），是非有非空的意味，是從補充空的意義一面說。故中道有理的意義，

5　《法華玄義》，《大正藏》33・761b。

6　智顗：《維摩經玄疏》，《大正藏》38・541a。

7　智顗：《摩訶止觀》，《大正藏》46・31c。

而且是超越性格、絕對性格。[8]這樣，佛性是心，中道是理，雙方分別是真心、真理，這便是心即理的思維導向。心是主體性，理是客體性，主體性與客體性相互融合而為一。因而我們在理解客體性的事物時，內心不期然地會有相應的脈動。這種思維方式是龍樹思想中沒有的，它毋寧近於宋明儒學中的陸九淵和王陽明所持的心即理、良知即天理的立場。這是印度佛學發展到中國佛學的一大突破點。

　　中道佛性這一觀念的所涵，是上面所列出的天台宗對真理、超越真理的稱法所無的，它較諸這些稱法有更豐富的內容，展示清淨的真心與超越的原理、真理相結合，其後智顗提出一念三千與禪宗提出平常心是道，則是這種思維形態的進一步開拓。我們這裏不能詳細地交代這個問題。我們只想強調，中道佛性既然是終極真理，則我們要求覺悟、得解脫，解決生命上的終極問題，便需在這裏努力、作工夫。即是說，要在日常生活中體證得中道佛性。實際上，智顗自己在他的《維摩經略疏》中便說：

> 解脫者，即見中道佛性。[9]

見中道佛性即是體證作為終極真理的中道佛性。能夠這樣做，即能覺悟而得解脫，遠離一切苦痛煩惱。他又強調，四教對證入真理的

8　關於這點，參考拙著《龍樹中論的哲學解讀》（臺北：臺灣商務印書館，1999），頁 459-466。又可參考拙著 *T'ien-t'ai Buddhism and Early Mādhyamika*, pp. 29-31.

9　《大正藏》38・647b。

方式不同：藏教與通教證得真實、真理，這真理是有所偏的，偏於
空寂也。別教與圓教則證得中道或中道佛性，這是他們眼中的真實、
真理，是圓融的，不離世俗諸法的。[10]在別教與圓教，證成真實方
面仍有不同，別教是走歷別的漸進之路，圓教則走圓頓之路，頓然
間、剎那間得覺悟，如上面所略提到的。

五、三諦與三觀

　　另外，在天台學的傳統中，有三諦與三觀的說法。智顗自身也
常提到這兩個觀念。這基本上是沿著龍樹的三諦偈說下來的，所關
連的概念是空（śūnyatā）、假或假名（prajñapti）與中或中道（madhyamā
pratipad）。《中論》中有如下一首重要的偈頌：

yaḥ pratītyasamutpādaḥ śūnyatāṃ tāṃ pracakṣmahe,
sā prajñaptirupādāya pratipatsaiva madhyamā.[11]

這偈頌的意思是：

　　我宣說是緣起的東西是空，由於空是假名，因此空也是中道。

10　智顗著《維摩經略疏》，《大正藏》38・607b。

11　*Mūlamadhyamakakārikā de Nāgārjuna avec la Prasannapadā
Commentaire de Candrakīrti*, ed. Louis de la Vallée Poussin, Bibliotheca
Buddhica, No. IV. (St. Petersbourg, 1903-13), p. 503. 這是月稱
（Candrakīrti）對《中論》的疏釋，其中附有《中論》的梵本，我們
可稱這個本子為《梵本中論》。

這是說，諸法是緣起的，因而是沒有自性的空的狀態，這空也是假名，是沒有實性可得的，因此這空也是中道。我們說中道是空義的補充，便是依據這首偈頌說的。即是，空是性空（svabhāva-śūnyatā），它雖是真理、諸法的真理，但我們不可執著它，以之為有實性可得，它不過是施設性的假名而已，我們要超越它，同時也要超越與它相對的有，因而是非空非有，這便是中道。光是說空，可引致非空的觀點，但非空也涵有非有之意，中道便是非空非有的超越義，故是空義的補充。因此，在這梵文原偈中，只涉及諸法的空與假名這兩方面，就真理來說，只能說空諦與假諦兩重真理，亦即是二諦（satya-dvaya），中道並不是獨立為中諦，只是對空諦的補充而已。

　　不過，鳩摩羅什（Kumārajīva）在其《中論》的漢譯中，把這首偈頌譯為：

　　　　眾因緣生法，我說即是無（空），亦為是假名，亦是中道義。[12]

這是一種對原典的誤譯。在其中，因緣法是主詞，空固是它的謂詞，但本來不是因緣法的謂詞的假名與中道，則都成了因緣法的謂詞。即是說，空、假名與中道都成了因緣法的謂詞，三者在一種平行的、對等的位置中。由於智顗理解《中論》，並不是透過梵文原典，而是透過鳩摩羅什的漢譯來理解的。漢譯中既有空這個謂詞，自然也應有假名、中道而為謂詞了。把三者提升為真理亦即是諦（satya）的層次，便得出空諦、假諦與中諦，而為三諦了。這便是三諦偈的所由來。若不是分解地看三諦，而是以圓融的角度來看三諦，便有

---

[12] 《大正藏》30・33b。

三諦圓融或圓融三諦的思想了。

　　平心而論，般若思想與《中論》所代表的中觀學，本來只有二諦思想，並沒有三諦思想。但經智顗這樣一說，般若思想特別是中觀學便儼然屬於三諦系統了。所謂三諦是指三重真理：空諦或空的真理、假諦或假的真理和中諦或中的真理。後二者較完整的說法分別是假名的真理、中道的真理。對於這三重真理，要加以理解、體現，便得有三種觀法，這即是空觀、假觀和中觀。空觀體證空諦，假觀體證假諦，中觀則體證中諦。這便成了三觀，亦即體證三重真理的三種觀法。倘若要把這三觀統合起來，統合於一心，便是一心三觀。這都是智顗提出的。到了他的晚期，更把這三觀作更嚴整的、周延的處理，而提出從假入空觀，從空入假觀和中道正觀。

　　嚴格來說，三諦也好，三觀也好，都是方便的施設，是方法論的名相，表示對三重真理的三種觀法。這便是三體結構（threefold pattern）。三是一種法數，並不必有其必然的理由。實際上，我們可以有多種法數，來闡述真理的不同面相，如一實諦、二諦、三諦、三觀、四諦、四句、五種三諦、六妙門、七重二諦，等等。而光是就三這一法數言，也可有多種說法。安藤俊雄說到三法或三體結構，便提出三道、三識、三佛性、三般若、三菩提、三大乘、三身、三涅槃、三寶、三德，等等。[13]此外還有三軌、三三昧、三止、三止觀、三法印，當然也可以說三諦、三觀。

　　故三法或三體結構特別是三諦、三觀，是方法義、實踐修行方式，而中道佛性則是真理觀念，指涉真理的內涵。我們對於真理問題的處理，應該是以真理的意義為主，實踐真理的方法為從，觀念

13　安藤俊雄：《天台性具思想論》（京都：法藏館，1953），頁 44。

總是先行的，方法是隨機而用的。觀念決定方法，方法不能決定觀念。筆者寫 *T'ien-t'ai Buddhism and Early Mādhyamika*（《天台佛學與早期中觀學》，中譯《中道佛性詮釋學：天台與中觀》）一書，便是在這種基本思維或原則下完成的。如上面所說，智顗依是否說佛性來判教，而有藏、通、別、圓四教。通常一個佛教學僧的思想歸趣，往往是在其判教或教相判釋中表現出來。智顗以自己的哲學與修行旨趣在圓教，這在經典上的依據，是《法華經》（*Saddharmapuṇḍarīka-sūtra*）與《大般涅槃經》（*Mahāparinirvāṇa-sūtra*），兩者分別說佛知見和佛性。佛知見即是佛性。佛性在他的思考中，是最重要的觀念，而且他進一步開拓這個觀念，將之發展為中道佛性或佛性中道，這是他的真理觀。我們理解他的思想特性，必須扣緊這個觀念來說，才有本質的意義和重要性。[14]

筆者便是依這樣的考量來闡釋天台學特別是智顗的天台學的。可是知音稀少，大部分的日本學者都從三諦、三觀的觀念來說智顗，西方學者受到日本方面的學風的影響，基本上也走這條路向。[15]以下我謹就有代表性或重要性的事例來說一下。

---

[14] 一九九五年我重訪京都，和阿部正雄先生在旅舍敘舊，並送他這本英文拙著。他後來的反應很積極，表示它的內容有原創性，並對中道佛性很感興趣，云云。

[15] 現代學者多有不能就佛性或中道佛性的觀念而說智顗的天台學的，即便是天台傳統的人士，也有這方面的缺失。如諦觀的《天台四教儀》，也全未提及佛性觀念，這是很令人失望的。

六、佐藤哲英的研究

佐藤哲英是很負盛名的日本的天台學者，他畢業於龍谷大學，曾是龍大的教授兼學監，也是文學博士。他寫有關於天台學的兩本鉅著：《天台大師の研究：智顗の著作に關する基礎的研究》和《續天台大師の研究：天台智顗をめぐる諸問題》。這兩本書在研究智顗大師的著作和思想方面，內容既廣且深。[16]特別是智顗的著作浩繁，有些是他親撰的，有些是他講述而由門人灌頂記錄的，有些則不是他寫的，也不一定代表他的思想，而是後學所撰，以他的名傳流的。在思想或義理方面，佐藤強烈表示智顗的教法的中心是三諦、三觀的觀點，這幾乎是日本學界理解智顗的典型。對於佛性問題，佐藤留意得很少。

佐藤哲英把智顗的學問分為兩期。前期包括《次第禪門》、《法華三昧懺儀》、《六妙法門》、《覺意三昧》、《方等三昧行法》、《小止觀》、《法界次第初門》、《禪門口訣》等。其中最重要的是《次第禪門》。這些書主要是說禪法的實踐問題，與後期以三大部為主說的義理與實踐如觀心、止觀雙運相應。但佐藤未有提及佛性。後期則以三大部亦即《法華玄義》、《法華文句》、《摩訶止觀》為重要，尤其是《摩訶止觀》，其實踐法是由禪進於止觀。佐藤在其中也沒有提及佛性問題。後期中的再後期則是對《維摩經》的疏釋，包括《維摩經玄疏》、《維摩經文疏》、《維摩經略疏》，

16　佐藤哲英：《天台大師の研究：智顗の著作に關する基礎的研究》（京都：百華苑，1961）；佐藤哲英：《續天台大師の研究：天台智顗をめぐる諸問題》（京都：百華苑，1981）。

另外又有《三觀義》、《四教義》等。佐藤強調,由於三大部不是智顗親撰,而是灌頂對他的講課的記錄,而對《維摩經》的疏釋則是自己寫的,故更有代表性,代表智顗最成熟的思想。[17]佐藤說得頗有道理,就一個人的思想發展來說,通常應該是越後出的思想,越有其代表性、成熟性。不過在對於《維摩經》的疏釋的闡述中,佐藤還是未有提到佛性問題。實際上,智顗在對《維摩經》的疏釋中時常說到佛性、中道佛性,比在三大部中說的還要多。另外,佐藤認為三大部以《摩訶止觀》最重要,如上所說。其實不然。《摩訶止觀》主要是說止觀的修行實踐,《法華玄義》是以實相或終極真理的理解為主要內容。前者是說方法,後者是說觀念;觀念先於和決定方法。故在理論立場來說,《法華玄義》較諸《摩訶止觀》尤為重要。[18]

　　更重要的是,佐藤在他的《天台大師の研究:智顗の著作に關する基礎的研究》中,加入一附篇〈三諦三觀思想の起原及び發達〉,其中分兩節:〈三諦三觀思想の起原に關する研究〉和〈天台大師の三諦三觀思想〉。在後一節中,佐藤表示天台的中心教義為三諦、三觀思想。對於這三諦、三觀思想,他提出以下幾點:一、龍樹的全部著作中(筆者按:這包括最重要的《中論》),沒有這方面的明文。二、由龍樹經慧文、慧思到智顗這一天台的傳承傳統,未傳一心三觀。三、三諦、三觀之名最初見於《仁王經》與《瓔珞經》,這兩部文獻不是在印度成立的,而是於西曆五世紀後半在中國成立

17　《天台大師の研究:智顗の著作に關する基礎的研究》,頁660-674。
18　關於《法華玄義》的重要性,參看拙著《法華玄義的哲學與綱領》(臺北:文津出版社,2002)。

的。四、三諦三觀思想不見於印度思想，而是中國思想。不過，佐藤提到《四教義》一書，其中說及「虛空佛性」，但未有闡述，連同他的兩部鉅著都沒有認真處理佛性一點，我們可以這樣說，即使他有佛性觀念，但也不重視它。[19]

　　而在前一節中，關於智顗的三諦思想，佐藤舉《仁王經》的兩種說法，表示這是天台的三諦思想的所由。這兩點是，一是以空諦、色諦和心諦攝一切法，[20]一是世諦、真諦和第一義諦合成三諦三昧。[21]世諦相應於色諦，真諦相應於空諦，第一義諦則相應於心諦。這正是天台宗的三諦亦即是空諦、假諦、中諦思想的起源。佐藤並表示《仁王經》沒有梵文本，亦沒有西藏文翻譯，他因此認定這部經典是中國佛學的文獻。至於三觀的思想，佐藤認為源於《瓔珞經》，它不是在印度成立，而是在中國成立。其中有「所謂有諦、無諦、中道第一義諦是一切諸佛菩薩母」字眼。[22]此中的「一切諸佛菩薩母」即是智慧之母，或智母，這智母一開拓啟用，即成三觀。

　　有關這兩部經典，佐藤強調，在三諦方面，《瓔珞經》有繼承《仁王經》說法的痕跡，但不如《仁王經》所說的空諦、色諦、心諦，亦不說世諦、真諦、第一義諦，而說世諦、真諦、中道第一義諦。關於三觀，佐藤表示，智顗說過三觀之名亦出於《瓔珞經》，其中有謂「三觀者，從假名入空二諦觀，從空入假名平等觀。是二

19　《天台大師の研究：智顗の著作に關する基礎的研究》，頁 712-733。

20　《大正藏》8・829b。

21　《大正藏》8・833b。

22　《大正藏》24・1018b。

觀方便道,因是二空觀,得入中道第一義諦觀」。[23]

　　另外,佐藤寫了一篇〈智顗の法華玄義、法華文句の研究〉,也完全不提佛性觀念。[24]這是難以想像的,令人難以接受的。智顗思想體系中最重要的觀念,他的判教所依的最高準則,便是佛性。而《法華玄義》一書,多次提及佛性問題,並加以闡釋。上面提過的「大小通有十二部,但有佛性無佛性之異耳」的說法,即出現於這部著作中。[25]實際上,智顗在《法華玄義》中對佛性觀念、思想,有進一步的發揮,特別是提出三因佛性的說法。他說:

> 法性實相即是正因佛性,般若觀照即是了因佛性,五度功德資發般若,即是緣因佛性。[26]

很明顯,智顗要在佛性思想方面作進一步的開拓,把佛性開展為三個面相:正因、了因和緣因佛性。正因佛性指所覺悟的真理,了因佛性指體證終極真理的智慧、心能,緣因佛性指其他有用的因素,它們可助長了因佛性的求覺悟、得解脫的功能。

　　至於中道佛性的問題,如上面所說,這是對終極真理的解讀作多元的轉向,佛性不單是心能,也是真理。這個複合觀念在《法華玄義》中也多次出現,如:

23　《大正藏》24・1014b;《天台大師の研究:智顗の著作に關する基礎的研究》,頁 684-711。

24　該文見於坂本幸男編,《法華經の中國的展開》,《法華經》研究 IV (京都:平樂寺書店,1972),頁 223-250。

25　《大正藏》33・803c。

26　《大正藏》33・802a。

佛性中道。[27]

實相中道佛性。[28]

見中道佛性第一義理。[29]

要之，《法華玄義》是闡揚與開拓佛性思想的重要文獻。[30]

七、安藤俊雄的研究

　　安藤俊雄可能是日本方面研究天台學的最專門和最多產的學者，他在天台學方面，寫了幾部重要的著作：《天台性具思想論》、《天台思想史》、《天台學：根本思想とその展開》和《天台學論集：止觀と淨土》。[31]他受學於稻葉圓成，曾任大谷大學校長，有文學博士學位。

　　安藤俊雄對天台學的研究，是多元的，文獻學研究法意味濃厚，但不重視其中的佛性觀念與思想。他在其《天台學：根本思想とそ

27　《大正藏》33·735b。

28　《大正藏》33·711c。

29　《大正藏》33·734b。

30　關於《法華玄義》的佛性思想，參看拙著：《法華玄義的哲學與綱領》上篇第四章〈法華玄義的佛性思想〉，頁 48-61。

31　安藤俊雄：《天台性具思想論》（京都：法藏館，1953）；安藤俊雄：《天台思想史》（京都：法藏館，1959）；安藤俊雄：《天台學：根本思想とその展開》（京都：平樂寺書店，1968）；安藤俊雄：《天台學論集：止觀と淨土》（京都：平樂寺書店，1975）。

の展開》一書中，用了二十頁的篇幅（頁 92-110）來說智顗的化法
四教的判教說，完全未提及佛性觀念，更不要說中道佛性或佛性中
道了。他說到空，強調智顗的空不是但空，而是有不空義。實相即
是中道，這中道是不同於空、有二邊而別有其義理。[32]而四教中的
別教的中道，作為根本原理，仍是隔歷不融的但中之理。[33]至於圓
教，安藤認為圓教的中道是一種第一原理，它不是如別教以中道為
空有二邊隔別的原理，而是空有相即的。[34]按這樣說四教，點出了
別教與圓教的真理或實相是中道，不同於藏教與通教把真理放在空
義一面。而別教與圓教雖然都同以中道來說真理，但別教的中道是
隔歷的，這隔歷可指與世俗事物的相隔，或在修行上有級別；圓教
的中道則是圓融，與世俗事物相即不離，也有修行上的頓然覺悟的
意味，不必經歷階段。安藤的這種理解，不能說錯，只是不足而已。
中道是客體性的終極真理，倘若只是停駐於客體性，則不免淪於抽
象，與主體性的佛性或心能形成相互對待、對恃的關係，也難以說
力動、動感，這便是智顗所說的「但」或「偏」的意味。唯有主體
性的心靈能說動感，作為客體性的、終極真理的中道，必須與心靈
相結合，融合而為一體，才能有真正的動感可言。這心靈即是佛性，
是智顗所說的佛性真心。這樣思維，便逼出中道佛性觀念，在意義、
內涵的層次把中道與佛性等同起來。終極真理必須要具動感，才能
作為包括我們人的生命存在的世界的所依。智顗提出中道佛性或佛
性中道，由此賦予真理動感性，煞是用心良苦。也是由於這點，才

---

[32]　《天台學：根本思想とその展開》，頁 101。
[33]　同上書，頁 104。
[34]　同上書，頁 109。

能說中道佛性的功用性，與常住性、具足諸法成為真理的三種基本性格。安藤在關鍵的問題上忽略了佛性觀念，的確是一間未達。

　　安藤不重視對於作為目的的真理或佛性的觀念的理解，卻很強調實踐真理這一目的的方法，這便是一般所謂的「三體結構」（threefold pattern）。他認為表示這三體結構可有無量種說法，如三道、三識、三佛性、三般若、三菩提、三大乘、三身、三涅槃、三寶、三德，等等。[35]此中自然包括三諦、三觀在內。他指出，智顗常說及的三諦、三觀的名義，出自《仁王》、《瓔珞》兩經。但在《仁王經》中所說的名義，與智顗所說的並不相同。而《瓔珞經》的三諦、三觀是次第性格、隔歷性格的，與智顗所說的也不同。安藤強調，智顗注意到這些經典，目的是要為三諦、三觀思想找尋經證，亦即是經典文獻學的依據。而他的圓融三諦和一心三觀說法的成立，是要從《法華經》開始，從經論中尋求有關淵源。[36]

　　對於實相，或終極真理，安藤不以佛性來說，卻明顯地以三體結構來說，而且以三諦、三觀為中心。他在《天台性具思想論》的前篇中，強調所謂不思議的論理或邏輯。他提出在這種邏輯下說的實相，正是智顗心目中的《妙法蓮華經》的妙法自體。安藤提到實相觀，舉出十界互具、百界千如、一念三千說法。其妙理形態，或殊勝的方法，則特舉雙非雙照、絕對開會、圓融三諦、性具無作、遮照不二、同體三法之屬。[37]按這些妙法，或所謂「妙理」，有重複之處，也有不協諧之處，例如雙非雙照與遮照不二有複雜性和不

35　《天台性具思想論》，頁44。

36　同上書，頁61。

37　同上書，頁40。

協調性，我們需要就文本的上文下理來解讀，安藤未有交代。圓融三諦與同體三法顯明地有重疊，圓融相應於同體，但體是哪一個體？三諦與三法又如何區分？若把諦也視為法，則會混淆超越與經驗成素。安藤都沒有處理這些問題。

對於真理或實相的體證方法，安藤提出這是一種辯證法，天台辯證法，特別是在圓教中使用的。他以「敵對相即」來說這種方法。他以三軌的差別與圓融一體作例來闡釋。所謂「三軌」，又稱「三法」，是智顗論覺悟的三個面相。軌是軌範之意，這三軌或三個軌範是真性軌、觀照軌和資成軌。真性軌是理方面，相當於諸諦；觀照軌是智方面，是覺悟的智慧；資成軌則是行方面，是覺悟的助緣、助力。智顗認為，真性軌若得顯，即為法身；觀照軌若得顯，即為般若；資成軌若得顯，即為解脫。[38]安藤提出，三軌的差別與圓融一體這兩種情況，是妙法的自我開拓的不可欠缺的天然性德。這樣的思維即是敵對相即的邏輯。這種邏輯視煩惱、惡法為菩提、淨法的資成軌。即是，煩惱、惡法正是成就現象學義、清淨義的菩提、淨法的資具。安藤認為，就藏教、通教、別教來說，三軌是同類的。在圓教來說，資成軌對於觀照軌有敵對矛盾的關係，但仍與真性是一體的。[39]按安藤所說的敵對矛盾，不是邏輯性的，而是辯證性的，或弔詭性的。《維摩經》說諸煩惱是道場，淫怒癡性即是解脫，與智顗說煩惱即菩提，生死即涅槃，都展現弔詭的洞見。這些說法，

---

[38] 智顗：《法華玄義》，《大正藏》33‧741b 以下。又可參考拙著：《佛教思想大辭典》（臺北：臺灣商務印書館，1992），頁 73 左。

[39] 安藤俊雄：《天台性具思想論》（京都：法藏館，1953），頁 45。

是就實踐的、方法的面相說，不是就真理觀念的意義上說。[40]

八、新田雅章的研究

新田雅章是日本學者研究天台學的後起之秀，出身於東京大學印度哲學科，取得文學博士。曾任教於中京大學、福井縣立短期大學，都是教授職級。他寫了幾部有關天台思想的著作，特別是《天台實相論の研究》，篇幅浩繁，富學術性，另外又有入門書《天台哲學入門》，又與田村芳朗合寫《智顗》。[41]

新田在《智顗》一書中第二部分〈天台智顗の生涯と思想〉第二章〈智顗の思想〉中開宗明義地說，智顗的學問的中心點，是以正確的智慧以進行實修實證，去絕我們的生命存在的內裏的難以遠離的迷執、煩惱，證得這個世界的真相，亦即是諸法的實相，冀能實現煩惱的對治與實相的體證。在這些方面，智顗提出了非常尖銳的深入探索。[42]新田很重視智顗對實修實證的關心，但這實修實證是需要動力去獲致的，這動力來自作為主體性的佛性；新田未有正視這佛性的問題。他在上述的〈智顗の思想〉一章中說到智顗的判教，只重視三觀、三諦義，以三諦、三觀作為圓教的特徵，但完全

40　京都學派也常展示這種辯證性格的思維方式，西田幾多郎說「逆對應」，田邊元說「絕對媒介」，都是這種思維導向。

41　新田雅章：《天台實相論の研究》（京都：平樂寺書店，1981）；新田雅章：《天台哲學入門》（東京：第三文明社，1973）；田村芳朗、新田雅章：《智顗》（東京：大藏出版社，1982）。

42　田村芳朗、新田雅章：《智顗》（東京：大藏出版社，1982），頁62。

沒有涉及佛性觀念。[43]說判教和圓教而不留意佛性問題,只重視對真理的實修實證的方法,則真理勢必會成為一寡頭的、無力的外在的客體性,讓人在宗教活動中落了空。

新田在他的鉅著《天台實相論の研究》的第三章〈實相論の新たな體系化〉中,表示智顗在其圓教教法中,基本上是闡述《法華經》與天台三大部的內容。新田的方式取一般的羅列法,提出三大部與《法華經》的關聯、三大部的構成、止觀實踐,特別是四種三昧的禪定方法:常坐三昧、常行三昧、半行半坐三昧、非行非坐三昧。他又提十觀、十境、十乘觀法、一心三觀、六即、十如是之屬的法數項目,還有十界互具、三諦圓融之類,還是不離法數項目。一說到法數,便免不了把重點放在實踐修行的方法意義上。但新田未有重視佛性。這是真理觀念未明,一切實踐的方法便失去目標,失去縱軸,只是平面的列述。

在這裏試舉一個例子看。新田就智顗的三觀義展示他的詮釋。就三觀之撤離其實踐的課題來說,開始的從假入空觀表示心等同一切法不可得;跟著的從空入假觀並不是無,而是對有相貌的、時常立於認識主體面前的施設性的有或假法的觀照;跟著的中道正觀涉及對於不可得、空、假的心即一切法的觀法。[44]在這裏,新田就三觀在遠離實踐的課題下而提出其意思。這樣理解不算錯,但不完足。三觀表示對真理的理解、體證,是要在實踐的課題下說,才有其真切的、存在的意義,不然的話,便會淪於一種抽象的、遠離現實的

43　同上書,頁 166-172。

44　新田雅章:《天台實相論の研究》(京都:平樂寺書店,1981),頁 319。

觀點。要克服這種流弊，必須提出佛性觀念，這正是實踐課題的核心。在三觀中，所觀照的是客體性的空、假、中道，這不錯，但只止於言說而已。要在實踐的脈絡下使三觀具有宗教的、現象學的意義，便必須涉及觀照這空、假、中道的客體性的主體性，這即是佛性。在三觀中，作為真心的佛性發出觀的力量去觀照事物的空、假、中道三個面相，這三個面相亦即是事物的真理、終極真理。當然，就最終的意義言，佛性與空、假、中道是不離的，它們同時在觀照活動中扮演重要的角色，由此亦可以開出佛性與中道的結合，而成所謂「中道佛性」。只有到了這一階段，實踐的課題才可說，才能證成。新田顯然也知道實踐課題的重要性，但他忽視了佛性，錯過了佛性與空、假、中道的實踐關聯。

說到三觀，新田引《法華玄義》所說：

> 即中即假即空，不一不異，無三無一。二乘但一即，別教但二即，圓具三即。三即真實相也。[45]

這裏直接提及中道、假、空，一氣貫下，把三者以「即」連起來，三體結構的模式非常明顯。特別值得注意的是，新田以三即來說實相或真理，或以「三」這種法數來說真理，表示空、假、中道代表真理的三個面相。這是把空、假、中道平行起來，都是表示真理性格的。但中道應與空、假不同，它是攝空、假的，也是超越空、假的。只以三者平行地說真理，不夠精細、確當，不能予人以立體感、

---

[45]　《大正藏》33・781a；田村芳朗、新田雅章：《智顗》（東京：大藏出版社，1982），頁 134。

具體感，只給人一橫面的、平行的印象。特別是，在空、假、中道這三者中「即」，到底是甚麼東西？一提出這問題，心靈的意味便逼出來了。這心靈即是佛性，它是主體性，同時也與客體性的空、假、中道為同體，此中的關係不是認識論的主客關係，而是存有論、工夫論的關係，結果是對真理的證成。

不過，說到底，新田讀了智顗那麼多的書，寫出七、八十萬字的《天台實相論の研究》這樣大部頭的著作，他的意識中不會完全沒有「佛性」、「中道佛性」的名相。例如他在這部鉅著中引述《維摩經文疏》，便說及中道佛性；引述智顗著的《法界次第初門》時，也說到中道佛性。[46]但這只是在非關要地方提出，也沒有進一步的闡釋。倒是他在《天台哲學入門》第二章第三節中，說到智顗的《次第禪門》，強調我們對真理不應「理解」，而要「體解」。[47]理解是一般的知識性的解讀，體解則是把自己的生命存在的全體投入去，作實修實證的、主體性的體證。體證是方法義，這表明新田的研究仍是以實踐方法為主，對於觀念意義問題沒有正視。對於天台思想的研究，他還是受到他的前輩安藤俊雄、佐藤哲英和田村芳朗多方面的影響。

九、P. Swanson 的研究

以上我們對日本方面在研究天台學上較有代表性和最有專業性

46　新田雅章：《天台實相論の研究》（京都：平樂寺書店，1981），頁621、227。

47　新田雅章：《天台哲學入門》（東京：第三文明社，1973），頁81。

的學者對天台學的研究，特別是在不重視佛性觀念而重視三諦、三觀的所謂「三體結構」的脈絡下所作的概括性的研究。以下我要述論西方學者 P. Swanson 在這有關方面的研究。Swanson 是在日本長大的西方學者，在日語語文上有很深的學養，是美國威斯康辛大學（Wisconsin Universtity）的哲學博士，專門研究天台學，特別是智顗的學問與思想。他一直在日本名古屋的南山大學的宗教文化研究所作研究。他的天台學研究，深受日本一向重視三諦、三觀的實踐方法的傳統的影響。他寫的 *Foundations of T'ien-t'ai Philosophy: The Flowering of the Two Truths Theory in Chinese Buddhism*（《天台哲學的基礎：二諦理論在中國佛教中的開展》），深受西方佛學研究界的好評。他的研究方法與旨趣，與筆者正好相反。[48]

　　Swanson 表示，三諦概念展示出智顗的哲學架構。他要在他的上述的著作中以三諦概念作為背景來研究智顗的天台哲學，展示一種架構，在其中，數目相當可觀的佛教概念和專門術語都被組織和相互聯繫起來。[49]在這裏，Swanson 表達出智顗的佛教哲學的根本架構，和他研究智顗的旨趣。他不止一次地表示在自己的書中正是要以三諦概念作為骨幹研究智顗對佛法的詮釋。他確認三諦在智顗

---

[48]　筆者與 Swanson 有過數面之緣，他曾對拙著 *T'ien-t'ai Buddhism and Early Mādhyamika* 作過嚴苛的批評，後來才有些好感。他承認自己對智顗的理解，主要依據天台三大部，未有認真留意智顗晚年對《維摩經》所作的疏釋，後者是筆者所極為重視的。他在多年前已進行對智顗的《摩訶止觀》的英譯，慢工出細貨，想必做得很好。

[49]　*Foundations of T'ien-t'ai Philosophy: The Flowering of the Two Truths Theory in Chinese Buddhism* (Berkeley, California: Asian Humanities Press, 1989), p. 8.

的系統中是一個關鍵性的概念（pivotal concept），這概念也對智顗本人在佛教的哲學和實踐上讓人敬畏的系統思考提供一個架式和模式（the framework and pattern）。[50]因此，他視智顗的三諦概念為開啟天台佛教的鎖鑰。[51]就以上所說來看，Swanson 顯然是以三諦的三體結構的模式來為智顗的佛教哲學定位，甚至作為他的理論立場來理解。但三體結構是一種模式，更精確地說是思維與實踐的模式，不關乎內容的旨趣、導向，也不能作為理論立場看。而三諦在這三體結構的支撐下，儼然成了智顗的最根本的概念。但一套哲學體系的本質，特別是一種宗教哲學的本質，應該就它自身的具有根本旨趣的內容言，即是就對終極真理的焦點內容的理解言，不應該就架式、模式的方法論意義言。在這一點上，Swanson 一起步便錯了。即使他強調三諦提供一種隱含整套智顗哲學的模式，指出三諦概念的最全面的陳述可在《法華玄義》中找到，也不能糾正這種錯誤。《法華玄義》無疑是智顗的重要著作之一，或竟是最重要的著作，但這點並無與於以真理觀點為主，以實踐的方法為從的關係。不管是哪一種架構或模式，都只能是方法論意義的，不涉及具有本質意義的對真理觀念的理解、把握。

Swanson 又就三體結構這一點，把龍樹和智顗甚至中國佛教傳統拉近。他強調三體結構已隱含於《中論》之中。[52]又說智顗的三諦概念是傳統的中觀學的二諦理論的延展。[53]又強調智顗的三諦詮

---

[50] Ibid., p. 155.

[51] Ibid., Preface, ix.

[52] Ibid., p. 15.

[53] Ibid., p. 3.

釋並未歪離龍樹的原意，這是對三諦偈意義的一種中國（佛學）式
的探究，使中觀哲學更具睿智性（intelligible）。[54]這三諦偈正是我
在上面提到過的「眾因緣生法，我說即是無（空），亦為是假名，
亦是中道義。」Swanson 認為智顗以三體真理來詮釋這三諦偈，並
沒有誤解、誤讀，也未有歪離龍樹的著作或中觀學的原來意涵，而
是一種疏解中觀哲學特別是二諦論的有用的機制（useful device）。
[55]按 Swanson 在這裏的說法涉及一個嚴重的翻譯和解讀的問題。我
在上面已提出過，三諦偈本身只確立空與假或假名兩個可以拓展為
諦或真理的觀念，這即是空諦與假諦。中道在這偈頌中，並未被視
為獨立於空與假之外的另一真理或諦的觀念；它的作用是對空的一
種補充，讓人不會沾著於空的可能的負面意義，而墮於虛無主義。
空是絕對的真理，它不是純然的空、虛無，而是同時具有空與有與
超越空與有，這種對於空與有的雙照（俱有）與雙遮（超越），正
是中道的意義。中道並不是獨立於空之外的中道，不是獨立於空諦
之外的中諦。這三諦偈要確認的領域是空與假的領域，其思維架構
是二體（空、假）的，而不是三體（空、假、中道）的。這是梵文
《中論》的原來意思。鳩摩羅什的翻譯有問題，這問題出自後半偈
的翻譯，他把空只是假名，因此空亦是中道的原來意思翻譯成（因
緣生法）是假名，也是中道的意思。智顗對龍樹特別是《中論》的
理解，是透過鳩摩羅什的中譯而來的，不是依梵文原偈而來的，他
大概也不懂梵文。由於這三諦偈的漢譯把空、假、中道三者都視為
因緣生法的謂詞，對因緣生法的關係是平行的、對等的，因此智顗

---

[54]　Ibid., p. 8.
[55]　Ibid., p. 16.

才平等地提出空、假、中道這三個觀念，把它們提升到真理或諦的層面，才成為「空諦」、「假諦」、「中諦」的三諦格局、三體結構，而這一偈頌也因此在中國佛學傳統被稱為「三諦偈」。Swanson未了解及這個淵源，他對三諦觀念的有關的理解，如上面所提出的幾點，顯然是捉錯用神。

　　《中論》是二諦系統，有空諦與假諦。智顗則是三諦系統，有空諦、假諦與中諦。Swanson 指出，智顗的三諦概念是在當時中國流行的有關二諦的諍論的脈絡下開展出來的。智顗運用空、假、中的三體概念，超越了有無二元性。他又強調，三諦概念構成了智顗的思想與實踐。[56] Swanson 的觀點表面看來不錯，不過，他對於龍樹的二諦發展為智顗的三諦，傾向於是一種量的發展：由真理的兩個面相，發展為三個面相，對真理的詮釋，注入更多的元素，使真理的內容更具多元性。但由二諦發展到三諦，不只是量的改變、發展那麼簡單。實際上，智顗把二諦提升到三諦，是一種質的飛躍。此中的關鍵，是透過中道與佛性的等同，把佛性注入二諦架構中，而成三諦架構。此中的重要訊息是真理不單是從客體性方面來說，不管這客體性是空也好，是假也好，智顗是要從客體性向主體性方面挪移，使終極真理不單包含客體性，也包含主體性。這主體性是由本來的客體的中道透過與主體的佛性的等同而建立的。這大大充實了終極真理的內容，由原來的空、假的面相轉而為空、假、中道的面相。更要注意的是，智顗把中道加進空與假之中，這中道不是龍樹在《中論》中所了解的中道，不是附著於空的概念中的一個補充概念，而是與佛性等同的中道佛性或佛性中道。此中的意義非常

---

[56]　Idem.

深遠。般若思想與中觀學說到真理，總是以空為主，為第一義的真諦，而假則是第二義的俗諦。真俗和合而成客體義的二諦。現在智顗把中道也建立為諦，這中道之諦對真俗二諦有一種均衡的意義，讓終極真理同時兼有客體性與主體性。同時，由於中道等同於佛性，從某種程度中吸收佛性的體性義（這體性義不是形而上學的實體義），因而更具動感和有更積極的性格、進取的性格。這對於佛教的宗教目標亦即是普渡眾生有很正面的，堅實性的幫助。普渡眾生是一種大事業，必須要有充實飽滿的功用，才能成辦。而中道佛性正是具有這方面的功用的主體性。智顗便是在這種思維、考量背景下，把中道納入二諦中，而成三諦，含有佛性作為內容的三諦。這種三諦的提法，大大加強了終極真理的內容和力量。這需要一種宗教上的強烈洞見，才能成辦，引入佛性，並不是如 Swanson 所說的以中道來超越有無的二元性那樣簡單地獲致的。智顗依於漢譯的《中論》誤解了三諦偈的義理，在思想史方面自有虧欠，但因此而提出自家的三諦理論，則不得不視為一種創造性的詮釋。這不是 Swanson 和他的日本前輩如安藤他們所見到的。

　　所謂一心三觀，是以作為佛性的心，觀照事物的空、假、中道。空是事物的無自性性（svabhāva-śūnyatā）的性格、狀態；假則是事物雖然無自性可得，但是由緣起（pratītyasamutpāda）而成，故有一定的存在性、形相和作用。中道則是事物的同時的空性與假性的綜合與超越而展示出來的圓融性格。智顗在一心三觀的脈絡中說即空即假即中，即字一氣貫下，表示以心或佛性發出般若智慧，同時地、頓然地觀取事物的空、假、中道的總的性格，這性格亦即是法性（dharmatā）。這法性作為客體性，並不與作為主體性的心、佛性處於一種知識論上的（epistemological）對待、對峙狀態中，而是雙

方通融無間,合成一個終極真理的圓極狀態。能這樣觀,便能體證得諸法的實相、終極真理的空、假、中道的多面性格。終極真理即在這種有弔詭意味的自我實現、呈現的活動中證成自己。

從分解的角度看三觀與三諦,三觀觀三諦,我們可以說,空觀觀空諦,假觀觀假諦,中觀觀中諦。實際上不是這樣,在圓教中,三觀合為一心,觀取三諦合為一統一的一實諦。三觀也好,三諦也好,二諦也好,甚至一實諦,都是方便施設,是方法論意義的,這些實踐方法合起來,成就了作為終極真理的中道佛性開顯自己,實現自己。這是圓極教法的最終旨趣。

在這樣的理解下,我們說佛性或中道佛性是觀念、真理的觀念,三諦、三觀的三體結構的模式是方法、實踐真理的方法。觀念決定方法,反之則不然。Swanson 自己其實也意識到三體結構的方法論意義,他透露三體的分野(threefold division),並指出這分野是智顗眼中的一種施設性的區別(conventional discrimination),實在和真理是終極性的一者,它是不可分的,超越文字言說與概念思維。[57]三體既然是施設性,即是沒有終極意義,不能作為通過實踐修行要達致的目標看,則這怎能作為智顗的核心思想,以它來特顯(characterise)智顗系統的主要性格呢?

關於佛性觀念,Swanson 並未有完全忽視它。他認為真空、俗諦(假名)和中道是表達一個整一體的融合的實在的三個面相。這三諦觀念在智顗的天台哲學中扮演核心的角色,是提供智顗對佛性思想的詮釋的構作。[58]三諦是施設性格,不是終極性格,它是用來

---

[57] Ibid., p. 16.
[58] Ibid., p. 7.

傳達智顗的佛性義的，則在智顗的系統中，佛性是觀念、終極真理，三諦只是它的形容語，表示實踐它的方法。則這種觀點（view in question）的主要事項應是佛性，不是三諦。對於佛性或中道佛性這種真理，我們可以用以下多種方法來證取：二諦、三諦、四諦、四句、五種三諦、七重二諦，等等，這些項目在上面已提過了。

至於判教問題，Swanson 在他的書中有三處提及判教，但前二者是在說慧遠的地方提出的；[59]後者涉及天台宗的五時八教的問題，[60]但只提五時八教之名（Five Periods and Eight Teachings），完全沒有在內容上用思。[61]至於中道佛性觀念，則在他的書中沒有出現過，難怪他看到我的書時表現出強烈的反應了。

Swanson 不能重視、正視智顗的判教思想，那是因為他疏忽了智顗最後期親撰的對《維摩經》的疏釋，特別是《四教義》，這是闡釋智顗的判教法的最詳盡而又最有系統性的文獻。對於《維摩經》疏的疏忽，是他坦誠地對我說的，他的注意集中在天台三大部上，但這不是智顗所親撰，而是弟子灌頂的記錄，如上面所說。記錄後也未給智顗本人過目，便流傳開來了。灌頂的記錄，總會摻雜他自

---

59 Ibid., p. 72, 77.

60 Ibid., p. 17.

61 有關五時八教的判教法，天台宗傳統認為是智顗本人提出的。是誰提出，或是否能說是智顗的思想，在日本佛學研究界一直有諍論。關口真大認為五時八教不能說是智顗的思想，佐藤哲英則視之為智顗的思想。雙方往來辯駁的文獻，收於關口真大編著《天台教學の研究》中，東京：大東出版社，1978。又有關雙方辯駁的扼要說明，參考岩城英規：〈日本天台宗の五時八教爭論考〉，《諦觀》第 76 期（1994 年），頁 61-76。我在這裏姑依天台宗傳統的說法，不涉入關口和佐藤的諍論。

己的觀點、想法在內。這個可能性很大。倘若是這樣，則最能展示
智顗本人的思想的，不是三大部，而是《維摩經》疏。

十、以觀法、觀心取代佛性或不談佛性

以下我試就日本方面個別學者對佛性問題的疏釋，及強調觀
心、三觀的觀法並以之重於佛性觀念的理解作些描述、整理。後者
可說是承著三諦、三觀的三體結構的餘緒來說天台思想的特性。而
智顗本人亦真正寫過有關觀法的論著，如《三觀義》與《觀心論》
之屬，這易讓人把觀法看成是他的思想特性。

小松賢壽的《天台思想入門》[62]中第八章〈天台大師の神秘思
想〉中，未有提到佛性，只提假觀、空觀、空假一心觀、一心三觀。
不過，小松對佛教特別是天台學，很有雄心，他在《天台思想入門》
這本小書中，由西方的基督教講起，歷文藝復興與德國哲學，而及
於東方，由《奧義書》（*Upaniṣad*）講起，歷印度大乘佛教，而講
原始的天台宗。但他講印度佛教，只著重華嚴思想，展示那重重無
盡的華藏世界，沒有中觀，沒有唯識，又沒有如來藏思想，一跳便
跳到天台學，不講《法華經》，也不講慧文，而由慧思講起，這便
是他所謂原始的天台學。由慧思下來，轉入智顗，視其教法為一種
神秘主義。這種思想內容繁雜，包括一即一切、無緣慈悲、一心具
十方世界、十界互具、一念三千、法身、證見我體、空、假、中三
觀而終於密教。然後在菩薩之道的脈絡下，講智顗的判教法，聚焦
於別教與圓教，而提出兩種別教與兩種圓教。然後回頭講通教，也

62　小松賢壽：《天台思想入門》（浦和：櫻書房，2001）。

講龍樹與世親。他把龍樹的哲學定位為觀念論，把世親的哲學定位為唯心論。雙方的異同分際是如何呢？小松沒有說清楚。只是把龍樹與世親的哲學旨趣和實踐方法，講為對欲望的捨棄。這一點其實不限於龍樹與世親，《奧義書》與原始佛教便講了。最後又回頭講小乘的三藏教法。小松這種研究佛學態度，彈彈跳跳，與日本佛學研究的嚴謹沉著作風，大異其趣。

田村芳朗在他的〈天台法華の哲理〉[63]中，用了很多篇幅說智顗的判教說，[64]基本上未有意識到佛性觀念的重要性，只是在述說《法華經》與《涅槃經》中提及佛性，但那是就這些經典所涉及的內容說的，與智顗的判教思想並無直接的關連。

若杉見龍寫有〈《三觀義》《四教義》における實相論〉，[65]以為天台教法中的實相論與判教論是修道的骨幹。又以為佛所見的實相亦即客觀方面與作為佛智的一切種智亦即主觀方面是本來合一的。[66]若杉提到實相論，以天台三大部為中心，是原始的實相論，但未有提及《維摩經》疏釋。[67]若杉認為，《三觀義》與《四教義》特別是前者所說的實相論，可以說是展示了智顗的實相論，這是智

63　田村芳朗：〈天台法華の哲理〉；田村芳朗，梅原猛：《絕對の真理：天台》，佛教の思想 5（東京：角川書店，1974）。

64　同上書，頁 80-97。

65　若杉見龍：〈《三觀義》《四教義》における實相論〉，多田厚隆先生頌壽紀念論集刊行會編，《多田厚隆先生頌壽紀念論文集》（東京：山喜房佛書林，1990）。

66　同上書，頁 47。按這正是中道佛性的旨趣。中道是客體性，佛性是主體性。

67　同上書，頁 48。

顗刻意強調自己的三觀思想的文獻。[68]按若杉在這裏指出三觀與實相的密切關係，可看到他有以三觀來說智顗的真理觀的傾向。但他敘述智顗的三觀的思想，全未提及佛性，他還未有意識到佛性觀念在智顗的實相論的重要性。

　　花野充道強調智顗以緣起說來總結他的四教的判教法。他在其論文〈智顗の緣起論の考察〉[69]中，表示智顗如何把四教與緣起說聯結起來：藏教以六道輪迴為實有的業感緣起說；通教以六道輪迴為幻化的業感緣起說；別教取阿賴耶識緣起說，其中地論宗是真識緣起說，攝論宗是妄識緣起說；圓教則走諸法為實相緣起之路。[70]按緣起說與空觀可以說是佛教一切教派（除了小乘一切有部及取外界實在說的經量部之外）都奉行的教說，不獨智顗為然。因此我們不能就緣起說的不同而分判各派教法。智顗雖然崇奉緣起說，但並未就有無緣起的說法來分判諸種教法，卻是就有無說佛性來分判，如上面所說。

　　長年在東京大學當教授的玉城康四郎著有《心把捉の展開》，[71]講論天台思想，在智顗部分甚少提及佛性，在說慧思時，運用過複合詞佛性戒和菩薩戒，表示佛性的無盡性。[72]在另外一些地方提及佛性，[73]但那是關乎湛然的思想，不是關乎智顗的。湛然以具足三

68　同上書，頁 48-50。

69　見於勝呂信靜編：《法華經の思想と展開》，《法華經》研究 XIII（京都：平樂寺書店，2001）。

70　同上書，頁 399。

71　玉城康四郎：《心把捉の展開》（東京：山喜房佛書林，1961）。

72　同上書，頁 73。

73　同上書，頁 446-449。

身來說佛性：法身、報身、應身。另外，玉城書中未有討論智顗的
判教思想。玉城此書甚令人失望，他研究佛學的範圍非常廣，涵蓋
印度佛學、中國佛學和日本佛學，又長於比較思想，對康德的哲學
很內行。按理他是不應該忽略智顗的這些重要觀念與思想的。

　　日本老一輩的天台學學者佐佐木憲德寫有《天台教學》，[74]泛
論天台思想，只在頁 172 中提到佛性悉有問題，但那是引述《大涅
槃經》的說法，對它也未有進一步的闡釋，未說及它與智顗的關係
問題。另外，書中用了很多篇幅說化法四教，[75]但未有提及佛性觀
念。

　　河村孝照著有《天台學辭典》，[76]反映出日本學界對天台學的
專業研究的高水平。此書載有佛性一條，但只表示佛性是成佛的可
能性，在天台，則是佛所有的性能，亦即慈悲喜捨等的福德智慧。[77]
河村未有把佛性與天台牽連起來，以之為後者的核心觀念。

　　關口真大著《天台小止觀の研究》，池田魯參著《摩訶止觀研
究序說》，多田厚隆述《摩訶止觀講述：止觀明靜(1)》，稻荷日宣
著《法華經一乘思想の研究》，其中第一章〈法華經の科文から見
た一經の分段と視された品々〉中的第四節〈五大家の科文〉中說
到智顗，也不提佛性問題，多田孝正的〈天台佛教の基礎的理解〉，

74　佐佐木憲德：《天台教學》（京都：百華苑，1978）。

75　同上書，頁 106-148。

76　河村孝照：《天台學辭典》（東京：國書刊行會，1991）。

77　同上書，頁 283。這樣說佛性，籠統得很，視之為一般的功德（merit），
　　智慧（wisdom）。佛性何止是智慧而已，它是一切智慧的源頭。

亦未提到佛性問題。[78]

　　村中祐生寫了一篇〈法華經の開顯と權實〉[79]，提出要把得天台學的體系的構造，需要從它的四種釋或四大釋例著手。這四種釋是因緣釋、約教釋、本迹釋、觀心釋。因緣釋指佛與眾生的本來的關連，這可以從現實的宗教體驗中雙方的感應與互動來說。約教釋則是在解讀《法華經》的語句中，透過佛的教化的展開而以四教作為側面來解讀。即是，眾生在根性上有落差，因而需對應眾生的根性而提出四教的教法。本迹釋是對於《法華經》的語句，以佛陀的本地與垂跡這兩不同層次的面相來作解。觀心釋則是修行者對於《法華經》的語句的意思，透過心的內省以深化其修觀而作深層的和廣面的理解。村中強調，這種四項區別的解釋法，在《法華文句》中有交代，有相應的說法，這是關係及天台教法的全體結構，就基本觀點來說有其普遍意義。[80]按村中祐生說的約教釋有概括釋迦一生說教的全部意涵，這是關乎對真理觀念的理解。而觀心釋則透過觀心的實踐使教門的理想得以實現，這正是方法論方面的問題。村中這樣說，其實已觸及觀念與方法的關連，但他自己卻未意識到這關連的重要意義。

78　關口真大：《天台小止觀の研究》（東京：山喜房佛書林，1974）；池田魯參：《摩訶止觀研究序說》（東京：大東出版社，1986）；多田厚隆：《摩訶止觀講述：止觀明靜(1)》（東京：山喜房佛書林，2005）；稻荷日宣：《法華經一乘思想の研究》（東京：山喜房佛書林，1975）；多田孝正：〈天台佛教の基礎的理解〉，載於多田厚隆先生頌壽記念論集刊行會編集《多田厚隆先生頌壽紀念：天台教學の研究》（東京：山喜房佛書林，1990）。

79　收於勝呂信靜編《法華經の思想と展開》，《法華經》研究 XIII。

80　同上書，頁 327-330。

　　至於西方的天台學研究，N. Donner 和 D. B. Stevenson 在他們對
《摩訶止觀》第一章的研究與翻譯中，未提佛性觀念，在他們闡釋
智顗的判教法中，也未有提及佛性觀念。[81]而 B. Ziporyn（任博克）
在他寫的 *Evil and/or/as the Good, Omnicentrism, Intersubjectivity, and
Value Paradox in Tiantai Buddhist Tought* 一書中，提及天台哲學的基
本原則：三諦、權實互具、遍中整體和交互主體性，未有提及中道
佛性。[82]又 B. Ziporyn 在他的另一本書 *Being and Ambiguity:
Philosophical Experiments with Tiantai Buddhism*（《存在與隱晦：天
台佛學的哲學的試驗》）中，也未有提到佛性觀念。[83]另外還有一
本研究智顗的經典性著作，那便是 L. Hurvitz 寫的 *Chih-I, An
Introduction to the Life and Ideas of a Chinese Buddhist Monk*（《智
顗：一個中國僧人的生平與觀念的導引》）。[84]不過，這本書實際
上是寫智顗的生平，對他的思想、觀念涉及不多，故我在這裏不打
算多作闡述與評論。

---

[81] N. Donner and D. B. Stevenson, *The Great Calming and Contemplation.
A Study and Annotated Translation of the First Chapter of Chih-i's Mo-ho
Chih-kuan* (Honolulu: University of Hawai'i Press, 1993), pp. 13-17.

[82] B. Ziporyn, *Evil and/or/as the Good, Omnicentrism, Intersubjectivity, and
Value Paradox in Tiantai Buddhist Thought* (Cambridge and London:
Harvard University Asia Center, 2000). 此書有中譯：任博克著，吳忠偉
譯，周建剛校：《善與惡：天台佛教思想中的遍中整體論、交互主體
性與價值弔詭》（上海：上海古籍出版社，2006）。

[83] B. Ziporyn, *Being and Ambiguity: Philosophical Experiments with Tiantai
Buddhism* (Chicago and La Salle, Illinois: Open Court, 2004).

[84] L. Hurvitz, *Chih-I, An Introduction to the Life and Ideas of a Chinese
Buddhist Monk* (Bruxelles: Juillet, 1962).

十一、略有留意佛性問題者

上面已就對於智顗的天台學的現代研究中，闡述了一般對於佛性觀念的輕忽。不過，也不是所有的研究都是這樣。下面我們要注意一下有涉及佛性問題的研究。日本佛學研究界中的後起之秀大野榮人寫了一部大書《天台止觀成立史の研究》，[85]其中有兩處提到佛性。其一是在說到天台的實踐法的六即中的分真即（分證真實即）部分提及佛性。所謂六即即是理即、名字即、觀行即、相似即、分證真實即、究竟即。其中的的分證真實即或分真即表示已證得部分真理，但未得其全部；即能斷除一部分無明；未能斷除全部無明，故仍有修行上的上進的空間。按這種說法只能在漸教的脈絡中言，不能直接就對終極真理的證得言。終極真理是一個整一的、絕對的原理，不能分開為部分，讓修行者可以隨順其經驗步步向上，今日證一部分真理，明日又證一部分真理。證成真理特別是終極真理應是頓然地、一下子地（all in a sudden）覺悟到的。大野在說到分真即中，強調倘若能顯佛性，即能達致分真即的涅槃。[86]另外一處是該書的附編第二章〈一念三千思想の形成背景〉引《摩訶止觀》原文時提到佛性。大野在文中引《無行經》中說及貪欲即是道，恚癡亦如是，這三者（貪、恚、癡）具足一切佛性。[87]這是在論到圓教的惡時引《摩訶止觀》的有關文字說的。

武覺超所著的《天台教學の研究：大乘起信論との交涉》曾引

85　大榮野人：《天台止觀成立史の研究》（京都：法藏館，1994）。

86　同上書，頁600。

87　同上書，頁685。所引《摩訶止觀》原文見《大正藏》46‧18a-b。

述《四教義》的文字，那是理外二諦與理內二諦。前者是真諦非佛性，後者是真諦即佛性。武氏指出，這是《四教義》的說法，三大部未有這樣說。[88]按真理非佛性是分解的思路；真諦即佛性則是綜合的思路，作為客體性的真諦等同於作為主體性的佛性，通於心理為一或心即理的想法。

新田雅章在他和田村芳朗合著的《智顗》一書中，有一節是講五時八教的。[89]其中未提佛性，而提佛知見。[90]不過，這節強調三觀：圓頓觀、漸次觀、不定觀。另外又說三觀、三諦，不過，這三觀指空觀、假觀和中觀而言，新田只以中道為真理的終極形態。[91]

丹治昭義在自己寫的〈佛性と佛種〉一篇文字中，強調「佛性」是《涅槃經》所說「一切眾生悉有佛性」（sarvasattvānāmasti buddhadhātu）中的佛性，其性（dhātu）可譯為界，是原理層次、領域、世界的意義。佛性又可譯為「佛的本質」、「佛的本性」。[92]這樣的文獻學的解讀，佛性便難說是實踐義的主體性，而是存有論義的佛的依據了。這樣理解佛性，其實可通於智顗的中道佛性觀念，只是後者較具有多元性，特別是包涵實踐義在裏頭。

苅谷定彥在他的論文〈法華經の基本構造：インド初期大乘佛教の中で〉中，指出《法華經》強調「一切眾生——橫亙過去、現

88　武覺超：《天台教學の研究：大乘起信論との交涉》（京都：法藏館，1988），頁 6-7。

89　新田雅章、田村芳朗：《智顗》，頁 148-174。

90　同上書，頁 159。

91　同上書，頁 170。

92　丹治昭義：〈佛性と佛種〉，載於勝呂信靜編《法華經の思想と展開》，《法華經》研究 XIII，頁 115-116。

在、未來三世的六道眾生的全體——本來無不是菩薩、佛子」，這
「一切眾生本來是佛」本身正是「佛知見」（tathāgata-jñāna-
darśana）、「佛智」（buddha-jñāna）。即是說，在〈方便品〉中所
說的，不外要對眾生開示（saṃdarśana）「一切眾生本來是菩薩」
這樣的「佛知見」，使他們理解到（avatāraṇa）、認悟到（pratiboddhana）
這佛知見，而入於佛知見的道路（mārga-avatāraṇa）。為了這個緣
故，佛陀便出現於世間了。[93]按佛知見在《法華經》來說，可以說
與佛性是同義的，只是前者偏重於佛性的勝用，後者偏重於基礎、
本源。智顗的思想與《法華經》有非常密切的關係，他也常用佛知
見的字眼，以指涉佛或如來的覺悟。

十二、藤井教公等人的睿見

從上面所論述可知，能夠注意佛性特別是中道佛性在智顗思想
中的重要性的人很少，藤井教公在這一點上頗能展示他的睿見。在
他的〈天台智顗の法華經解釋：如來藏佛性思想の視點から〉一文
中，他提到在《法華經》（按這應是指梵文本）中，未見佛性與如
來藏的字眼，也未就二者的思想加以解說（筆者按：經中說「佛知
見」）。而智顗所依據的鳩摩羅什的譯本《妙法蓮華經》（《法華
經》）亦無佛性、如來藏的說法。藤井表示，「如來藏」
（tathāgatagarbha）字眼是《如來藏經》（*Tathāgatagarbha-sūtra*）
成立之後才有的。「佛性」（Buddha-dhātu）的說法，則始自《涅

93　苅谷定彥：〈法華經の基本構造：インド初期大乘佛教の中で〉，載於
　　勝呂信靜編《法華經の思想と展開》，《法華經》研究 XIII，頁 146。

槃經》。這些文獻都是在《法華經》之後才成立的。不過，藤井強調，《法華經》的一乘佛說，則可說是以後如來藏說法的「一切眾生皆有如來藏」觀點的基礎。[94]藤井認為智顗依據《法華經》以開拓出教、觀二門，把整個法華宗義撐持起來：《法華玄義》、《法華文句》是說教的，《摩訶止觀》則是發揮觀的實踐的。[95]

我們要注意一點，藤井教公在上述他的論文中，引了《法華玄義》一段文字：

> 一出異名者，實相之體，祇是一法。佛說種種名：亦名妙有、真善妙色、實際、畢竟空、如如、涅槃、虛空佛性、如來藏、中實理心、非有非無、中道第一義諦、微妙寂滅等。[96]

藤井指出，佛性、如來藏作為實相被列舉出來。在智顗的理解中，佛性、如來藏即是實相。藤井又表示，智顗在別處亦有「實相中道佛性」的稱法。[97]按實相在智顗的詞彙中，正是指終極真理，是理、原理、真理義。佛性、如來藏分別是佛性真心、如來藏心。以佛性、如來藏等同於實相，正是心即理的心、理為一的思維路向。因此藤井注意到智顗所提的「實相中道佛性」的複合語詞，是他的高明而又細心之處，並不是有很多日本學者能注意、重視這種語詞。

94　藤井教公：〈天台智顗の法華經解釋：如來藏佛性思想の視點から〉，載於勝呂信靜編《法華經の思想と展開》，《法華經》研究 XIII，頁352。

95　同上書，頁351。

96　《大正藏》33・782b-c；藤井文，頁364-365。

97　《大正藏》33・711c。

　　藤井進一步表示，經（按指《大般涅槃經》）中有說「佛性者，即是一切諸佛阿耨多羅三藐三菩提中道種子」。[98]他強調，基於這種說法，智顗也常用這「中道佛性」字眼。在智顗看來，佛性是《法華經》作為一經之體的實相來把握。[99]《大般涅槃經》以佛性是中道種子，是中道的根本源泉，因而可說佛性即是中道，《大般涅槃經》也是數度提出「中道佛性」字眼的文獻，而這部經典是智顗後期講習大乘佛教的依據（另一部經典是《法華經》）。智顗並光大和發揮這中道佛性觀念，視之為天台哲學的最重要的、具有核心地位的觀念，這是《大般涅槃經》沒有做的。

　　在三因佛性的說法中，也有以佛性為理體的意味，這個意思是智顗的多部著作所時常提及的。按三因佛性是成佛的三個種因：正因佛性是一切法從本已來所具足的真如之理，亦即是終極真理；了因佛性是照見真如之理的菩提智慧；緣因佛性則是作為助緣而推動覺悟真理而成佛的一種力動。故佛性中的正因佛性正是與終極真理等同的佛性當體。而在大野榮人、伊藤光壽所著的《天台六妙法門の研究》中，以正因佛性指本來具足的一切事物的三諦三千之理，[100]亦即是內在於一切法同時亦涵蓋一切法的終極真理。這是大野他們的慧眼所見。另外，他們又從梵文文獻學的角度說及在大乘佛教中，一切眾生都有成佛的可能性的主張，有所謂相當於梵文 tathāgatagarbha 的如來藏，相當於梵文 Buddhatā-buddhadhātu 的佛性

98　《大正藏》12・768a。

99　勝呂信靜編《法華經の思想と展開》，《法華經》研究 XIII，頁 365。

100　大野榮人、伊藤光壽：《天台六妙法門の研究》（東京：山喜房佛書林，2004），頁 138、365。

的說法，兩語是同義的。另外還有 Buddha-dhātu、Buddha-gotra 等，相當於如來性、覺性、佛法藏的稱法。[101]這 Buddhatā-buddhadhātu 或 Buddha-dhātu 正是佛性佛界、佛界。界（dhātu）有多個意思，其中最重要的意思是原理、真理。佛界即表示佛性的真理或佛性即是真理之意。這證明在大乘佛教中，有佛性即是真理、真心即是真理的意味。

上面提到的 B. Ziporyn（任博克）也注意到三因佛性，特別是正因佛性。他把正因佛性視為絕對的真理，而視了因佛性與緣因佛性為認識這正因佛性的智慧與實踐。[102]在另一處，他把正因佛性視為在覺悟中被認知，作為客觀真理的佛性。[103]在同書的另一處又說：

> 真性的永恆與無所不在等同於中道的無所不在，佛性或理則在一種隱性的泛神論意義上呈現於任何一處和任何事物之中。[104]

這是把中道、佛性等同起來，以理則的形式潛存於一切處所、一切事物之中。

最後要指出一點，我在上面談到三諦偈時，曾斷言龍樹的《中論》是二諦系統，只立空諦與假諦，未有把中道獨立開來而成諦，即無所謂中諦。中道的提出，只是補充空義所涵的不足而已。智顗

---

[101] 同上書，頁 147。
[102] 任博克著，吳忠偉譯，周建剛校：《善與惡：天台佛教思想中的遍中整體論、交互主體性與價值弔詭》，頁 125。
[103] 同上書，頁 378。
[104] 同上書，頁 137。

依據這三諦偈，根據鳩摩羅什的誤譯而分別把空、假、中道上提為諦，即成立空諦、假諦和中諦，而成三諦，並非龍樹的原意，而是智顗對龍樹的二諦論的創造性的詮釋。日本學者日比宣正在這方面有相類似的理解：他認為，在龍樹中，並未有顯示在空以外有中道作為第三立場（按第一、二立場是空與假）。因此，智顗在《法華文句》中以《中論》的四句偈為依據而提出「因緣所生法，即空即假即中」的說法，不能說是表示《中論》的原意，這即空即假即中的三即構造畢竟是智顗自己的理解。[105]

---

[105]　日比宣正著：《唐代天台學研究：湛然の教學に關する考察》（東京：山喜房佛書林，1975），頁 154。

第四章　牟宗三先生與勞思光先生對於天台學的理解

一、佛教的實踐性格

　　中國佛學的義理發展到最後，出現所謂「圓教」。天台宗與華嚴宗都有進行判教，試圖把佛教諸宗諸派的說法都能融和起來，不產生矛盾，都能歸結到釋迦牟尼的教理方面去。天台宗的實際開宗者智顗判藏、通、別、圓四教。藏教指佛教早期的說法，包括《阿含經》（Āgama）和小乘思想，後者的代表學派是說一切有部（Sarvāstivādin）和經量部（Sautrāntika）。[1]通教則是指般若思想與中觀學（Mādyamika, Madhyamaka），特別是龍樹（Nāgārjuna）的

---

[1] 說一切有部的具有代表性的著作是世親（Vasubandhu）寫的《阿毗達磨俱舍論》（Abhidharmakośabhāṣya）。經量部的文獻則很少，研究的成果也很貧乏。初期有加藤純章的《經量部の研究》（東京：春秋社，1989）。最近並川孝儀寫了一部《インド佛教教團正量部の研究》（東京：大藏出版社，2011），算是在這方面比較有系統與周延的說法。但很多說法還在考證之中。經量部有時作經部，有時又作正量部。西方學者在這方面的研究也不多，只有一些零碎的說法。這兩派都有實在論的傾向，特別是說一切有部持之甚堅，強調一切法都有實體、自性（svabhāva），與空的義理不協調。

《中論》（*Madhyamakakārikā*）所闡發的空（śūnyatā）的義理。[2]別
教則指如來藏思想和華嚴宗。圓教則指自家的教法，其經典依據是
《法華經》（*Saddharmapuṇḍarīka-sūtra*）和《大般涅槃經》
（*Mahāparinirvāṇa-sūtra*）。在智顗看來，藏教與通教都以空來說終
極真理，其修行法分別是拙與巧。別教與圓教則以佛性（buddhatā）
來說終極真理，其修行法分別是歷別與圓頓。歷別修行需經過若干
階段，是漸的形態；圓頓修行則不必經過若干階段，而能頓然覺悟。
這是頓的形態。

華嚴宗的實際開宗者是法藏，他也有判教法，分小乘教、大乘
始教、大乘終教、頓教與圓教。小乘教大體上相當於天台宗的藏教。
大乘始教指般若思想、中觀學和唯識學（Vijñaptimātratā-vāda）。大
乘終教指強調佛性（buddhatā）、如來藏（tathāgata-garbha）的教派，
如《大乘起信論》。圓教則指同教一乘圓教與別教一乘圓教；前者
指天台宗，後者則指華嚴宗。在法藏看來，天台宗與華嚴宗都屬圓
教，但以華嚴宗更為殊勝。[3]

2　智顗也把《維摩經》（*Vimalakīrtinirdeśa-sūtra*）放到通教方面去，這
　　難倒很多人，我自己想來想去，也不得其解。《維摩經》提出很多詭
　　辯性的思想，如諸煩惱是道場，淫怒癡性即是解脫。這與智顗在其《法
　　華玄義》中盛發的煩惱即菩提，生死即涅槃的思考正相一致，為甚麼
　　判它是通教，而不是圓教呢？又智顗的判教法，在很多他晚年寫的註
　　《維摩經》疏中都有提及，其中的《四教義》所說的最為周延，也最
　　有系統性。

3　有關天台宗與華嚴宗的判教理論，參看拙著《中國佛學的現代詮釋》
　　（臺北：文津出版社，1995）的相應方面。在華嚴宗的判教方面，很
　　多學者指出小乘、大乘始教、大乘別教與圓教的判法都涉及教理內容，
　　頓教則指修行的方式，內容與形式有不協調的問題。唐君毅先生則試

一個宗教，其目的是要讓人能從生命的苦痛煩惱和罪業解放開來，達致覺悟、解脫的境地，或死後能生於天國。因此，宗教的實踐性是很強的。佛教（包括天台宗與華嚴宗）也不例外，它最關心的，是人的離苦得樂問題，樂是指涅槃（nirvāṇa）的清淨、無污垢的境界。從最低層方面說，對於周圍的環境，以至我們所生於斯、長於斯的世界，並不是最關要的問題，因而不會亟亟要研究客觀世界的事物的性格，對它建立一種知識論和存有論，特別是後者。因此，佛教對存在的意識不會是很強的。就天台宗與華嚴宗來說，有人說華嚴宗是主觀的入路，天台宗是客觀的入路。客觀的入路即是從存有方面說，亦即是有建立一種獨立的存有論的傾向。不過，這種說法的意思有點模糊，入路是這樣，那麼歸宿又是如何呢？我們在這裏要作些研究、討論。不過，我們不擬直接地、獨立地討論天台宗對存有、存在事物的看法，而是看看著名的學者牟宗三先生與勞思光先生對天台學的理解方面說。

二、牟宗三先生對天台學的理解

牟宗三先生的《佛性與般若》（臺北：臺灣學生書局，1977）一書，對於佛教特別是中國佛教的研究，涉及很多重要的觀念與問題，有很多睿見，是一部世紀的扛鼎之作。他以對諸法的存在有無根源性的說明一問題意識來平章佛教諸派，認為唯識學、華嚴學、天台學等都有說明，般若思想與中觀學則以空一義理來蕩相遣執，

圖調和這兩者。其詳參看氏著《中國哲學原論原道篇》卷 3（香港：新亞研究所，1974）有關部分。

對諸法的存在沒有根源的說明。

　　牟先生的這部鉅著對我在理解中國佛學上有很大的啟發性，我受益良多。但在存有論一問題上，我與牟先生有顯著的分歧。他強調智顗的天台教法是最後的、最殊勝的圓教，它給予一切法根源的說明，它言性具或心具，是存有論地圓具一切法。牟先生並表示，這樣圓具一切法，才能保住一切法的必然性。他的這種說法遍布於下冊全書，故這裏不引述其出處的頁碼了。我認為這種說法有商榷的空間。智顗說一切法的具足，特別是圓具，基本上是工夫論、實踐論的意義，而不是存有論的意義。理據如下：

　　一、智顗在《法華玄義》中，提到「圓行」，這表示圓滿的修行。我們要特別留意的是，這圓滿的修行具足一切法；或更確切地說，作為終極真理的中道佛性或真心在圓滿的修行中具足一切法。這「具」直接承接著圓行而來，應該是工夫論義，有教化、點化的教育義與倫理義，而不應是存有論義。《法華玄義》卷四說：「若圓行者，圓具十法界，一運一切運。」[4]稍後他又表示，圓滿的修行並不遠離我們，即在我們當前的一念心中，便能體現出來，展示出來。他更強調，我們即此即在現前的一念心中，便具足一切佛法，包括三諦真理在內。這應是從修證、教化的角度說。這是很明顯的。倘若要說存有論的具或所具的是存有論的事物，則如何關涉到三諦等佛法呢？他又提到五行、安樂性，這些東西根本不是存有（Sein, existence），不是物體、質體（entity），而是內心透過修證所獲致的真理境界、心境。因此，智顗接著便指出我們在一念心方面要能「即空即假即中」，要能觀照出一念心的即空即假即中的圓頓的、

4　　《大正藏》33・725b。

圓融性格、關係。心沒有實體、自性（svabhāva），故是空（śūnyatā）；
心具有種種作用、種種方便（upāya）法門，故是假（prajñapti）；
由觀心當下便能展現、體證中道佛性這一終極原理，故是中道
（madhyamā-pratipad）。若在一念心方面能夠觀取得它的空、假、
中（同時是空、假、中）的性格，則由於一切由心造，能觀一念心
即表示能觀一切法，因而圓具一切法，成就一切法，以至遍運一切
法。這些活動都與存有論問題不大相干，而是為了修證真理、救贖
生命而施行的。《法華玄義》卷四說：「圓行不可遠求，即心而是。
一切諸法悉有安樂性。即觀心性，名為上定。心性即空即假即中。
五行、三諦一切佛法，即心而具。」[5]在上面引文中，智顗更提出禪
定（samādhi）這樣的修行方式，這與存有論有甚麼關聯呢？上面引
文的主題是觀心，或一心三觀：空、假、中，對於這個主題，我在
這裏不能細論，參看拙著《天台智顗的心靈哲學》。[6]

　　二、在《法華玄義》的上述引文稍後的地方，智顗提及圓信解
一觀念，強調這圓信解或圓滿、圓融的信仰與理解的基礎在深信一
心中具足十法界，亦即具足一切（在佛教，十法界表示就修證方面
說的一切，十界則表示一切存在的東西），好像一粒微塵中含藏著
無量經卷。這些東西都不是從現實的角度立說，不關乎現實的存在、
存有，而純是一種高度的、深厚的修證境界、精神境界的表現，與
獨立的存有論無涉。即是說，具足諸法、具十法界是一種信守、信
念問題，傾向於道德的、宗教的操守的意味，不是客觀的存有論特
別是宇宙論義的構造問題、成立問題。《法華玄義》卷五說：「起

5　《大正藏》33・726a。
6　臺北：臺灣商務印書館，1999，頁88-104。

圓信解，信一心中具十法界，如一微塵有大千經卷。」[7]特別值得一提的是，智顗說一微塵中可藏含無量經卷，完全與存有論、宇宙論無關；這完全是就實踐立言，對於「大千經卷」或「無量經卷」不能認真地以物體、質體（Sache, thing）看，卻是要看它們內部所載的佛法、佛教義理。而「微塵」也不是甚麼原子（aṇu）一類東西，而是指人的腦袋、他的思想。人的思維、思想可以含藏無量的義理，便是這麼簡單。在智顗看來，具足一切佛教或具一切法是要在證得諸法實相或終極真理的脈絡中說的，「具」的修證義、救贖義實是明顯不過。這與獨立的存有論毫無關聯。《法華玄義》卷五說：「圓教菩薩從初發心，得諸法實相，具一切佛法。」[8]

由天台宗的義理與存有論的關聯，我們可以想到佛教的核心問題一點。牟宗三先生在他的《佛性與般若》中強調智顗的天台宗是最後的、最殊勝的圓教，它能給予一切法根源的說明，它言性具或心具，是存有論地圓具一切法。這是他論天台教法的關鍵性之點，也透露出他對佛教各宗各派的判教法的一個重要線索：是否對一切法提供根源性的說明。在這個線索之下，我們可就佛教的最重要的理論立場：緣起來說。按佛教說緣起（pratītyasamutpāda）有以下諸種說法：中觀學的八不緣起、唯識學的阿賴耶緣起、《大乘起信論》的如來藏緣起、華嚴宗的法界緣起。這是大乘的緣起說。小乘則有業感緣起之說。有關這種種緣起的說法與解讀，參閱拙著《中國佛學的現代詮釋》。[9]在這種種緣起說中，若就給予緣起諸法一根源性

7　《大正藏》33・733a。

8　《大正藏》33・735a。

9　臺北：文津出版社，1995，頁99-104。

的說明來看，則小乘、唯識說、《大乘起信論》的說法應該沒有問題，不會起嚴重的爭議。業（karma）、阿賴耶識（ālaya-vijñāna）的種子、《大乘起信論》一系列的理論所強調的如來藏心（tathāgata-citta），都可以作為諸法的實性的依據，或直接地（小乘、唯識學）或間接地（《大乘起信論》）生起諸法，對後者有一根源的說明。中觀學說八不緣起，是虛說，不是實說，它並未為諸法找尋一個實質性的源頭，只是以負面、遮詮的方式說諸法不具有「自性的緣起」。華嚴宗則說「不具有自性」的緣起，它所說的緣起或法界緣起的事物，是毗盧遮那大佛（Vairocana-buddha）順應眾生的願欲，把他在海印三昧禪定（sāgara-mudrā-samādhi）中所體證得的置身於圓融無礙狀態中的諸法，投射出來；這些諸法只對佛具有適切性，眾生能否看到，肯定是一個問題。倘若以對諸法的存在性有根源性的說明來說是否有存有論，即有根源性的說法者有存有論，沒有者則無存有論的話，牟先生認為，空宗（包括般若文獻、中觀學）志在蕩相遣執，以克服對自性的執著，是作用義的圓具諸法，與存有論無關，對諸法的存在性沒有根源的說明，這點我能了解。但牟先生說天台宗所說的性具或心具，是存有論義的圓具諸法，對諸法的存在性有根源的說明，我便無法理解了。天台智顗說一念三千，只表示一念心能帶引三千諸法，和它們同起同寂而已，三千諸法的存在與否，是對於一念心說的，它們的生起、具足，只是由於「介爾有心」而已；它們不能離心而存在，而這「介爾有心」也未表示對三千諸法的存有論、宇宙論的演述。則存有論從何說起呢？智顗並沒有證成獨立的存有論，則說智顗的具足諸法是存有論的圓具諸法，其理據在哪裏呢？說對諸法的存有性有根源的說明，這根源是甚麼呢？

　　實際上，佛教作為一種具有濃烈的覺悟、解脫的訴求的宗教，不會很著力去發展存有論，天台宗也沒有獨立的存有論。在佛教諸學派中，只有具有實在論傾向而又重視存在事物的知識的說一切有部，可以說存有論。和它在義理上相近的經量部也勉強可說有存有論，但其有條件的外界實在說的傾向不能與說一切有部的法體（svabhāva）恆有的觀點相提並論。大乘佛教唯識派中後期以陳那（Dignāga）與法稱（Dharmakīrti）為首的重視知識論的哲學家、學者的思想，也有輕微的存有論的傾向。其他的佛教學派都難與存有論扯上關係。唯識學的「境不離識」說強調外境的緣生性，似乎可說些存有論，但到了「識亦非實」說便須止步了。佛教就整體說，最關心的畢竟是人的救贖、解脫的問題，不是存在、存在世界的問題。即使有部分學派的學說涉及諸法或存在世界的來源、根源問題，但這不是終極關心的所在。天台宗灌頂輯錄的《國清百錄》便曾記錄其師智顗的志業說：「我位居五品弟子，事在《法華》。」[10]這是說，智顗所亟亟關心的事，是《法華經》的開權顯實，發跡顯本的事，這很明顯地是指如何啟發眾生參悟真理，體證《法華經》的圓實教法，以得解脫，而不是認識存在、存有，對它們建立客觀的知識。因此，說到對全體佛教的義理的全面理解的判教，不應以是否對諸法的存在有根源的說明這一點來處理；牟先生的確有從這一點為線索來作的傾向。在我看來，判教理論應扣緊佛教的求覺悟、得解脫的理想來說，而最關要的，是佛性或中道佛性的問題，因這是求覺悟、得解脫的主體。智顗自己便說：「大小通有十二部，但

10　《大正藏》46・811b。

有佛性、無佛性之異耳。」[11]實際上，智顗自己的藏通別圓的判教法，便是以這點為線索：藏教與通教未能正視佛性的重要性，別教與圓教則能盛發佛性的思想。

存有論傾向於哲學，工夫論則傾向於宗教。哲學的目的是要提出一套理論來解釋、安立存有的、存在的現象世界。宗教的目的則是要提供一種實踐的方法，亦即是工夫，來處理人生的種種煩惱，讓眾生最後能離苦得樂，證成一種超越種種背反（Antinomie），如生與死、苦與樂、存在與非存在、有與無、善與惡等等，最後獲致一種超越一切矛盾的主客雙泯的絕對的境界，這在基督教來說是天堂、得救贖，在佛教來說是涅槃、解脫，在道家來說是天、自然。嚴格地說，沒有一種宗教會重視哲學意義特別是形而上學意義的存有論的，因為它與宗教的終極目標沒有直接的交集、關連。佛教含有相當濃厚的哲學概念、觀念與問題，但它的核心問題是宗教性格，讓人能離苦得樂，讓人人都能證成他的終極關懷。牟先生是哲學家，要建構一套哲學理論，這可以是存有論、宇宙論、知識論或倫理學；他不是宗教家，宗教上的覺悟、救贖，不是他最重要的關心點，不是重中之重。他大體上是以哲學的態度、方法來處理宗教的問題，包括他對天台學的解讀在內。對於其重要思想的一念三千、一心三觀、煩惱即菩提、生死即涅槃等，都予以一哲學的處理，於是便強調天台學的存有論了。

至於對諸法的存在的根源性的說明，這根源性應該是就諸法的存在的生起與成立而言，而這生起與成立，是假定由一個具有實體性格的人格神或終極原理而言的。這在基督教、儒家與道家是比較

11　《法華玄義》卷 10，《大正藏》33・803c。

好說的，但在佛教則不好說。基督教以耶和華為包括人類在內的萬物的創生者，祂是以人格神的身份而創生萬物的。儒家則強調作為終極原理的天道、天命、天理之屬創生萬物。道家老子則說：「道生一，一生二，二生三，三生萬物。」這耶和華、天道和道都是大實體，它們具有充實飽滿的內容和能力以創生萬物，後者是具有實在性的。佛教則不立實體，是非實體主義的立場。它不以實體為真理，卻以沒有實體為真理，這便是空、緣起。龍樹的《中論》便說：「以有空義故，一切法得成。」[12]即是，便是由於空這種終極真理，由於諸法是由因緣生的義理，我們才能成就諸法，這諸法是不具有實在性的，沒有自性。因此龍樹不說生，卻說「無生」；即是諸法是沒有「具有自性的那種生起」。禪宗《壇經》也說自性能生萬法，但這自性不是作為實體而要被否定的自性，而是指佛性。佛性也是空的，沒有實體性。由它所生起的萬法都是生滅法，沒有常自性。

　　唯識學又是怎樣呢？它也好不到哪裏去，也不能說具有根源性的生起。它強調「種子六義」的六條規則，來說萬法的生起、緣起。依據這種子六義，我們眾生的第八識阿賴耶識（ālaya-vijñāna）中藏有無量數的精神性格的種子（bīja），這些種子遇到足夠的緣或條件，便會現行而成為現象界的事物。但種子是才生即滅的，是生滅法，它所生起的事物也是生滅法，沒有實在性。嚴格來說也不能助成根源性的說明。也可以說，這些生滅法並不是根源性地依於一個大實體而有其存在性。

　　進一步看，唯識學認為事物在我們的感官面前呈現，只是詐現（pratibhāsa）而已，即是，好像有這麼一種事物出現在我們的認知

12　《大正藏》30‧33a。

機能之前，它是否實在，它的背後是否一定有某種有實體義、自性義的東西在支撐它，是不能說的。這不能說的東西是否有根源義，甚至一切存在的依據，都不能說，因為我們沒有認知它的機能。套用胡塞爾（E. Husserl）的現象學的說法，它不具有明證性（Evidenz）。牟先生所提的諸法的存在的根源性的說明，對於佛教來說，不具有適切性（relevance）。

　　進一步看根源性的說明，這即是萬物的生的問題。這在實體主義的哲學是很好說的，這根源即是指一個形而上意義的大實體（Substance）。基督教的上帝便是這個大實體，上帝說：「Let there be all things」，萬物就出來了；再說：「Let there be light」，世界便變得光明了。祂又在地面上抓了一把泥土，做些動作，便變成一個男人了。祂又覺得男人會感到寂寞，人類也不能繁衍，便在他身上挖了一根肋骨，做些動作，一個女人便出現了。這便是基督教所說的生或創生萬物。你信抑或不信，是另外的問題。道家也說創生，上面提到老子說：「道生一，一生二，二生三，三生萬物。」又說：「反者道之動。」莊子也說道或自然「神鬼神帝，生天生地」。這道便是實體形態。儒家的天道、天命、誠體也是大實體，而且是流行的、具動感的，自然也創生宇宙萬物，所謂「惟天之命，於穆不已」、「生生之謂易」，都是指此而言。但這天命或天道是一超越的、抽象的原理，它能活動而產生作用，沒有問題，但這抽象的天道如何能生起立體的、具體的萬物呢？這需要一種本體宇宙論的推演，由這推演變化，而成就立體的、具體的宇宙萬物。牟先生在他的著作中，常提到「本體宇宙論」一述語，特別是在關連到天道創生萬物的命題上為然。但他很少甚至沒有對這本體宇宙論的推演變化而生起萬物作過清楚而詳細的交代。這種推演應該可以關連到根

源性的說明方面去。

　　方東美提出「宛若」、「宛如」來說事物的存在狀態。（這是劉述先先生在一次研討會上說的，但沒提供文獻學的依據。）熊十力則說本體「生生不息，大用流行」，這是沿襲《易傳》的說法。他參考佛教唯識學的詐現概念來說具體的、立體的事物的形成，以本體依翕闢開合的交互作用來成變，以「宛然詐現」萬物。由於萬物的生起依於本體或實體，這可說有「根源性」的意涵。京都學派的西田幾多郎以作為終極真理的純粹經驗或絕對無（absolutes Nichts）自我限定來說萬物的形成，但自我如何「限定」自己以成就萬物，則總是說得不清楚。他的高足西谷啟治則提出空的存有論，以空或絕對無在場所中證成萬物，使它們具有「迴互相入」的關係。這則從現象論轉到現象學方面去，與佛教華嚴宗的相即相入觀點與懷德海（A. N. Whitehead）的事物（event, actual entity）的相互攝握（mutual prehension）的說法有既深且廣的對話空間了。

　　佛教則否定大實體，視之為自性的一種形態。它也不能說是對存在世界有一根源性。佛教認為一切都是緣起，都是生滅法，從無明（avidyā）來，甚至逆推至無始無明。無明是沒有開始的，只是一團混沌，與理性完全不能掛鉤。它透過十二因緣（dvādaśāṅgika-pratītya-samutpāda）亦即是十二個因果環節來交代眾生特別是人的生命主體的成立和輪迴歷程。萬法的來歷更是無從說起。因此佛教不講「生」，卻講「不生」，這是中觀學的說法；唯識學則講境不離識，一切都是心識的詐現的結果，這種詐現是虛妄的。心識詐現一切，並直下執取之，視之為有自性，是真實的，故要轉依（āśraya-parāvṛtti），或轉識成智，以解除眾生由妄執而生起的種種煩惱。天台宗講一念三千，這三千諸法沒有獨立的存有論的

內容，而是依著妄念而生起的，它們是跟著一念的腳跟轉的。一念是清淨，三千諸法都是清淨；一念是虛妄，三千諸法都是虛妄。念也不是一存有論的根源，它是順著無明的混沌狀態而出現的。這種情況肯定不能說是根源性的說明。華嚴宗則提出法界觀。這法界（dharmadhātu）也不是存有論義，它的觀純是工夫論義。即是，毗盧遮那大佛隨順眾生的願欲，把他在海印三昧的禪定中所證得的境界或法界示現出來，如上面所說。在這種觀照中，一切事物都處於融和關係中：相即、相入、相攝，而互不防礙。眾生有理解的，如菩薩，也有不理解的，如二乘。因此佛又從最低層次講起，因而有五時的說法。法界觀不是存有論義，而是工夫論義的。

三、勞思光先生對天台學的理解

跟著看勞思光先生對天台學的理解。在這方面，主要顯示於他的《中國哲學史》第二卷（香港：香港中文大學崇基學院，1974）之中。在這本著作中，他處理漢代哲學、魏晉玄學和中國佛教哲學的問題。其中佛教講得較多，魏晉玄學則講得很少。在中國佛教哲學中，他花了相當篇幅來交代印度佛教教義。另外，他又相當詳盡地介紹初期佛教在中國的流傳及講論，包括道安、六家七宗、鳩摩羅什（Kumārajīva）、僧肇、竺道生、真諦（Paramārtha）和《大乘起信論》，留下來講中國佛教的三宗：天台宗、華嚴宗和禪宗的篇幅便不多了。其實他應該較省略地講前期的佛教思想，留下較多篇幅講具有中國佛教特色的天台宗、華嚴宗和禪宗。另外，他很少參考時賢的研究成果，只有湯用彤的《漢魏兩晉南北朝佛教史》是例外。日本方面的研究全然沒有注意，只在書目中列出木村泰賢的《原

始佛教思想論》。

　　勞先生在這裏的對天台宗的義理的闡釋，並未顯示它的問題意識，只是以教科書的寫法，提出一些比較流行的天台宗特別是智顗的說法，如「化法四教」、「一念三千」、「一心三觀」、「圓融三諦」、「六即」之屬。他的闡述是先引些原文，然後作些解釋。頗有些類似馮友蘭寫舊本的《中國哲學史》的方法。在他的闡述中，未有顯示天台宗立教的根本問題在哪裏。他常說自己是以基源問題來研究哲學與哲學史的。但在對天台宗的闡釋中，他好像忘記了基源問題的理論還原，卻對天台宗的一些著名的、流行的說法，就文字上疏解一下。另外，傳統下來都知道，智顗的思想與《法華經》的關係非常密切。他讀佛典有兩個階段或時期：前期以《大智度論》（*Mahāprajñāpāramitā-śāstra*）為主，後期則以《法華經》與《大般涅槃經》為主，而且特別重視《法華經》。上面提到他的弟子灌頂所記他「事在《法華》」，便是一明證。《法華經》的旨趣是甚麼呢？那便是所謂「開權顯實，發跡顯本」。權、跡是方便法門，實、本則是實相、終極真理。《法華經》教人要就一切方便法門作為引線，以朗現諸法實相，展現中道或中道佛性。《法華經》沒有用佛性一字眼，卻用「佛知見」（tathāgata-jñāna-darśana）字眼，這即是佛性。智顗宗《法華》，其宗旨是要開顯這佛知見，體證諸法實相。[13]這佛知見、佛性或中道佛性是智顗的天台學的基源的觀念，其基

---

[13]　《法華經》卷 1 謂：「諸佛世尊欲令眾生開佛知見，使得清淨，故出現於世。」（《大正藏》9‧7a）智顗把佛知見來說心、佛性，或中道佛性。這是把佛性（心）與中道（理）等同起來，展現心即理的思路。這個問題有點複雜，這裏不能細說，讀者可參考拙作 *T'ien-t'ai Buddhism and Early Mādhyamika*, Honolulu: University of Hawai'i Press,

源問題也應從這裏說。進一步說，如上面討論牟宗三先生時，我提到智顗以有沒有講佛性來分判佛教的三藏十二部，這佛性也是他的判教理論的關鍵性觀念，基源問題必須從它說。

　　說到佛教的存有論，它只能依附在工夫論、救贖論的脈絡中被理解，獨立的存有論是不可能的。在智顗的多種說法中，與存有論較有關係的，是一念三千。其表面意思是，在我們的一個念想中，可包含三千種存在，也是一切的存在物，亦即是整個存在世界、現象世界、經驗世界。「三千」只是一個象徵性字眼，是無所謂的。勞先生在他的書中，花了好些篇幅來處理這個問題，但大都不相應，捉錯用神。特別是「念」一概念。他表示一念是自我在任何境界中，都可以通往其他任何境界。這可有兩面意義：一面是指主體的絕對自由義。他強調，主體既然是絕對自由的，則是永遠無限制，但亦無保證。凡夫可以成為聖人，聖人也可以墮為凡夫。在念念之間，自我可以隨時升降。另一面是指萬法的交互相融；每一客體性的法或存在都可以通到其他存在。他指出第二義的理解比較普遍，第一義則往往被忽視。但第一義的最大特色，正表現於「主體的絕對自由義」。第二義反而是依於第一義而立，這是由於萬法都由主體所生。按勞先生這樣說，有萬法源於主體，因此可以相互融通的意味。他強調一念三千的第一義能顯示主體的絕對自由性格，是佛教教義上的一大進展，亦是天台宗吸收中國傳統的德性觀念的證明，故最能表現天台宗的「中國佛教」的質素。[14]按勞先生的這些說法，問

　　1993；中譯有陳森田譯：《中道佛性詮釋學：天台與中觀》（臺北：臺灣學生書局，2010）。

[14]　參看《中國哲學史》第二卷，頁 319-322。

題頗多。以下試一一提舉出來。

　　一、勞先生所說的「主體的絕對自由」，顯然是就黑格爾（G. W. F. Hegel）的精神哲學來說。黑氏講精神（Geist），有主觀精神、客觀精神和絕對精神的三個層次。勞先生的主體自由，相應於主觀精神或絕對精神。佛教特別是天台學有沒有這種主體自由呢？僧肇講的般若智，竺道生講的佛性（一切眾生皆有佛性），或許可以比較，他們的思想比較單純。天台宗的情況，複雜多了。智顗講如來藏、佛性、中道佛性、佛性真心，或許可以提出來。但這些辭彙不光是主體性的，也有客體性的意義。這得要看在甚麼脈絡下講，才能決定。

　　二、以主體自由來說一念，問題更多。天台學特別是智顗講一念，有偏向虛妄方面的意思。如「一念無明法性心」，這是一個背反性格的心，它有無明成分，也有法性成分，兩者分別是妄，是淨。淨與妄兼雜在一起的心，通常是傾向虛妄意味的。倘要說清淨的心，則說「淨心」；要說虛妄的、染污的心，則說「妄心」。在天台宗的傳統，一念通常是就妄念而言。像唯識學講阿賴耶識，雖說為無記（中性），但仍傾向虛妄方面。天台宗後期的中興者知禮在他的《十不二門指要鈔》說：「今釋一念乃是趣舉根塵和合一剎那心。若陰若惑，若善若惡，皆具三千，皆即三諦。」[15]這一剎那心，是剎那生滅心，是經驗的、感官的性格，它是偏向染污方面的。故以主體自由來說一念，很有問題。那麼在佛教有無說清淨的心呢？有，這即是如來藏自性清淨心（tathāgatagarbha-prakṛti-pariśuddhaṃ cittaṃ）。

15　《大正藏》46‧707a。

三、勞先生說萬法都由主體所生，故是依第一義而立。這又會引起一些問題。主體如何能生起萬法呢？主體是空的性格，空的東西如何能有生萬物的作用呢？除非以主體是實體，但這是不可能的；實體是自性的一種形態，佛教是否定自性的。[16]

四、至於說天台宗吸收了中國的德性觀念，故是最具有中國佛教的宗派，這恐怕主要是指儒家的那一套，則更是離奇了。在包括智顗本人在內的天台宗人，對儒家的道德倫理一向沒有好感，只視之為世間之學。他們是要超越世間，而臻於出世間，最後又重返世間，而展示世出世間的思維導向與實踐。說天台宗吸收中國德性觀念，到底是出於哪一種文獻呢？勞先生沒有說明。因此這種說法的可信度不高。

五、上面我們提出智顗對佛性觀念的重視，在其判教理論中是一極重要的線索。勞先生在講天台宗的判教中，完全不提佛性觀念，這使人大失所望。於是他講不出天台宗的基源問題是甚麼。這是一大過失。

六、對於一些重要的論典，勞先生也混淆起來，未有識別清楚，例如智顗的《法華玄義》與湛然的《法華玄義釋籤》混淆起來；智顗的思想，不從智顗的著作講，卻就湛然的《止觀輔行傳弘決》講。

七、最後一點是有關文獻學的問題。按智顗的思想，基本上見於兩個著作群之中，這即是天台三大部（《法華文句》、《摩訶止觀》、《法華玄義》）和《維摩經》疏（《維摩經玄疏》、《維摩

16　《壇經》有「自性能生萬法」的說法。但這自性不是實體義，自性即是佛性。說佛性能生萬法也不好說，起碼不是雞生蛋的那種生。這個問題非常複雜，這裏沒有篇幅作進一步的闡釋。

經略疏》、《維摩經文疏》、《四教義》）。天台三大部成立較早，是智顗的講課內容，由弟子灌頂記錄。成書後未經智顗過目，便流通開來了。灌頂有沒有記錄錯誤，在記錄過程中有沒有加入自己的見解，都不得而知，因此它的可靠性，能否全部代表智顗的思想，便被質疑。《維摩經》疏則是智顗自己在很後期親自撰述的，撰述後不久便去世了。因此應該最為可靠，最能代表智顗的思想。勞先生在他的書中所參考的是天台三大部，對《維摩經》疏則隻字未有提及。這便影響他寫智顗思想的可信度。

　　基於以上所提諸點，勞思光先生所寫有關天台學特別是智者大師的思想，確有可被質疑的空間，但絕對未到馮友蘭在其《中國哲學史》中只用被確認為偽書的《大乘止觀法門》來講智顗思想的荒唐絕倫的程度。

　　勞先生天分極高，具有很強的哲學分析、解析的能力。這種殊勝才華，可讓他成為一個優秀的邏輯家、數學大師。但他又有深厚的人文關懷，對中國文化的發展念茲在茲，不能定下心來作純粹的形式思巧的事，於是撰寫中國哲學發展史。胡適的《中國哲學史》上篇有歷史而無哲學，馮友蘭的《中國哲學史》則有哲學，但那是實在論的思維，與中國哲學連不起來。勞先生寫的《中國哲學史》較胡、馮的哲學史好多了。但還有很多改進的空間，特別是卷中講兩漢思想、魏晉玄學和佛教哲學。他是主體性的立場，這近於孟子、莊子、竺道生、慧能、陸象山和王陽明。這種立場讓他看不起漢代的氣化宇宙論，所以只能匆匆寫就，對它不能有相應的同情理解。至於魏晉玄學，他又以「放誕」來說其生活態度，不認為它具有嚴格系統的學說，致不能欣賞，只輕輕帶過便算了。這與牟宗三先生的《才性與玄理》講魏晉玄學的人物個性大為不同，後者比較能欣

賞魏晉的名士的生命情調。至於中國佛學，他也不能有深邃的理解，不能交代它的弔詭性的思巧。這種弔詭性的思巧其實展現出一種殊勝的生命智慧，但勞先生的解析性的講習與它掛不上鈎。

　　勞先生在解讀魏晉玄學和中國佛學方面的弱點，與他所提出的自我的設準有極其密切的關聯。他提出四個自我設準：形軀我、認知我、德性我和情意我。形軀我著重具體的形軀、身體的自我，楊朱的拔一毛而利天下都不願意，境界很低。認知我則指知識的自我，它構成知識的活動，以感性與知性在時空的形式下以範疇概念來理解對象，其機制分別是直覺與理解。這可產生科學的知識。德性我則以同情共感的道德的心靈來對待他人，而成就道德的行為、活動。這前三個自我的設準基本上都沒有問題。勞先生再提出情意我來處理道家特別是魏晉玄學的問題，表現一種美感欣趣的心靈。這個自我設準的意思比較模糊，它有美學的意涵，又可以概括文學、藝術；它的情意中的「情」更不好理解，有主觀的情感的意味在裏頭。勞先生以這種設準來安立道家，但又不是很相應。道家的學問不完全是情意的，而是有形而上學的意味，例如它所講的道、自然。莊子則有靈台的字眼，以靈台心來概括自然的、審美的、情意交流的感覺。勞先生顯然不大認同魏晉玄學的那種講才性、玄談的生活方式。在他看來，魏晉玄學不是一種很好的哲學，它有一定程度的主觀性。

　　至於佛教，它是一種宗教。勞思光先生的自我設準中沒有宗教的自我，因而有宗教應該放在哪裏才恰當的問題。筆者在拙著《佛教的當代判釋》（臺北：臺灣學生書局，2011）中，提出自我的三個設準：總別觀照我、同情共感我、靈台明覺我，分別回應科學、道德與藝術的問題。另外又提出宗教的自我，則分為三個導向：本質明覺我講自力宗教，委身他力我講他力宗教，迷覺背反我講對一

切背反的突破以達致絕對無我的境界，這主要概括《維摩經》、慧能禪和天台學。在天台學來說，一切背反是要解決的，但我們不能以背反的一端克服、取消背反的另一端，如以有克服無，以存在克服非存在，以生克服死，以理性克服非理性，以善克服惡，在天台宗來說，則是以法性克服無明。因為對反的兩端，在存有論上是對等的，我們不能以生克服死，結果是保留生而捨棄死，而得到長生不死，故道教的那種長生不死的修煉或實踐是不會成功的。要解決背反問題，只能在背反的深層、底層突破（breakthrough）出來，超越（transcend）上來，結果是背反的兩端同時泯息，當事人便臻於絕對的理境，而成覺悟，得解脫。

　　勞先生不設宗教的自我設準，他不能處理宗教的問題，便很自然了。

第五章
東亞佛學研究之現況與前瞻

很高興能參加 2014 東亞佛教思想文化學術研討會,並作主題演講。陳平坤教授給我的題目是「東亞佛學研究之現況與前瞻」,我便依這個題目來說一下,並且把重點放在前瞻方面。

一、近代日本的佛學研究

如所周知,關於佛學研究可以分為兩個流向:南亞佛學研究與東亞佛學研究。前者指印度佛學、西藏佛學和南傳佛學;後者則指中國佛學、朝鮮佛學和日本佛學。由於佛學起源於印度,這兩個研究流向不能截然分開,很多時我們講起中國與日本的佛學,要追溯到印度佛學方面去;而印度佛學開拓出去,則又不能不涉及中國佛學與日本佛學。

就佛學研究方面言,日本一直是世界最大的研究中心。據非正式的統計,日本的佛學研究學者在國內有大約七千人是吃佛學研究這行飯的,在國外則約有五千人。這與歐美方面很是不同,彼方一所大學若有三兩個學者是研究佛學的,該大學便成為一個小型的佛學研究中心了。依於此,我這裏就從日本講起。說到現況,一時很難說起,佛學研究有一個連續的過程,不能只就現前這一瞬間說。

因此，這裏所謂現況，我想要由近代說起。在日本，所謂近代，是指明治維新和以後的時間。據日本學者三枝充悳的說法，在明治時代以前，佛教稱為「佛法」與「佛道」，以後則稱為「佛教」。而在中國方面，則泛稱為「佛家」，以天台學和華嚴學為主。

至於佛教作為一系看，在佛教背景的私立大學中，有佛學系，其他大學則沒有，只有東京大學有印度哲學佛教學專門課程，京都大學則有佛教學專修，兩者都以印度佛學為主。由於宗教的緣故，基督教神學以信仰為主，佛教則比較理性，信仰不是其中最重要的。他們非常重視客觀的文獻學和教理史的研究。由上面所述可推知，日本的佛學與印度學、印度哲學及梵文課程有密切的關連。亦有關於佛教學的學會：日本佛教學會，那是規模極大的機構，涉及全國。另外還有印度學佛教學會，規模更大。由於佛教發源於印度，故佛學研究很自然地與印度學連繫起來，成為一個龐大的社團。佛學研究的主流是印度佛學研究。不過，近代的日本的佛學發展亟亟受到歐美特別是歐洲的印度文獻學的影響。

在近代的初階，印度佛學顯然佔了上風，尤以東京大學為然。後來漸漸西移，以京都為中心，而且重點不限於印度亦即是南亞佛學，也開始注意中國佛學和日本本土的佛學，亦即是東亞佛學。在東京大學初期，村上專精和前田慧雲任印度學佛學的講座，但兩人都未有留學經驗。其後的佛教學的主流，開始重視歐洲方面的佛學研究，很多學者相繼在彼方學習梵文，吸取印度學的研究方法，其先驅便是著名的南条文雄和笠原研壽。他們都是牛津大學的穆勒（M. Müller）的學生。穆勒精通梵文、印度學、宗教學，甚至康德哲學，他曾把康氏的第一批判《純粹理性批判》（*Kritik der reinen Vernunft*）翻譯為英文。南条曾將明版的《大明三藏聖教目錄》加以

英譯、出版，這便是後來的著名的《南条目錄》。自南条文雄後，日本的有潛力的優秀學者多到歐洲留學，學習梵文，校訂梵文的佛教典籍，並進行研究，以翻譯為主。這種風氣漸漸穩固，甚至成為一種傳統，日本的佛學研究特別是在文獻學方面的學術水平不斷提高。跟著著名的高楠順次郎由歐洲學成回來，任東京帝國大學講座，進行《大正新修大藏經》的整理。那是明治之後的大正時代的事了。後來又有宇井伯壽、和辻哲郎分別擔當東京帝國大學的印度佛學與倫理學（以佛教倫理學為主）的講座。宇井伯壽更是以研究印度佛學而著名於時，成為近代日本佛學研究的大學者。戰後的印度哲學、佛學研究的權威學者為中村元，他繼承宇井伯壽而為東京帝國大學的講座，研究範圍非常寬廣，包括印度哲學（特別是吠檀多 Vedānta 哲學）、佛學和東西比較哲學，在文獻學上也有穩固的基礎。另外，與他的前輩學者不同，他非常重視原始佛教特別是釋迦的教法。東京大學到了後期，亦有學者研究中國佛學，如玉城康四郎寫有《心把捉の展開》，這是研究天台學的，哲學性頗濃厚。另一學者鎌田茂雄，是研究華嚴學的專家，寫有《中國華嚴思想史的研究》，研究澄觀；《宗密教學の思想史的研究》、《原人論》、《禪源諸詮集都序》都是研究宗密的，包含宗密的原著的翻譯與注釋。按鎌田一生研究中國佛學，著作等身，不過，他的研究缺乏批判性。如他研究宗密的《原人論》，只是順著宗密的意思說下來，對於宗密對儒家的批評、判釋，是否有當，都不作交代。宗密怎麼說，他便怎麼說。這可以說是日本學者研究中國佛學的通則，只集中於闡述，缺乏批判性。

　　上面我們談日本在近代方面的佛學研究，重點先是在關東特別以東京大學，學者大部分都與印度哲學、印度佛學再加上梵文文獻

學的研究有關。最近這半個世紀以來,情況有些改變,一方面在關西特別是京都大學漸漸地也在開拓佛學研究,而且在印度佛學之外,學者開始注意和研究中國佛學,除了以京都大學為中心外,也及於京都大學人文科學研究所、大谷大學、龍谷大學和花園大學及其中的禪文化研究所,後三者是私立大學,有濃厚的佛教背景。學者通常是在京都大學任教,退休後便到這幾所私立大學教學和研究。一時人才濟濟,不輸於關東的東京大學。安藤俊雄是天台學研究專家,他先後寫有《天台性具思想論》、《天台學:根本思想とその展開》和《天台學論集:止觀與淨土》。他的著作描述性比較強,不像玉城康四郎有那麼強的哲學性。在佛教史方面有塚本善隆,寫有大量有關中國佛學的發展史的文字,文獻學的傾向頗為明顯。另外,他也注意中國的淨土教法,寫有《支那淨土教の展開》和《不安と欣求:中國淨土》。他又曾帶領一個研究團隊,對僧肇的《肇論》進行多元性的研究,而成《肇論研究》一書。研究《肇論》的書很少,直到目前還未有其他有關著作能超過塚本他們的這部書的研究成果。在天台學的研究方面,必須提起關口真大和佐藤哲英,一個聰明,一個勤奮。前者寫有《校注摩訶止觀》、《天台小止觀譯著》、《天台小止觀の研究》和編著《天台教學の研究》。佐藤哲英則寫有《天台大師の研究》及其《續篇》。不過,他們兩人的意見時常相左,其間對一些重要的觀點如判教有激烈的爭辯。另外,佐藤講天台學的特質,總是在三觀、三諦這些問題上兜兜轉轉,這都是實踐的問題。決定一個思想體系的性格,應該注意它對終極真理的觀點。可惜佐藤的這兩部大書,都不能展示出這個關鍵性之點。在禪方面,必須一提柳田聖山。他編有《胡適禪學案》一書,又寫出《初期禪宗史書の研究》的扛鼎之作。另外又有《初期の禪史 I、

II》和《無の探求：中國禪》。柳田長於文獻學方面的研究，在義理方面則顯得脆弱；在《無の探求：中國禪》一書中，他花了好些篇幅講神會的禪法，但講來講去都講不出神會禪法的宗旨和特性所在。

有一個機構很值得注意，這就是南山大學的宗教與文化研究所。它是美國教會的背景，以西方宗教特別是基督教與東亞佛學的比較研究為主，其中的一些學者是挺好的，包括已故的溫伯拉格蒂（Jan van Bragt）、海式格（J. Heisig）和史旺遜（P. Swanson），與京都學派也有密切的關聯。東亞佛學中又以禪與天台學為中心。

二、天台學研究的興盛

近二十年，或者說，自上世紀八十年代開始，日本的東亞佛學的研究，有集中於天台學的傾向，特別是聚焦於止觀的問題上，而且側重在文獻學方面。法藏館於一九九四年出版大野榮人的《天台止觀成立史の研究》，是明顯的例子。這部七十萬言的鉅著，便是以文獻學的方法寫成，主要是探討智顗的《摩訶止觀》中所說的四種三昧、十境、十乘觀法在實踐上與思想上如何透過他前此的著作如《方等三昧行法》、《次第禪門》、《法華三昧懺儀》、《覺意三昧》、《法界次第初門》、《六妙法門》、《天台小止觀》、《禪門口訣》等，如何發展出《摩訶止觀》所展示的止觀觀點，最後成就圓頓止觀的修行法。

按天台宗的根本義理大綱可說為是教觀二門。教門指五時八教的理論；觀門則為觀心門：如何透過心的實踐以體證得終極真理。這正是所謂解行雙修。進一步說，觀門是就總的修行體系說，而其

核心的、具體的實踐，則是止觀。《摩訶止觀》開頭便說「止觀明
靜，前代未聞」。止（śamatha）是使心歸於明靜；觀（vipaśyanā）
則是以智慧觀照內外種種不同的事物、現象。依天台宗的傳統說法，
在智顗之先，慧思傳下三種止觀法：漸次止觀、不定止觀和圓頓止
觀。智顗的《次第禪門》發揮漸次止觀，《六妙法門》發揮不定止
觀，《摩訶止觀》則發揮圓頓止觀。漸次止觀是分階段的實踐，不
定止觀則是禪觀，沒有固定次序，圓頓止觀則是頓然的、剎那的觀
悟。

　　日本的東亞佛學研究，持續不斷，天台學一直都是一個熱門的
題裁。我們可以自二十一世紀開始，短短十三、十四個年頭，看到
彼方學者在這方面的研究成果：

　　2001：村中祐生著《天台小止觀のよむ：佛教の瞑想法上、下》

　　2001：小松賢壽著《天台思想入門》

　　2004：松田未亮著《大乘止觀法門の研究》

　　2004：大野榮人、伊藤光壽著《天台六妙法門の研究》

　　2004：大野榮人、伊藤光壽、武藤明範著《天台小止觀の譯註
　　　　　研究》

　　2005：多田厚隆述《摩訶止觀講述：止觀明靜一卷》

　　2007：多田厚隆述《摩訶止觀講述：止觀明靜二卷》

　　2011：池田魯參著《天台四教儀現代語譯》

　　2012：菅野博史著《南北朝・隋代の中國佛教思想研究》

　　2012：大野榮人、武藤明範著《天台次第禪門の研究第一卷》

　　2013：菅野博史著《法華玄義を讀む：天台思想入門》

在這些研究典籍中，有大部分是研究止觀問題的。另外，上面提到
的武藤明範所寫的碩士論文，也是聚焦在智顗的止觀學說的：《天

台智顗における止觀思想の研究》（2000）。智顗的《摩訶止觀》
的前頭部分講到最重要的圓頓止觀，說止是法性寂然，觀是寂而常
照；又說止觀像車的兩輪，鳥的雙翼，必須同時修習。只此幾句，
便引來很多學者對止觀問題的研究。實話實說，智顗的許多著作，
特別是《法華玄義》，提出很多重要的觀念，如一心三觀、一念三
千、一念無明法性心、三諦圓融、煩惱即菩提、生死即涅槃、判教、
不可思議境、中道佛性等，何以獨止觀問題能引起彼方學者特別注
意呢？我想了又想，總是想不通。只能想到，止觀都是實踐修行的
方法，這便與實際的社會掛鉤，這是否與創價學會、日蓮宗有關連
呢？日蓮宗是依據《法華經》被建立起來的日本天台學的組織，而
這個宗派強調救濟：救濟個人、社會、國家、全人類。這或許與止
觀的修行有些關連吧。

　　以上是有關日本方面對東亞佛學的研究概略，我們從傳統一直
講下來，它的近況也可以看到。基本上，日本學者研究中國佛學，
文獻學的意味還是很濃厚。他們不是以問題為主導，向深處探討，
例如研究中道的問題、佛性的問題、禪的漸悟與頓悟的問題。他們
是以某一部文獻為主，對它作文獻學的研究，包括該文獻的成立背
景、作者的生平，特別是師承關係。然後對文獻作現代性的解讀，
這包括翻譯和加上附註。他們相當細心地研究、推敲、翻詞典。基
本的工作做好後，便是羅列參考書目，然後做索引。這些工作都非
常繁瑣，未必人人都有耐心做下去。但日本人一般來說都很專心在
做。另外一點是，日本學者研究東亞佛學，特別是中國佛學，都不
大注意西方以至中、港、臺的中文學術圈子的研究。他們很有自信，
認為中文學術圈子所做的不夠嚴格，也不夠周延，沒有很大的參考
價值。只是到了最近，才有些改變。如菅野博史寫了上面提到的《法

華玄義を讀む：天台思想入門》，有提及中文學術圈子的研究，如李志夫的《妙法蓮華經玄義研究》、沈海燕的《法華玄義的哲學》，和我的《法華玄義的哲學與綱領》。但只是提一下而已，未有拿來參考。

三、京都學派對東亞佛學的研究與開拓

日本的京都學派是東亞最大的哲學學派，其哲學內容在廣度、深度與理論的嚴格性，都有很高的水平。自創派者西田幾多郎起，這學派包括三代，而第四代亦正在成長中。這三代的代表人物有第一代的西田幾多郎、田邊元；第二代的久松真一、西谷啟治；第三代的武內義範、阿部正雄、上田閑照。這七人中，只有上田閑照還健在，其他六人已去世了。這七個成員都與東亞佛學有深厚的淵源。西田幾多郎雖然沒有明顯的有關東亞佛學的論著，但他天天坐禪，禪坐成了他生活的一部分。田邊元與他的弟子武內義範歸宗於淨土；久松真一、阿部正雄與上田閑照則發揚禪學；西谷啟治則般若與禪並重。除了東亞佛學外，七人與西方的哲學與宗教都有密切的關聯。西田的學問基礎很多元，他受到康德（I. Kant）、黑格爾（G. W. F. Hegel）的德國觀念論（Deutsche Idealismus）的影響，又吸納萊布尼茲（G. W. Leibniz）的理性主義，更發揮詹姆斯（W. James）的心理學，而建構自家的絕對無哲學或場所論。田邊元與武內義範則以淨土為依歸。田邊初習數學與科學，其後專心於宗教哲學的鑽研，又吸收馬克斯主義與基督教的義理，最後歸宗淨土，創造出懺悔道哲學。武內與田邊關係密切，廣泛地吸收歐洲的宗教學與神學，又是日本佛教淨土真宗的親鸞的有力的研究者與支持者。久松真

一、阿部正雄、上田閑照對禪學都有發揮與開拓。尤其是久松，他提出無相的自我以解讀西田的絕對無，又積極進行宗教運動，拓展禪的文化與藝術。西谷啟治則特崇般若思想的空與禪的無，與西方神學界有深厚的關連，強調根源性的主體性的開拓。他也很欣賞德國神秘主義（Deutsche Mystik），把它與東亞佛學連結起來，作宗教哲學（philosophy of religion）的研究。

　　以下我們逐一看京都學派的成員如何解讀及發揚東亞佛教。首先是西田幾多郎。西田的情況比較簡單，他的著作很少提到佛教，但他提出的絕對無（absolutes Nichts）作為終極真理，對京都學派的後來者有極大的影響。這絕對無有時又叫場所，是一種意識的、精神的空間，與禪的無特別是華嚴宗所提的法界（Dharma-dhātu）有密切的關連。這是一種透過實踐修行而獲致的境界，在其中，萬事萬物都以空、無自性的性格遊息於其間，無障無礙。每一個京都學派的成員都以不同的方式來詮釋這絕對無。

　　田邊元以絕對媒介、種的邏輯來看這絕對無，又以他力大能亦即是淨土宗的教主阿彌陀佛來說。他是淨土宗的立場，但以理性來看這種佛教模式。按淨土宗是講念佛修行的，眾生如果犯下或作出嚴重的罪業，只要誠心悔改，專心念誦阿彌陀佛的名號，便能獲得阿彌陀佛的加持，發大悲心，引領到西方極樂世界，其中有很多有利的條件，讓眾生覺悟成佛。田邊元由此提出懺悔的修行，建立懺悔道哲學。即是，一個人種下的罪業越深，便越沒有生存的、繼續生活下去的權利。但在另一方面，若當事人誠心懺悔，對過去所做的壞事徹底埋葬，他的生命內裏會引發出巨大無倫的反彈力，強化自己的求生意志。罪過越大，反彈力也越大，意志變得越為堅強。不止自己要出離罪過，也會協助別人出離罪過，而獲得新生。田邊

元把這種思想發展為一種哲學，亦即是懺悔道的哲學。他的支持者武內義範也是走歸向他力大能的，不過，他以很多西方神學特別是巴特（K. Barth）、布爾特曼（R. Bultmann）等的思想加入懺悔道的哲學中，讓這種哲學成為一種有很強的普遍性（Universalität），不光是適合東方的眾生，也適合西方的眾生。

　　久松真一對他力主義的淨土教法沒有好感。他認為只有自力主義才是自我拯救的正途，因此他投身入禪的自力思想中。他以無相的自己來解讀絕對無。無相是超越、克服一切對象性，自我則是真正的主體性。在《壇經》中有「無一物」、「無相為體、無念為宗、無住為本」的說法，說到真我，它提出自性、佛性。故無相的自我一觀念是基於禪的義理與修行發展出來的。只是無相這一字眼，有消極的意味，有出世的傾向，與大乘佛教的普渡眾生不完全契合。淨土宗說往相，也說還相，意思便比較完整。筆者以前也提過，禪應該是「相而無相，無相而相」。久松自己大體上也意識到這點，因此在闡發禪的義理與實踐之外，也倡導宗教運動，提出 FAS 的宗旨，以這宗旨出發成立一個宗教性格的組織或機構。F 指 Formless Self，A 指 All Mankind，S 則指 Superhistorical；FAS 的整個意思是要建立無相的自我作為真正的主體性，站在全人類的立場（其實可拓展為站在全體眾生的立場），超越歷史的限制而又創造歷史。另外，久松不單講禪的義理與實踐，同時也強調禪的文化，要在多元的文化活動中，展現禪的精神。因此，他以禪的精神為本，推行禪詩、禪畫、禪書、禪俳句，畫一圓相，演出茶道，講習禪公案等諸種文化活動。他是京都學派中最具有文化氣息的哲學家，解行雙修，被稱為「真人」。他又熱衷於宗教對話，帶領過他的信徒，遠赴歐美，與當時的哲學界、宗教界和神學界的有影響的人士作宗教對話。

這些人士包括海德格（M. Heidegger）、榮格（C. G. Jung）、布魯納（E. Brunner）、布爾特曼、馬塞爾（G. Marcel）、田立克（P. Tillich）等，對西方的思想界有一定的影響。他又曾以禪的無一物觀念代表東方的精神性（Eastern Spirituality）。這恐怕有問題。東方的哲學與宗教有佛教、禪、道家（特別是莊子），可說展示了空、無的性格，都是非實體主義的思想（non-substantialism）；但另外還有婆羅門教、儒家，則是實體主義的思想（substantialism），不能以「無一物」來概括。

　　久松的弟子阿部正雄繼承久松的事業，發展 FAS 協會，又遠赴美國講學與對話，歷時十年。他是以「非佛非魔」來理解絕對無。這非佛非魔在禪中很有其淵源。臨濟義玄有「逢佛殺佛，逢祖殺祖」的呵祖罵佛的說法；禪的公案中亦有「有佛處不得住，無佛處急走過」的說法。這是教人不要執著於或崇拜佛或祖師的權威，不能視之為偶像來崇拜。有佛也好，無佛也好，都要雙離兩邊，要從正負的相對的兩邊中突破開來，超越上來，這樣才能破除一切矛盾、背反，展現絕對的佛境。天台宗有一念無明法性心的說法，無明是魔，法性是佛，從無明與法性中突破，才能尋得生路，這便是非佛非魔。上田閑照則與西田幾多郎、西谷啟治有較密切的關係，也是德國神秘主義大師艾卡特（Meister Eckhart）的專家。他透過宋代廓庵禪師的〈十牛圖頌〉的第八圖「人牛俱忘」的境界來闡釋絕對無。這〈十牛圖頌〉是講一個牧者如何透過十個階段來進行對自己的主體性或心牛的馴養而成就大覺的；開頭七個階段都有對象化的傾向，即把心牛推向外邊，而成一個被處理的對象。最後對象消失於無形，自身與心牛的分野完全離去，主體性的光明大顯，而得著最後的覺悟。

　　最後要說的是西谷啟治。他的學問很淵博，在西方的哲學界與

宗教學界有很高的名聲。他熟悉尼采（F. W. Nietzsche）、海德格和德國神秘主義，也欣賞中國佛學的寒山的詩作。他除了研習禪外，也很重視般若思想，特別是它的空（śūnyatā）觀。他吸收了華嚴宗的事事無礙的法界觀，以空為基礎，建立一種事物之間的迴互相入的空的存有論。他是以空來解讀絕對無的。對於佛教的緣起說與空觀，他都予以肯定，並且以妙有與真空來說。這妙有與真空成就了他的空的存有論。這樣，在存有論方面，西谷比西田進了一步。西田沒有一套明確的存有論，他在其後期著作《哲學の根本問題》中，提到絕對無或場所的限定，由此向前，便可以建立存有論。「限定」表示一種自我否定、自我分化，從渾茫的狀態轉而為種種事物的成立。但西田的有關概念不是很清楚，而且他說限定，有三個意思。一是絕對無的自我限定，二是絕對無對事物的限定，三是事物之間的相互限定。以哪一種限定為準，未能清楚。

四、西方及華人學術圈對東亞佛學的研究

　　在日本之外的東亞佛學研究，主要指西方英語界、德語界、法語界和華人的中語界的研究。這裡先說英、德語界方面。西方人研究東亞佛學，無獨有偶，也集中在天台學的研究方面。此中當然有例外。例如谷格（F. H. Cook）對華嚴宗的研究：《華嚴佛教》（*Hua-yen Buddhism*），馬克瑞（J. R. McRae）對北宗禪和早期禪的研究：《北宗與早期禪的成立》（*The Northern School and the Formation of Early Ch'an Buddhism*），杜默林（H. Dumoulin）對禪的發展史的研究：《禪的歷史與成立》（*Zen: Geschichte und Gestalt*），我在這裏不想作詳細的羅列。我只想闡述一下西方學者對東亞佛學特別是天

台學的總的研究的傾向。大體上，西方學者了解佛學，多是參考日本佛學研究的成果。一個研究中國佛學的西方人，他先要學習的語文，自然是中文，是佛學漢文，即是《大藏經》中的中文，起碼學到能看懂《大藏經》的程度。另外，他也必會學習日文，再加上作為國際上溝通的語文，亦即是英文。還有自己母語，如德文、法文之類，有些還懂一些梵文。大概是這樣。至於學習中文而學到能看懂現代的中文著作的，或白話文著作的，則非常少。此中一個原因是，在他們的眼中，現代的華人的佛學研究，不管是南亞或東亞的，都未上軌道，或未能與國際的佛學研究接軌，因而沒有參考的價值。此中亦有一些例外，如湯用彤的《漢魏兩晉南北朝佛教史》、印順的《中國禪宗史》和柳田聖山編的《胡適禪學案》。因此，他們要研究東亞佛學，特別是中國佛學，便得參考、借重日本人的研究了。而日本人的佛學研究，不管是南亞的抑是東亞的，都以文獻學先行，再及於義理。西方學者的研究，受到日本學者的影響，自然也是向這條道路走。

　　舉一些例子，日本學者研究天台學，特別是智顗的思想本質，總是重視他的三諦、三觀、三智所展示的三體結構（threefold-pattern）那條思路。但三體結構是在方法論方面說的，像以中道來統合空與假。但這不直接是真理的問題，真理問題是一切佛教派別的關鍵性的問題。智顗說終極真理，是從實相、中道、佛性，或中道佛性說的。因此，要看智顗的思想體系的本質，便得在這方面下手。在實踐性格的哲學上，真理觀是決定實踐方法的，不能顛倒來看，以實踐方法決定真理觀。因此，日本學者對天台學的研究，總是捉錯用神；西方學者向日本取經，也不能不墮入這個盲點。關於這點，我在很多場合中都說過，這裏也就不多贅述了。

　　實際上，西方學者對佛學的研究，一直都偏重在南亞佛學方面，特別是印度佛學與西藏佛學方面，這是順著他們的印歐語系的傳統而來。在東亞佛學方面，研究日本佛學比研究中國佛學為興盛，這自與日文比中文更流行有關。即使說他們較多研究天台學，也只是就比較來說而已；較受注意的，也不過五、七種而已。以下試把它們列出來：

　　1962：L. Hurvitz. *Chih-i (538-597): An Introduction to the Life and Ideas of a Chinese Buddhist Monk.*

　　1989：P. L. Swanson. *Foundations of T'ien-t'ai Philosophy: The Flowering of the Two-Truths Theory in Chinese Buddhism.*

　　1993：N. Donner and D. B. Stevenson. *The Great Calming and Contemplation.* A Study and Annotated Translation of the First Chapter of Chih-i's *Mo-ho Chih-kuen.*

　　1993：Yu-kwan Ng. *T'ien-t'ai Buddhism and Early Mādhyamika.*

　　1999：H. R. Kantor. *Die Heilslehre im Tiantai-Denken des Zhiyi (538-597) und der philosophische Begriff des Unendlichen bei Mou Zongsan (1909-1995).*

　　2000：B. Ziporyn. *Evil and/or/as the Good: Omnicentrism, Intersubjectivity, and Value Paradox in Tiantai Buddhist Thought.*

　　2005：Haiyen Shen. *The Profound Meaning of the Lotus Sūtra: T'ien-t'ai Philosophy of Buddhism.* 2 Vols.

在這些著書中，漢維茲（L. Hurvitz）的書主要是有關天台智顗的生平、傳記，很少講到義理、觀念。史旺遜（P. L. Swanson）的書是以智顗的三諦說是直承龍樹的二諦說而來，他以空、中道來講諦，

忽略了佛性的終極真理義。他講智顗，只就天台三大部來講，未有注意智顗的對《維摩經》（*Vimalakīrti-nirdeśa-sūtra*）來講。另外，他二十多年前英譯《摩訶止觀》，現在應已完工了。端納（N. Donner）與史提芬遜（D. B. Stevenson）的書則是對天台三大部中的《摩訶止觀》第一卷的詳盡的翻譯與注釋，展現出深厚的文獻學的功力。吳汝鈞（Yu-kwan Ng）的書則是就與印度的早期的中觀學的比較來看智顗的真理觀與工夫論，以中道佛性來說智顗的真理或諦，此種真理有常住性、功用性和具足諸法等性格。康特（H. R. Kantor）的書是就宗教哲學的立場來講天台宗的教法，認為天台宗的「無明即法性」能展示出神聖與世俗之間具有互引互含的概念結構，並比較牟宗三與智顗對這個論題的觀點。任博克（B. Ziporyn）的書認為天台宗特別是智顗與知禮的思想是一種遍中心的整體論（omnicentric holism），其基本概念是交互主體性際（intersubjectivity）。沈海燕（Haiyen Shen）的書則是對天台三大部之一的《法華玄義》的英譯。

　　在華人學者中，熊十力對唯識學的理解與批評（《新唯識論》）、唐君毅對中國佛學的詮釋（《中國哲學原論原道篇第三》和牟宗三對天台學的解讀與發揮（《佛性與般若》）都展現出深刻的洞見。一九七六年夏天，我還在京都大學研習梵文與藏文。一天我到大谷大學聽一個講座，那是西谷啓治講《壇經》，我坐在長尾雅人的旁邊。長尾忽然向我提出，表示我們中國學者好像不大熟悉中國佛學。我說不是呀，於是提出唐、牟和他們的著作，長尾的神色有點茫然，我猜想是他不知道有唐、牟其人，更不知道他們對中國佛學的精深的闡釋。我便沒有解說下去。至於判教方面，則有吳汝鈞的《佛教的當代判釋》，是一部內容既廣且深的著作。臺灣方面亦漸有一些較年輕的學者冒起來，漸漸能吸收日本方面的研究成果來研究中國佛學。

　　至於大陸方面，我的觀察是研究中國佛學的學者都未曾與國際
的研究接軌。他們的著作極少提及日本與歐美方面對中國佛學的研
究。像最近去世的方立天和樓宇烈、賴永海，都是在努力埋頭研究
中國佛學，但所涉及的研究資料都是中國人自己以中文來寫的。我
知道其中一些原因，如與外面的研究界少接觸，沒有交集，也缺乏
彼方所取得的研究成果。即使有，他們的外語研讀水平也不夠。例
如一個大陸學者把日本學者服部正明的姓「服部」寫作「哈托瑞」，
他所閱讀的有關資料可能不是日文的，而是英文的，而服部在讀音
方面是 Hattori，他不知道 Hattori 是一個日本學者的姓，於是便依西
文的讀法進行音譯了。

五、宗教的前瞻的基礎在對話

　　以上我們闡述過東亞佛學研究的近、現代概況。這裏講東亞佛
學，主要是就中國佛學說，而未怎樣及於朝鮮佛學和日本佛學。這
是由於朝鮮佛學和日本佛學主要是來自中國佛學的傳統，是中國佛
學在朝鮮和日本的延續。或許可以說京都學派是日本佛學的具有創
見的哲學，在國際上亦實在有人認為京都學派是日本佛學的一種現
代式的發展。這個問題相當複雜，我在這裏，沒有足夠的篇幅來討
論。不過，可以肯定地說，佛學（包括印度佛學與中國佛學）中的
一些重要元素：如般若的空、禪的無兩個觀念，是京都學派哲學的
根本的構成資源。

　　以下我們看東亞佛學研究的前瞻問題。所謂前瞻，是指一種進
步的、具有理想性、價值性的發展，義理上的廣度、深度與理論的
嚴格性，都包含在內。特別是在廣度方面，吸收其他宗教與哲學的

殊勝之點，把它善巧地納入自身的範圍或內容中。在這方面，京都學派是一個明顯的例子。這種殊勝點的納入，可以讓自身的義理有更寬廣的有效性（validity），也可以在深度方面作進一步的發掘、開拓。怎樣做才能達致這個目標呢？我想比較有效的方式，是通過宗教或哲學的對話（dialogue）、遇合（encounter）來進行。我這裡姑就宗教方面來說，即是宗教的對話（religious dialogue）、宗教的遇合（religious encounter），一般都以德文 religiöser Dialog, religiöse Begegnung 來說。即是說，透過不同宗教的直接的碰觸，讓它們更廣更深地了解對方，一方面存異求同，進一步向參與對話、遇合的宗教取經、學習，吸收它們的長處，反映自身的不足之處，因而能夠作自我內部的調校，捨短取長，進行自我轉化。

　　在這裡，我要特別強調，一種宗教在義理上和儀式上是否是文明、理性，能更廣泛地、更深入地解決人的現實問題，哪一些是自己的長處，哪一些是自己的短處，倘若只就自己自身來看，是不大有效的。但若通過比較的方式，讓自己的宗教與別的宗教進行對話、遇合，便能積極地找到結果、答案，在自身方面，哪些是短，哪些是長，因而進行適度的調整，便能自我提升，自我轉化。在義理與儀式方面，都是如此。舉一個例子，那便是動感（Dynamik）。法國哲學家柏格森（H. Bergson）曾以動感來說宗教；他把具有動感的宗教視為神秘主義（mysticism）。他認為，佛教（他所理解的佛教是小乘佛教）的動感是不足的，只能算是初階的神秘主義。他認為基督教的動感最為充實飽滿，是高級的神秘主義。他高調讚揚基督教的動感的理據是耶穌以道成肉身的方式來到世間受苦受難，作世人的代罪羔羊，最後極其淒烈地被釘死在十字架上，以鮮血（寶血）清洗世人的罪過。這種做法，充滿震撼性，表現出強烈的動感。

佛教中記述佛陀出生之前的種種本生的故事，說得很平淡，影響力、滲透力不足。在這方面，佛教實在可以向基督教取經，在處理動感的問題上，進行調整，增強動感的力度，以達致自我轉化的宗教目的。

再來是包容性或寬容性的問題。基督教不容許中國人敬拜祖先，只能禮拜十字架和耶和華真神，這表示基督教的寬容性不足，讓人有一種「耶和華的傲慢」的感覺。結果是，基督教不能廣泛地為中國人所接受。天主教也是一樣。伊斯蘭教或回教更不用說了。相較之下，佛教便寬容得多，它傳來中國，與中國傳統所本來具有的那些禮拜儀式（這自然包括敬拜祖先在內）和洽相處，和平共存，沒有很強的排斥性。結果佛教在中國發展得很好。特別是其中的天台、華嚴、禪、淨土諸宗，已成為中國文化特別在宗教、哲學方面重要的部分了。在協調性、寬容性、包容性這一點上，基督教顯然有參考、學習佛教（印度佛教）的廣大的空間。

順便一提。在京都有一個宿舍名為「京都國際學生の家」，距離京都大學不遠。這是瑞士一個文教組織的物業，其內的住客非常多元化，有日本的學生、研究生，也有在京都與大阪留學的外國的研究生，其中也有一些房間是租給在京都作短期訪問交流的國際學者。這個宿舍對申請入住的人，是有選擇性的。他們盡量要收容不同地區、不同國籍、不同文化背景的學生或學者，務期能使多元背景的住客聚在一起，以做成一種在宗教與文化學養上不同的人士的聚合，這便是所謂遇合（Begegnung）。宿舍的原名稱為 Das Haus der Begegnung。我在其中住過半年。各人除了專注於自己的學業或學術研究外，每星期也舉行一次餐會，輪值地由來自不同地區的人負責煮食，每個月也會邀請一些住在京都的學者作一次演講，大體上是有關宗教與文化的問題。我自己也作過一次煮食，胡亂地作一些

廣東的菜式，結果大家都拍掌叫好吃。這樣形式的國際性宿舍，便很有對話、遇合的意味。

　　對於宗教的對話、遇合，日本人顯得很積極。基本上是研究禪的學者與參禪者作主動，其中包括鈴木大拙、久松真一、柴山全慶、阿部正雄。他們很熱衷於把東方的宗教與哲學，特別是禪推介到西方世界，要在國際的學術界建立一個宣揚東方的宗教與文化的平台。阿部以後，這種交流的活動便緩慢下來。與此同時則有京都學派與佛教以外的其他宗教的對話。久松與阿部是京都學派的人物，前者以東洋的無亦即是絕對無（absolutes Nichts）來回應西方的神的觀念；後者則提出掏空的上帝（emptying God）試圖弱化西方的神學的實體性格。另一京都學派成員武內義範則以淨土真宗（在日本開展的淨土宗）來回應布爾特曼的神話解構（Entmythologisierung）特別是福音解構（Entkerygmatisierung）的說法。鈴木大拙則是京都學派的邊緣人物，他的重要的貢獻是把禪佛教引介到西方的宗教學、神學甚至精神分析方面去。他又創辦《東方佛教徒》（*The Eastern Buddhist*）半年刊，提供給東西方的宗教一對話、遇合平台。

六、唯識學的現象學的開拓

　　如所周知，佛教義理或教法廣大淵深，典籍浩繁，構成一個龐大的著作林，雖都歸於空，但有不同的空法，如苦集滅道、緣起、中道、佛性、如來藏自性清淨心，都傳達多元的空義，我們很難就全體佛法來說在研究方面的前瞻或前景，只能就各個派別的分殊的教法的研究來說。我們最先想到的，可能是唯識學，因為它比較接近常識，在理解上比較容易，與佛學以外的其他思想容易找到共同

的注目點、關心點,特別是胡塞爾(E. Husserl)的現象學。因此,我們先從唯識學和現象學的比較說起,看唯識學可以從哪些方面參考現象學來充實自身的義理內容,在開拓出終極目標方面向現象學取經。這種工作,包括性質相近的,日本方面有學者做過,司馬春英寫有《唯識思想と現象學:思想構造の比較研究に向けて》、《現象學と比較哲學》(第二部第 2、3 章)、司馬春英、渡邊明照編著有《知のエクスプロージョン:東洋と西洋の交差》(第二部阿部旬寫有〈ヒュレーとは何か:フッサール現象學と唯識との比較考察〉)。另外有北山淳友的博士論文〈佛教形上學:世親和他的學派的義理的哲學性詮釋〉(J. Kitayama. "Metaphysik des Buddhismus: Versuch einter philosophischen Interpretation der Lehre Vasubandhus und seiner Schule"),其中以絕對意識(absolutes Bewuβtsein)相當於阿摩羅識(智)(無垢識 amalajñāna),顯然是受到胡塞爾的意識現象學(Phänomenologie des Bewuβtsein)的影響。在西方,進行這種唯識學與現象學的比較研究的,自然是瑞士學者耿寧(I. Kern)。

　　現象學(Phänomenologie)不同於現象主義(Phänomenalismus),後者只表示對現象的純粹的描述,沒有價值的、導向的(orientative)或轉化的(transformational)意味,這是一般的現象層次。現象學則不同,它對現象的研究或體會,有導向的、轉化的意味;它是一種價值意義的字眼,對事物的探究,不單著眼於現象的層面,而且涉入它的真理的、本質的層面,因而具有終極理想的意涵。用東方哲學的詞彙來說,我們對事物從現象的層面直探它的本質、體證它的真實性相,達致對真理的覺悟的目標。從存有論來說,用牟宗三先生的字眼來說,現象主義是一種有執的存有論,現象學則是一種

無執的存有論。這「現象學」有胡塞爾的那種現象學意義，包含相應於本質還原（Wesensreduktion）或現象學還原（phänomenologische Reduktion）的程序。但不限於此，它還有實踐的、修證的意涵。胡塞爾的現象學則是概念的、理論的，不談實踐修證的。

　　印度佛教與中國佛教講唯識學，著重虛妄的識心方面，不能說價值、理想。若能參照胡塞爾的現象學，便可以建立一種具有價值義、理想義的學問，這便是所謂「唯識現象學」。這種學問當然講唯識（vijñaptimātra），但更強調唯識的轉化，即轉識成智後的唯智（jñānamātra），以智為依據而說覺悟，開拓出以智為基礎的現象世界。因此，唯識學所說的轉依（āśraya-parāvṛtti），特別是護法（Dharmapāla）在其《成唯識論》（Vijñaptimātratāsiddhi-śāstra）中闡發的「轉識成智」便顯得特別重要。轉依即是轉捨虛妄的心識（vijñāna, vijñapti），使之變為或依止清淨的智慧（jñāna）。這在佛教一般來說，便是覺悟、成佛、得解脫、證涅槃，是宗教的最高目標。這轉依在胡塞爾的現象學來說，便是上面提到的本質還原或現象學還原，由經驗意識（empirisches Bewuβtsein）提升至絕對意識（absolutes Bewuβtsein）或超越意識（transzendentales Bewuβtsein）。而意識所構架的世界，則由不具有明證性（Evidenz）的現實世界提升至具有明證性的有本質（Wesen）為內涵的現象世界，這是回歸到事物自身（zurück zu den Sachen selbst）的世界。不過，我們也要注意唯識學與胡塞爾的現象學的相異之處，特別是在構成事物或世界方面。唯識學透過緣起（pratītyasamutpāda）來說。即是，我們的作為潛意識的阿賴耶識（ālaya-vijñāna）中藏有無量數的種子（bīja），這些種子如遇到足夠的條件，便會現起，從潛藏的狀態轉而為現行的狀態，而成就現象世界。胡塞爾則透過意識的意

向性（Intentionalität）來形成、構架現象世界。唯識學講心識的現行，而成就現象世界，是所謂識轉變（vijñāna-pariṇāma）。胡塞爾的現象學則沒有這種說法。

附帶一提的是，胡塞爾的現象學與唯識學在理論架構與思想方向方面這樣相似，特別是分別對意識的理解與提出意識和心識分別轉出能意（noesis）、所意（noema）與見分（dṛṣṭi）、相分（nimitta）以開出主體與客體的構思的不謀而合，令人驚異不已。胡塞爾的說法是意識開展出作為主體的能意與作為客體的所意，以能意認識所意；唯識學的說法是心識先分裂出作為客體的相分而自身則以作為主體的見分去了別相分。雙方應該沒有歷史性、文獻上的交集、往來。這真可以說是異時、異地同心。

不過，我們也不能忽略一點：唯識學特別是護法的《成唯識論》對識或虛妄的心識講得多，對智講得少，對轉識成智也講得少。胡塞爾的現象學則對經驗意識講得少，對絕對意識講得多。識相應於經驗意識，智則相應於絕對意識。由此可以見到，唯識學傾向於現實主義，胡塞爾則傾向於理想主義，倘若我們能說唯識學的識是現實主義，胡塞爾的絕對意識是理想主義的話。倘若是這樣，則唯識學的現象學的轉向（phenomenological turn）是由現實主義轉向理想主義，由經驗主義轉向超越主義。這確是一種殊勝的前瞻。

依於以上的理解，我們在日常生活中，處處都可以努力，多想多做善事，少想少做惡事，儘量保持清明的精神狀態。有些心識的活動不要緊，只是不要讓它氾濫，致掩蓋自己的智慧的明覺。這是一個循序漸進的歷程。到了最後，自然能夠花熟蒂落，水到渠成。一切行為都要由智來指引，不要讓識逞強，最後達致唯識現象學的理境。（精確地說，應是「唯智」現象學。）

七、唯識學對精神分析的吸收

東亞佛學的另外一個前瞻，或開拓性的發展，便是透過印、中的唯識學與西方的精神分析的比較，把後者適當地吸納過來，俾能饒益更多的眾生。在這裏，我想先就精神分析及其效應、作用概括地闡述一下。

我這裏所說的精神分析（psycho-analysis），是特別指德語系的心理學家弗洛伊德（S. Freud）、榮格（C. G. Jung）等拓展出來的，我並把焦點放在弗洛伊德方面。實際上，近年以來，國際學術界對唯識學的研究，已由文獻學與義理方面拓展開來，對唯識學與西方的心理學特別是精神分析與深層心理學進行頗見深度的比較研究，看雙方的異同分際，而捨短取長，開展出新的研究路向。在這方面表現得最積極的應數日本的唯識學者岡野守也，他在這方面下了不少工夫，先後寫了《唯識の心理學》、《唯識のすすめ：佛教の深層心理學入門》、《唯識と論理療法：佛教と心理療法・その統合と實踐》和《佛教とアドラー心理學：自我から覺りへ》。アドラー即是艾德勒（A. Adler），本來是佛洛伊德的門徒，其後因不滿弗氏過於重視性慾的影響而分途。另一學者河合隼雄也寫有《ユング心理學と佛教》，ユング即是榮格。

唯識學與精神分析（廣義的精神分析）有密切的關係，雙方有很多交集，有很寬廣的對話空間，而在差異方面，可以互補不足。精神分析是一門心理學的科學，屬經驗科學，弗洛伊德與榮格除了是心理學家外，還是精神科醫生（psychiatrist）；他們要做的，是治療人在精神上受困惑的問題，如憂鬱、狂燥、癔症（歇斯底里 hysteria）、惡夢等。嚴格地說，這些問題不是宗教上的要求得解脫、

了生死的問題，即使精神病症治好了，這些問題還會存在。這兩類問題是不同性格的。唯識學除了是心理學、哲學之外，還是一種宗教，如同佛教的其他宗派那樣，它們的任務是要讓人理解和體證終極真理，去除種種虛妄的認知、執著，突破、克服苦痛煩惱，而得到覺悟、解脫。因此，唯識學到了最後，還是要提出轉依、轉識成智，進行五位修持、入住唯識的宗教實踐的工夫，這則是精神分析所無的。

在這裏，我們無意探討精神分析如何吸納唯識學或佛教的其他教派的說法，讓人最後能夠成就覺悟、得到解脫，而是要探討唯識學除了發揮宗教的功能之外，還要作具體的、分殊的心理分析，提出一些有效的科學方法，又提供一些相應的藥物給病人服用，去除他們的心理障礙（mental disorder）。具體來說，精神分析是要在我們的心理生活中，找尋在潛意識或下意識中被壓抑的東西，這亦即是唯識學講的在阿賴耶識（ālaya-vijñāna）中埋藏於深處的一切煩惱的種子，讓它們在意識上被確認、被標示出來，對症下藥，以治療心理方面的種種問題或困擾。弗洛伊德自己便提到，精神分析使我們認識到，這些疾病（癔症、強迫性神經症等）是心因性的（psychogenic），源於潛意識（壓抑了的）觀念化情結（ideational complexes）活動。他說得很清楚，精神分析是處理心理上的問題，與潛意識的活動分不開。

不過，弗洛伊德認為人人都在身體中含藏著一些可以幫助自己找尋到出路或解決之道的心理上的能量，這便是他所提倡的癔症創傷理論（trauma theory of hysteria）。這些能量遇到矛盾、困難，便會生起病理症候，我們便可以此為線索，找尋治療的方法。他指出，在這樣的矛盾中，總是有兩種力量在相互對抗。即是，精神病患者

一方面要盡力把在潛意識中的種種想法、觀念帶入意識之中，展示它們的力量，另方面，又有一種抵抗的力量會盡力阻止那些被壓抑的想法、觀念進入意識中。這種力量有大有小；力量越大，對想法、觀念有較大程度的歪曲，力量小時，這些想法、觀念便不易受到歪曲。

這樣，弗洛伊德便可以談精神分析的治療的目的了。他指出，精神分析可以增強人的自我、自信心，使它更為獨立於超我，開拓出更寬廣的知覺領域，與本我競爭。自我相當於意識，本我相當於潛意識，超我則介乎自我與本我之間，是一種前意識（preconsciousness），有道德規範的內涵。精神分析的治療，可以帶來良性的影響，具有現象學的意義。

弗氏進一步指出，一般人時常在心理上都有矛盾、衝突的情況，這不必帶來嚴重的問題。但它可以惡化下去，造成精神分裂，這則要往當事人的心理的深層處去探究。關於這點，另一心理學家厄爾布（W. Erb）提出，現代生活的出色的成就、科學上的發明與發現，加上人際之間的競爭，讓我們要以大力氣，才能維持身體的生理與心理的平衡，遠離災難。但社會是很現實的，它時常疏忽了普世的價值，如道德、宗教之類，讓心理上的不安、貪婪嚴重地氾濫起來，增長了人在生活上的緊張與狂躁。嚴重的經濟、政治、工業的危機更讓人在精神上、心理上走向廣泛的躁動、躁亂。人的欲望被壓抑，最後會引致種種病態、變態的行為。弗洛伊德的精神分析的治療法，正是要對治這樣的狂躁混亂的心理與行為。

大體上，弗洛伊德的精神分析思想可分為前期與後期。在前期，他把人的心識三分：外面的意識、中間的前意識和內面的潛意識。意識是我們在清醒時對內、外界直接接觸的心識，阻止要進入自身

中的種種印象、概念，也發出我們內心的種種欲求，包括本能衝動在內。前意識是介於意識和潛意識之間的心識媒介，是過渡性的。它的主要工作是防止潛意識的想法和觀念進入意識之中。潛意識是三種心識中最重要的，它包含本能衝動和與後者連結著的夢和歇斯底里；也概括被壓抑的種種欲念。這是一種心理機制（psychological rnechanism），也是原始的衝動，超越群體關係、道德、言說，沒有時空性，自身很難理解。

到了後期，弗洛伊德把焦點集中在自我方面，對人格提出三種構造（tripartite personality structure）的思想，這三種構造即是自我（ego）、本我（id）和超我（super-ego）。自我是指人的意識，本我是潛意識，是一切非理性的衝動的發源處、大我，它的活動目標是追求滿足。超我則指人格或生命存在中最開明的成分，在某種程度上有道德、良知的性格，又能提出理想。若把自我與三重意識比較，我們可以說，自我相當於意識，本我相當於潛意識，而超我則與前意識相應，有監視、稽查的作用。弗洛伊德表示，這三個我若能平衡地發展，而不趨向極端，人的心靈便會處於正常狀態；倘若三者失調、失衡地發展，種種精神症狀便會來了。

關於心識，唯識學說八種。前五識是感識，第六識是意識，第七識是我識或末那識（mano-vijñāna），第八識是藏識或阿賴耶識。若把唯識學的心識思想與精神分析比較，我們可以說，感識相當於弗洛伊德所說的知覺，第六識相當於弗氏的意識或自我，第七末那識較難在弗氏的精神分析中找到對應物，它與前意識或超我很有一段距離，只是有中介、媒介作用，亦即是介於意識與第八阿賴耶識之間，與弗氏的前意識介於意識或自我和潛意識或本我之間，有點相似而已。第八阿賴耶識相當於弗氏的本我，是潛意識，雙方有很

多的交集。

　　以下我們看唯識學可如何向弗洛伊德的精神分析取經，以補充自身方面的不足，讓自身的理論變得更為周延；特別是，它作為一種宗教的義理，如何發揮其作用，更有效地服務於眾生，讓後者得到更大的福祉。不過，我想先指出，弗氏的精神分析，作為一種心理學的思想和一種對人的精神狀態的治療法與提升效能，並不是完全正確而無缺點的。特別是他對於性欲的滿足的重視，誇大性的活動對人的文化生活的影響，並不可取。他雖然盛談潛意識的問題，提出潛意識中的成分受到壓抑，無法舒展、解放開來，因而讓人感到苦痛煩惱，但精神分析作為一種學問、思想，仍不能免於經驗性格，很難與於人在精神狀態、境界上的提升。他的超我雖然有道德的意涵，但只限於規管人的思考與行為，是對人的思想與行為的限制概念（Grensbegriff），不是真正的、超越的道德理性，不能正面地讓人發展、開拓出崇高的道德的生活與文化。不過，他的那套精神分析，作為一種治療人在精神上的病痛、矯正人的種種因心靈特別是潛意識的因素受到壓抑而無法舒展，最後淪於種種變態的以至病態的狀況，的對治的有效機制，還是有一定的作用與價值，不應由於其境界不高而受到忽視與低估。

　　就唯識學的立場來說，它強調後天的熏習作用，讓藏在阿賴耶識中的染污性格的種子受到熏習而變得善良，和由潛存的狀態轉化為實現的狀態，與弗氏提倡讓在潛意識中的飽受壓抑的因素鬆化開來，有充足的空間自我舒展，因而從憂鬱、心悸、焦慮、癲癇、狂躁等病態中解放出來，過正常的生活，享受幸福的人生，在意義上是相通的。但唯識學是宗教性格，它雖然強調實踐修行，通過五位修持，入住唯識，而得以轉識成智，但這不是作為科學、醫學的治

療法，效果不直接、不具體，即使有效應，但會很緩慢，跟不上時代的步伐。精神分析是醫學，重視實驗、實證，而且有藥物輔助，療效較有保證。唯識學就其理論方面看便有問題，它以藏在阿賴耶識的善性種子作為成佛的基礎，即是，阿賴耶識的種子要全都成為善性，而這善性的種子又能全部現起，便能達致轉識成智而覺悟，得解脫。這理論本身大有問題，很多年前筆者已指出，自己的碩士論文便是專門探討這個問題的。倘若唯識學者在義理上不求根本的、徹底的解決，而要維持其現狀，則亦可有進一步發展的空間，那便是吸納弗洛伊德的精神分析，而作一種醫學上的轉向（medicinal turn）、精神分析的轉向（psychiatric turn），發展出唯識醫學，讓自身除了是一種宗教外，還是一種醫療科學。即是說，在藥物方面多做些配合的工夫。實際上，在精神科的醫學上，用以治療上面所提及的種種精神上的問題的藥物，通常都是選取 limbatril, amitriptyline, prozac, lesotan 等諸種。這些藥物通常都要憑醫生處方箋才能買到的。

順便一提。在佛教的其他學派中，如天台宗，便有所謂法藥的說法。即是，對於不同根器的眾生，便施以不同程度的法藥或教法來開示。智顗的《摩訶止觀》便提出菩薩或佛對治眾生的病痛，有知病、識藥、授藥的程序。唯識學的醫學上的轉向、精神分析的轉向，是有例可援的。不過，其中涉及一些體系上的構作問題，我們在這裏便沒有篇幅探討了。

八、天台學的哲學詮釋學的解讀

以上我們所討論的，都是有關唯識學的前瞻性的研究。唯識學

發源於印度，而北傳或東北傳到西藏、中國與日本，雖然沒有高層
次的發展與開拓，但它的基本典籍，都一直受到注重與研究，特別
是護法的《成唯識論》，可以說是集唯識學的大成的鉅著，在東亞
佛學界幾乎是沒有人不碰觸的。下面我們要由唯識學轉到天台學方
面去，看它的前瞻或可能性的發展，特別是在哲學詮釋學的轉向的
研究方面。以下便要花些篇幅交代哲學詮釋學的問題。這方面的內
容，部分與本書的其他章節有重複之處，為了便於闡明，也只能這
樣做了。

　　詮釋學是有關對文本（text）的詮釋的學問，它最初沿著兩個方
向發展開來，那是神學詮釋方向與語文學詮釋方向。前者指對《聖
經》（*Holy Bible*）的正確的解讀技術，後者則成了神學中的一個重
要學科。根據詮釋學一代宗師葛達瑪（H.-G. Gadamer）的鉅著《真
理與方法》（*Wahrheit und Methode*）的看法，兩者最初是並行發展
的，後來受到特殊的注意，導致舒萊爾馬赫（F. D. E. Schleirmacher）
的普泛詮釋學的出現，所謂「傳統詮釋學」，這已經是眾所周知的
事了。

　　要注意的是，詮釋學有技術性的一面，但不光是這一面，它也
有其藝術性的指向。葛達瑪認為，詮釋學是一種藝術的表現，不是
技術性的、機械化的（mechanical），而是以完成一件藝術作品為
目標的。因此，詮釋學不止是客觀地對文本作中性的解釋，而且要
表現創意。藝術品要有創意，詮釋學也是一樣，在意念上，兩者是
一脈相承的。說詮釋學是一種藝術品，要有美感，並不為過。

　　初步言，我們可以視詮釋學為對於文本的意義（Bedeutung,
Sinn）的解釋（erklären, auslegen）與理解（verstehen）的哲學
（Philosophie）。「解釋」的層次較低，它基本上是涉及事實性的，

是傳達的性格、經驗的性格。理解涉入精神的、生命的層面。法國哲學家利科（P. Ricoeur）便視詮釋學為有關與文本的解釋相連繫的理解程序的哲學，此中有一定的知識論的成分。利科是同時以解釋與理解來說詮釋學，而以後者為本。解釋是廣度性格的，理解則是深度性格的。狄爾泰（W. Dilthey）也說過，自然需要解釋，人則需要理解。自然是經驗性格的，人有經驗性格，這同於自然；但人還有精神性格，這則不是自然所有的。按這自然是科學所對的自然，不是道家特別是莊子所說的自然。後者以人與自然相通，顯然地不是以自然是純然的經驗的對象。狄氏自然是以精神性格為重點來說人，他是詮釋學方面的重要人物，強調與精神有密切關連的理解一面。在這裏，我們說詮釋學，也是重視它的理解功能的一面，我們甚至可以說，詮釋學是有關理解（真理）的大學問。

說到理解或解釋，自然離不開進行這種活動的媒介，這即是語言。理解或解釋可簡單地說為是以語言作媒介的一種交談，或與文本的作者進行溝通。葛達瑪便說過，理解的開始，是某一方面的人與我們進行攀談（anspricht）；他並說這是一切詮釋學的詮釋活動中最首要的條件。這讓我們想到宗教遇合的問題。這是現代思想界的重要話題與活動，是不同宗教背景的人的對話，目的是增進相互間的理解。對話的媒介，自然是語言。

理解的對象是文本，那是以語言文字構成的。這些語言文字所構成的文本有它的產生的特殊背景，那便是所謂歷史語境。我們理解文本，也應該盡量把它放在它的歷史語境之中，不應就自身的知識背景來作所謂客觀的理解。這在天台學來說，我們應該留意它的用語的習慣，例如「實相」是指終極真理，特別是不與萬法分離開來的終極真理。「不思議」指有背反、矛盾性格的東西的融合與同

一，如煩惱、菩提的同一，生死、涅槃的同一。「一心三觀」指一種超越一般的理智或知解的認識規律的對事物的觀法，特別是超越時、空的觀法。不然，三千對象放在不同的地方，如何能以一個主體的身分來同時觀取、認識呢？「中道佛性」指視中道與佛性為等同，中道（madhyamā pratipad）與佛性（buddhatā）等同，中道是客體的真理，佛性是主體的真心，這種等同有心即理或心、理為一的思想模式。「不斷斷」則指不需斷除煩惱或與佛以外的九界眾生斷絕連繫而能了斷生死輪迴的大問題。

　　這種對歷史語境的留意，也牽涉到宗教學上所謂的宗教的類似性（religiöse Homogenität, religious homology）的問題。這概念指不同的人或宗教在心靈、精神或人性方面有相類似的地方。例如佛教的「空」一概念的內涵，在某個意義上可以道家的「無」一概念來表示。儒家的「天道」一概念的內涵在某個意義上可以基督教的「上帝」一概念表示。在關連到詮釋學的歷史語境一問題上，讀者可以藉著這種類似性，把作者在撰寫文本時的心境嘗試再現出來，舒萊爾馬赫稱這種情況為「移情」（Empaphie, Einfühlung），這有點像藝術上或美學上的移情作用；狄爾泰則稱之為「體驗」（Erlebnis）。葛達瑪則進一步發展，認為體驗是對話雙方（在這裏是指文本作者與讀者）溝通的橋樑。在這點上，特別是在溝通或體驗上，我們又可以以天台學的例子來說。智顗大師說「煩惱即菩提」，是一種弔詭的說法，不易理解。我們或許可以就苦痛煩惱本身所可能對我們具有正面的意義或積極的影響來嘗試解讀。譬如說，對苦痛煩惱的經驗與承受，可以培養我們的耐性，也可以擴展我們的容受面：我們不單容受快樂，同時也能容受苦痛，這樣便能提升我們的精神境界，充實我們的心性涵養，以至增長我們的人生智慧。

現在讓我們回返到語言文字本身。葛達瑪非常重視語言在理解中的重要性，認為我們的一切理解都是在語言中發生的，讀者若要與文本建立某種關係，需要涉入語言的範域。一般來說，我們只能靠語言來理解存在，因此有人把葛氏的詮釋學稱為「語言詮釋學」。進一步說，我們通常是認為對文本的解釋與理解都是方法論意義的，葛達瑪對理解有較極端的看法，有視理解含具本體論意義的傾向。他稱自己的詮釋學為哲學詮釋學（philosophische Hermeneutik），在這種哲學詮釋學中，語言被本體化了，成了語言本體論，一切理論與解釋，都要在語言中發生。這讓我們想到一個問題：語言是不是那樣重要呢？語言有沒有限制呢？有沒有語言不能表達的超語言的東西，例如本體的世界呢？葛氏似乎認為語言可表達一切，儘管他認為真正的語言不是抽象的符號，不是僵化的、死硬的文字，而是具有生命的，它的主體在動詞（verbum）。他似乎未意識到語言之外的真實世界或語言所不能表達的絕對的事物；他只重視言說一面，未有重視超言說一面。這點若以東方哲學作參照，便很明顯了。《老子》書中說「道可道非常道」，禪宗所講的「忘言絕慮」，正表示有不能以語言表達的「道」，或絕對的、終極的東西。由此我們便明白維根斯坦（L. Wittgenstein）所說的「語言所不能到的地方，我們只能保持緘默」的智慧或洞識了。

再下來便是這樣一個問題：理解純然是一種對文本的客觀的解讀，抑有讀者的主觀（或主體）的創發性呢？葛達瑪首肯創發性一面，他先說舒萊爾馬赫，謂後者視理解為一種對作品的重新的構架（rekonstruktiven Vollzug einer Produktion），具有創造的意涵，而且這種重新構架可以突顯文本作者本來疏忽了的、未意識及的內涵。在這種重新構架的活動中，讀者自己的主體性，或個別的體會、

旨趣的滲入，是免不了的。這便可說創造義。在這種詮釋中所展示的新的內涵，是超越文本作者的意識空間的。葛達瑪自己也曾引述查勒頓尼烏斯（J. M. Chladenius）的說法，即是，我們理解文本作者的作品，有充分理據去想像文本作者自己未有想及的內容。

葛達瑪認為，理解（Verstehen，作抽象名詞用）活動對原來的文本來說，具有再產生的意涵，這可以說是對曾經了解過的事物的再了解，這是一種再創造的活動（Nachkonstruktion），這種再創構的成立，是以一種具有創建組織的原初決定（Keimentschluβ）為根基的。這個意思，就關連到天台學來說，對於智顗大師的「中道佛性」、「不空」、「佛性常住」等概念，也可這樣處理。而葛氏所謂的具有創建組織的原初決定，正是智顗哲學的出發點和根本精神，那便是他從《法華經》（Saddharmapuṇḍarīka-sūtra）中所體會到的開權顯實、發跡顯本所得的靈感。特別是他對釋迦的從本垂跡這一宗教的體會，即是，釋迦自久遠以來即已成佛，他是為了普渡眾生這一充滿悲願的宗教理想而從本體世界以色身之跡示現，便很有本源的（ursprünglich）意義、原初的意涵。

天台學上承《法華經》，受到中觀學的薰陶，吸收《涅槃經》的佛性思想。因此，要深入地了解它，便不得不照顧它的所承，從思想史的脈絡探討。我們也要在這裏做點工夫，看一下詮釋學。我們可以說，對於思想史的理解，就詮釋的角度而言，特別是參考利科的觀點來說，我們應基於一種「效應歷史的意識」（Wirkungsgeschichtliches Bewuβtsein）來理解。即是說，我們不視思想史為一種純粹是外在的、客觀的現象，或事件，而視為一種「效應歷史」（Wirkungsgeschichte）；它不是與現代環境割截開來，而是與後者連成一體。我們自身與思想史有一種互動的關聯：我們在

思想史中得到培育，而思想史的存在根源，也要在我們的生活環境中立定。基於這點，便有所謂「視域」（Horizont）與「體驗」（Erlebnis）問題。即是，我們要參涉我們的視域與體驗來處理思想史，我們要與思想史相融和，把它作為文本來理解，和它進行對話（Dialog）。視域與體驗便在這個意義下顯出它們的重要性：告訴我們思想史對時代的啟示，為我們與歷史的關係定位。說到這裏，我們想到智顗大師在其《法華玄義》中引《法華經》的「一切世間治生產業皆與實相不相違背」的話語，「一切世間治生產業」指具體的現實環境，這是我們的視域，為我們所接觸、所體驗的；「實相」則是傾向於抽象意義，是治生產業的背景、基礎，這相當於思想史。兩者不相違背，指我們的現實環境，是實相參涉的場地。離開現實環境，實相便失去作用、示現的平台了。兩者是相融和的，不相衝突的。同樣，我們的視域也與思想史溝通與融合，思想史是在當前的視域中發揮它的啟示作用。離開了當前的視域，思想史便成了古董，失去生命力、活力，對時代不能起指引的作用。

有一點要注意的是，我們自身的視域與體驗讓我們進入思想史之中，以主體的身分展示前此判斷（Vorurteil）作用，把原來背負著的既成的想法，散發出來，這有時會造成偏頗的、慣習不變的見解，因而形成效應歷史。這種做法的意義很明顯，它以一種實存的、主體性的態度理解思想史，後者對於當事者來說，自然不是與自己的處境完全無關的客觀現象。

在葛達瑪來說，詮釋學不能離開具體的、特殊的存在，不管是人也好，物也好。這裏有一種實踐的意味。葛氏也認為詮釋學應該是一種與現實有密切關連的實踐性的學問，因此他提出詮釋學的實用、應用（Applikation）的功能。在他看來，理解本身便是一種效

應、效能（Wirkung），是對存在世界的開顯。這對存在世界的開顯，可以在天台宗的「一念三千」的說法中看到。三千諸法象徵存在世界，它與我們的一念同起同寂：同時生起，同時沉降，三千諸法隨一念的狀態而浮動；一念是淨，則三千諸法是淨法，其中沒有執著；一念是妄，則三千諸法是染法，其中充滿迷執。不管是淨是染，三千諸法或存在世界都是受一心所開顯的。

　　順著詮釋學的應用的效能說下來，我們可以討論得深入一些。詮釋學講解釋、理解，應該是在與應用連在一起講的。即是說，被我們解釋、理解的東西，會對人產生感染的效應，而形成以至影響人的信念，構成人的世界觀、價值觀，這便是應用了。此中有教化的功能。關於世界觀，德哲史懷哲（A. Schweitzer）講得很多，他認為這應基於理性，特別是倫理的理性。就天台學來說，作為終極真理或實相的中道佛性，是具足功用的，能夠普渡眾生。功是以自身通過修行而累積下來的功德，用是利益他人，教化、轉化眾生。關於這轉化或教化，葛達瑪用的字眼是 Bildung，那是從詮釋學來說的。他用「深沉的精神上的轉變」（tiefgreifender geistiger Wandel）來說教化。他並把教化界定為「人展開自身的天資和力量的獨特方式」。這天資和力量或能力（natürlichen Anlagen und Vermögen）應該不是就生物學的生物本能說，而應有超越的意味，可視為相當於佛性，而其展開或表現方式，在佛教來說，便是般若智慧。他特別多次提到精神（Geist），認為精神科學是跟隨著教化而起的，精神的存在（Sein des Geistes）與教化理念（Idee der Bildung）有本質上的連繫。若對比著天台學來說，精神的存在相當於中道佛性，教化理念則與能普渡眾生的中道佛性的功用相通，後者依智顗的說法，便是以治眾生的病患為喻的知病、識藥、授藥的本領。

關連著教化的問題，葛達瑪又強調人的明顯特徵在能斷離直接的和自然的成素（Unmittelbaren und Natürlichen），在本質方面具有精神的、理性的面相（geistige, vernünftige Seite），但他常不守其本性，因此需要教化。這似有人性本善的意味，可惜人不能持守，因此需要教化來使他歸於正軌。這種說法顯然類似孟子。對比著天台學來說，直接的和自然的成素可比配智顗常說的無明、一念惑心和我見。而本質方面的精神的、理性的面相，則可比配法性（dharmatā）。依智顗，人常有一念惑心，生起我見，而表現壞的行為，因此需要修行，要有止、觀的工夫，以恢復原有的法性的光明。這些點都可以說宗教的類似性，很多宗教都這樣說。說到教化，葛達瑪認為它的一般性格是讓人自己成為一個普遍的精神本質或存在（allgemeinen geistigen Wesen）。陷溺於個別性（Partikularität）中的人，便是未接受過教化的人。這裏說的普遍的精神存在，在佛教特別是天台學來說，便是無生無死的法身（dharma-kāya）。葛氏有關教化的結論是，要尋求普遍性的提升（Erhebung zur Allgemeinheit），而棄去特殊性。這即是捨無明而復法性（法身）。說得弔詭一點，便是實現煩惱即菩提，生死即涅槃的宗教理想。這又可以說宗教的類似性了。

有一點要說明。天台宗與華嚴宗號稱為圓教，而在普渡眾生的實踐問題上，天台宗涵蓋性更廣，更為周延。既然是圓教，則在義理上、教法上便無可再進。要說前瞻，我只能就作為西方的顯學的哲學詮釋學來加以證成。這是一種比較的、對話的研究，有很廣的拓展空間。

以上我們曾就京都學派、現象學、精神分析和詮釋學作為當代的有代表性的思想，和佛教特別是禪、唯識學和天台學作過比較，

說明西方的哲學與心理學如何能在佛教的發展方面提供有用的參照，以輔佐佛教的前瞻性的發展。其實佛教在淨土教和佛性理論方面，還可以向西方思想取經，作進一步的發展、開拓。這裏限於篇幅，不能逐一作進一步的說明了。

第六章　唯識學與弗洛伊德的精神分析的比較研究： 以阿賴耶識與潛意識爲中心

一、關於精神分析

如所周知，精神分析（psycho-analysis）是治療神經症患者的方法，有一定程度的有效性。即是，這種精神病學（psychiatry）的目標，是要去除我們的心理障礙（mental disorder）。具體言之，精神分析是要在我們的心理生活中找尋在潛意識或下意識中被壓抑的東西，讓它們在意識中得到確認，以治療心理方面的種種問題或困擾。弗洛伊德（Sigmund Freud）自己便曾有如下看法：

> 精神分析……使我們認識到，這些疾病（癔症、強迫性神經症等）是心因性的（psychogenic），源於潛意識（壓抑了的）觀念化情結（ideational complexes）的活動。[1]

---

[1]　車文博主編：《弗洛伊德文集》第三冊（長春：長春出版社，2004），頁 85。這套書下面作《文集》。

這裏說得很清楚,精神分析是處理心理上的問題,與潛意識的活動分不開。

弗洛伊德認為人人都在身體中含藏著一些可以幫助自己找尋到出路或解決之道的心理上的能量。這便是他所提倡的癔症創傷理論（trauma theory of hysteria）。這些能量遇到矛盾、困難,便會生起病理症候,我們便可以以此為線索,找尋治療的方法。弗洛伊德也就從這種想法出發,而開拓他的精神分析理論。他特別指出,在這樣的矛盾中,總是有兩種力量在相互對抗。即是,精神病患者一方面要盡力把在潛意識中的種種想法、觀念帶入意識之中,展示它們的力量。另方面,又有一種抵抗的力量會盡力阻止那些被壓抑的想法、觀念進入意識中。這種力量有大有小；力量越大,對想法、觀念有較大程度的歪曲。力量小時,這些想法、觀念便不易受到歪曲。

這樣,弗洛伊德便可以談精神分析的治療的目的了。他指出,精神分析可以增強人的自我、自信心,使它更為獨立於超我,開拓出更寬廣的知覺領域,與本我競爭（《文集》五,頁 50）。這種治療可以帶來良性的影響,具有現象學的意義。至於有關超我、本我的詳細說明,參看下文。

弗洛伊德進一步指出,上面提及的精神病患者身體中所涵的相互矛盾、相互對抗的力量,從動力學的角度來說,亦即是依據對立的心理力量的衝突來解決,這兩個相互對抗的心理力量進行的鬥爭便出現了。但這並不必然地導致精神分裂的結果。他認可心理衝突的情況是很普遍的,但那種以自我努力來迴避痛苦的回憶而沒有造成精神分裂的事情也是常見的。他認為,倘若這種衝突最後真正帶來精神的分裂狀態,則其中必定存在著更深層性格的決定因素（《文集》五,頁 132）。這種決定因素可以關連到心理學家厄爾布（W.

Erb）的一段有意義的說法來看。厄爾布提出，現代生活使神經病患
（nervous illness）不斷增長。現代生活的出色的成就、科學上的發
現與發明、為了求取進步而日趨增加的競爭，需要以極大的心理上
的努力，才能保持各方的平衡，而避免災難性的結果的產生。但社
會、社群總是漠視那些普泛價值，如宗教之屬，讓不安與貪婪充斥
於社會的每一角落。

　　這種不尋常的狀態、病態，我想可以用「狂躁混亂」的字眼來
形容。也正是為了對治這種狂躁混亂的社會，弗洛伊德才提出他的
精神分析的治療法。這當然是從症狀出發的，而症狀又在一切的心
理內容中，最為自我所不知，對我們最為陌生。弗氏指出，這症狀
起源於我們的被壓抑的欲望；我們可以說，這症狀是被壓抑的欲望
在自我面前的代表。但壓抑是與自我完全不同的領域，是我們內部
的異質領域。我們可以從這樣的背景通到潛意識、本能生活以及於
性行為（《文集》五，頁36）。以下我們便可以概括地說明精神分
析的輪廓了。

　　大體而言，弗洛伊德的精神分析有兩個焦點：潛意識和性欲望。
他的精神分析思想可分為前期與後期。在前期，他把人的心識分為
三個層級，這即是外面的意識（consciousness）、中間的前意識
（preconsciousness）和內面的潛意識（subconsciousness）。意識比
較容易理解，它是我們在清醒時對內、外界直接接觸的心識；包抄
和抑制要進入自身中的種種印象、概念；發出我們內心的種種欲求，
這些欲求也可包含本能衝動在內。前意識顧名思義，是介於意識和
潛意識之間的一種心識媒介，是過度性的。它的主要工作是抑制、
阻止潛意識的觀念和想法進入意識之中，因此有所謂「稽查」、「檢
查」的作用。潛意識是三種心識中最重要的，這是就其內容與功能

的深度與廣度而言。它包含人的本能衝動，和後者的替代形式，如夢、歇斯底里；也概括被監視、被壓抑的種種欲念。它是一種心理機制（psychological mechanism），在能量、效率方面都非常突出。它是原始的衝動，超越群體關係、道德、言說，也沒有時間性與空間性，自身是很難理解的。

到了後期，弗洛伊德把焦點集中在自我方面，對人格提出三面構造（tripartite personality structure）的思想，強調人格的三面相狀或作用，這即是自我（ego）、本我（Id）和超我（super-ego）。自我是指人的意識；本我經由外部世界的影響可構成一知覺系統，有智慧與常識的意味，與我們也有較密切的關係。如同前意識的位置或角色，自我是本我與超我之間的媒介，溝通兩者。本我時常發出非理性的衝動，自我有一個任務，去守護、制止這些衝動的氾濫。下來是本我，這是最原始的、最缺乏理性的、自然生物性格的一個大我，也可以說是相應於潛意識。追求滿足是它的活動目標。至於超我，則指人格或生命存在中最開明的、開放的而又帶有道德取向的成分。在某種程度，它有道德良知的性格，又能提出理想，因而在估值層次上高於自我與本我。若與三層意識比較，我們可以說自我相當於意識，本我相當於潛意識，而超我則與前意識相應。在弗洛伊德看來，這三個我若能有平衡的發展，而不趨向極端，人的心靈便會走正常的途徑；倘若三者失調、失衡地發展，神經症狀便會來了。

二、阿賴耶識與潛意識、本我的初步印象

以下，我要從精神分析轉到唯識學方面去。我們不妨先這樣說：

對於廣義的意識，唯識學予以三分：第六意識、第七末那識
（mano-vijñāna）和第八阿賴耶識（ālaya-vijñāna）。其他的識即是
前五感識。感識相當於弗洛伊德所說的知覺，第六意識相當於弗氏
的意識或自我，第七末那識較難在弗氏的精神分析中找到對應物，
它與前意識或超我很有一段距離，只是有中介、媒介作用，亦即是
介於意識與第八阿賴耶識之間，與弗氏的前意識介於意識或自我和
潛意識或本我之間，有點相似而已。第八阿賴耶識相當於弗氏的本
我，是潛意識。

　　在文獻方面，我們選取無著（Asaṅga）的《瑜珈師地論》
（Yogācārabhūmi）、《攝大乘論》（Mahāyānasaṃgraha）、世親
（Vasubandhu）的《唯識三十頌》（Triṃśikāvijñaptimātratā-kārikā）
和護法（Dharmapāla）的《成唯識論》（Vijñaptimātratā-siddhi）來
處理。這些文獻的重要性與對於唯識學的代表性，應該是沒有疑義
的。

　　在這裏，我要把焦點集中在這幾部論典所說的有關阿賴耶識的
性格與作用上，看它在哪些方面與弗洛伊德的精神分析所說的潛意
識有義理上的連繫，其異同分際如何，並旁及其他相關連的問題。
我們先從《攝大乘論》的〈所知依〉章說起，這章是討論阿賴耶識
的。「所知依」即是所知的法或存在的根據，亦即是阿賴耶識，這
個心識內藏一切存在的種子（bīja），是作為一切存在的所依的依據。
這一章或品提到《阿毗達磨大乘經》（Abhidharma-mahāyāna-sūtra）
的一首偈頌「無始時來界，一切法等依，由此有諸趣，及涅槃證
得」，[2]便表示了上面說的意思，並含有阿賴耶識是流轉與還滅的旨

趣。一切事物，不管是善是惡，都以這心識為依歸。這依歸有存有論義，因為阿賴耶識攝藏一切存在或事物的種子，這些種子遇到足夠的緣或條件，便會現實地展現，成為在時間與空間之中的物體、現象。弗洛伊德所說的潛意識或本能，並沒有這種意涵，潛意識中的一切事物、觀念，只是以抽象的、形式的狀態匿藏在該心識中，沒有現起而在現實世界中存在的問題。本我更只是生物的本能和欲望而已，這些本能和欲望要得到滿足，人才生活得快樂（在自己的感受方面感到痛快）。不過，有一點我們倒要注意：在倫理學上，阿賴耶識、潛意識或本我含有很多惡的要素，這是有礙於眾生或人要過理想生活的，我們要做的，是把它們克服、滅除；特別是在精神分析來說，我們要高度警覺這些惡的因素，不讓它們進入意識中而在我們的現實生活中肆虐。在這裏，我們必須強調，唯識學是宗教的義理，強調覺悟、解脫而成佛，因此有轉識成智的說法，轉捨阿賴耶識中的染污性的種子，而轉得清淨的種子，變成佛了。弗洛伊德的情況則不同。他雖然是醫生，但其精神分析在這方面沒有相應的境地，它只治療人的種種精神症候，即使治療好了，人仍然會有執著的行為，會有污垢，心識不能達致清淨無染，不能成覺悟、得解脫。精神分析只是一種科學的、心理學的治療法，不是一種宗教。

　　有一點我們不應忽視：弗洛伊德所說的潛意識或本我，是一種非常負面性格的東西，它的內容無一不是本能衝動，特別是性欲的渴求滿足，全無價值可言。阿賴耶識在很多方面來說都是染污性的、惡性的，甚至以極端愚痴的一闡提（icchantika）為載體，是無可救藥的。這是精神分析與阿賴耶識思想的最大交集處。

三、精神分析中的自我與本我

在我們的日常生活中，總離不開自我的問題。我們有時以自己的軀體為自我，有時以自己的想法、意識為自我。在精神分析中，自我也是人格中一個重要的原素。弗洛伊德以心理過程的連貫組織為自我。這自我與意識相連繫，是心理上的調節機能，讓生命存在於一種和諧的氛圍中。到了晚上，這個自我似乎是睡覺了，但對我們的夢仍然有一種稽查、守查、檢察的作用（censorship）。[3]另外，自我也擔當海關員的角式，把一些心理傾向加以壓抑，讓它們不能進入意識之中。

在人格分析方面，弗洛伊德提出自我、本我和超我，但三者的界線並不明顯，時常是交集、交疊在一起。自我是軟弱的，特別是與本我相比的時候。它對本我來說，像是一個僕役，要執行後者所提的命令，也要滿足它的要求。不過，並不是有很多人自覺到他們的自我，因為自我與超我很多時處於潛意識的狀態，這是由於這兩個我與相應於潛意識的本我並未有清晰的界線的緣故。

康德（I. Kant）在他的《純粹理性批判》（*Kritik der reinen Vernunft*）之中，把自我分為三個面相：感性直覺的自我、智思的自我和睿智的自我。弗洛伊德傾向於把自我視為現象性格的，這即是感性的自我。他強調自我是一個主體，也能夠成為客體，並觀察以至批評這客體。自我又可被分離為不同的部分，這些不同的部分又

---

[3]　這種作用不能在意識中進行，只能在潛意識中進行。但意識與潛意識有相對反的傾向。弗洛伊德大抵上是把自我看成是與潛意識相應的本我的一部分。

可重新整合，成為原來的自我。這種分離和整合是有紋路，有次序的。弗洛伊德提出一個例子：假如我們把水晶物體投擲到地板上，水晶物體就碎了，但並不是碎成雜亂無章的碎片。它總是沿著一定的紋路裂成碎片的。這些紋路雖然是看不見的，但卻已是由水晶的構造預先決定了的（《文集》五，頁 37）。他最後指出心理病人（mental patients）就是這樣一類的分裂體和破碎體。弗氏在這裏所展示的自我，好像是介於感性與知性之間，感性相應於破碎體，知性則相應於破碎的水晶體有倫有序地被整合起來，以所謂「紋路」回復原來的狀態，這紋路顯然與知性所提供的範疇（Kategorie）有關連或交集。不過，在感性與知性之間，他還是傾向把自我歸到感性方面去，而且要在形軀的次元（dimension）來說自我（《文集》六，頁 127）。不管怎樣，在弗洛伊德看來，這自我離不開生理、心理的本質而為經驗性格。在這裏，他多次提到自我投射的問題，其中更把自我視為是身體表面的一種心理投射，這讓人想到唯識學中的種子概念。據後者，每一個眾生都有其獨具的阿賴耶識，內中儲藏著無量數的種子（bīja），這些種子遇到足夠的條件，便會向外投射，而成外在世界的種種存在物。在唯識學來說，這種投射正表示識體的轉變（vijñāna-pariṇāma），讓其中的種子現成。這識體自然是阿賴耶識，它是經驗性格的。

　　以下我們要聚焦於自我的作用或功能來看自我與本我的關係。自我對於本我來說，有護衛的作用，它介於外部世界與本我之間，一方面，它把外層世界的訊息傳達、呈現給本我，讓後者對外在世界有所警覺，而不致受外在世界的東西所傷害，因而可以安心地追尋原始的欲望、本能的滿足。同時，自我可以以本我的名義控制種種聯繫活動的途徑，使本我得以放心地、輕鬆地敞開它的情欲世界，

向各方招手（《文集》五，頁 47-48）。

在弗洛伊德看來，自我是本我的一部分，它的屬性是由本我開拓出來的。它與本我若即若離，雙方有相互限制而又相互支持的關係。依於此，自我得想出一些途徑以與本我周旋，以得到本我的信任與支持。關於這點，我得從雙方的區別說起。弗洛伊德以為，自我與本我的區別主要在於：自我有一種綜合本我的心理過程的能力，這是本我所欠缺的。[4]它可以藉著這綜合與組織能力，從知覺出發，培育出能夠控制本我的本能。它可以作為本能的代表的身分，在一個相當大的集合機構中，為本我安排一個恰當的位置，把它放在一個有條理的聯繫中，與它周旋，建立一種能夠自我防衛的機制（mechanism），而不會受到本我的壓制。畢竟自我是微小的、弱勢的；從動力方面看，它的能量、能力是從本我中散發出來的。在與外在世界的接觸中，它要善巧地認同一些對象，甚至取代這些對象，以迎合本我的興緻，得到本我的加持、支持。而在與本我的內在聯繫中，自我要盡量吸收本我的性本能力比多（libido, Libido），[5]以強化自己。這些都是需要執行本我的意圖，找到能讓這些意圖圓滿實現的環境，才能完成任務的。

說到底，自我雖然比本我較有理路，不如後者橫蠻，但它畢竟是微小的、弱勢的。它的確是被置定於一種相當困擾、迷惑的境況中，而且最後可能在來自外部世界、本我和超我三方面的壓力這樣的張力、逼迫中，讓人們感到焦慮以至其他精神症所帶來的問題，

4　倘若以自我關連於意識或知性來說，的確是如此。

5　關於力比多（Libido）一概念，有點複雜。我在這裏姑只說它是求取性欲的滿足的性方面的能量（sexual energy）。

這可以說是三面受敵。在這種情況，我試參考一下弗洛伊德自己的說法來作一些反思，看我們可以有哪些做法能解決自我的這個問題，起碼減低一下自我所背負的壓力與張力。

我們可以先注意自我和所謂「知覺意識」之間的關係，這知覺意識（perceptual consciousness）是心理結構的最表層的部分。在這種關係中，自我可以說意識，而本我則不能，超我則涉及良心的運作，後者依其道德的反省而與意識有間接的交集，但還是以直覺、知覺為主。自我可以說是與意識有直接關連的機制，就與本我、超我與意識因疏離關係而分隔開來，而展示其實際的特徵。此中最明顯的特徵是與外部世界的直接連繫。自我與外部世界連繫的結果，便成就所謂「意識現象」：意識活動的這樣的現象。在這種現象中，自我最受注意的，是它的刺激的生起。它不單感受到外界的刺激，同時也感受到來自心理內部的刺激。自我是本我中由於接近外部世界而為它所影響及改變的。便是因為這樣，自我作為外在世界與本我的媒介，將外部世界呈顯予本我。弗洛伊德特別指出，這種呈顯作用對本我非常重要，因為本我總是盲目地追求本能的滿足，時常會忽略了最強大的外部力量，因而讓自己受到嚴重的傷害，以至毀滅。為了完成這個任務，自我必須審視外部世界，把後者的精確圖景儲存著，並透過「現實檢驗」（reality-testing），去掉所有附加到外界圖景中的、來自內部的興奮的要素。它同時揚棄那些無限制地支配本我的快樂原則，而以現實原則來取代它（《文集》五，頁47-48）。

有一點頗為有趣，那即是自我的遺傳問題，這與唯識學也頗有關連，特別在阿賴耶識與種子方面，這涉及輪迴與遺傳問題。弗氏基本上並不倡導自我的經驗的遺傳性，但有一點我們需要注意。即

這些經驗倘若經常地重複出現，以至於代代相傳，而轉到本我之中，便可說有遺傳的痕跡了。這「代代相傳」便有阿賴耶識的個別承傳的意味，而說轉移到本我的經驗中，這本我的經驗，讓人聯想到《瑜珈師地論》所說的中有，代代相傳必須要預認中有，或阿賴耶識，就現代的觀點與語詞來說，即構成靈魂的輪迴。即是，自我經驗通過中有形式不斷向下推延、承傳，這不正是遺傳的意涵麼？至於弗氏說到「印跡」，正相應於阿賴耶識中的種子；種子現行，由潛存狀態變為現實、實現狀態，在現象世界中便成為印跡，或有跡可尋了。那個能被遺傳的「本我」，恰巧便相應於阿賴耶識，本我中的存在遺跡，也正相應於內藏於阿賴耶識中的種子。

最後弗洛伊德在其《文集》第六冊中的《自我與本我》中的幾句文字最堪注意：「在超我的幫助下，是以我們還不清楚的方式，它（自我）利用了儲藏在本我中的過去時代的經驗」（《文集》六，頁 148）。這裏提到超我的幫助，但沒有說明如何幫助。不過弗氏提到自我用儲藏在本我中的過去的經驗，這過去的經驗之相當於種子，真是呼之欲出；而儲藏這些種子的，自然是阿賴耶識了，弗氏在這裏特提本我，則以阿賴耶識來與本我對配，不用多辨便洞然明白。

四、末那識與心所

以上闡述了精神分析思想中的自我觀點。現在我們轉到唯識學方面去。嚴格來說，在唯識學中，我們很難找到與精神分析的自我概念相應的東西，倘若一定要找，要比較，則只能提第七識，亦即是末那識。

世親的《唯識三十頌》對末那識有如下的描述：

tasya vyāvṛtir arhatve tadāśritya pravartate /
tadālambaṃ manonāma vijñānaṃ mananātmakam //
kleśaiś caturbhiḥ sahītaṃ nivṛtāvyākṛtaiḥ sadā /
ātmadṛṣṭyātmamohātmamānātmasnehasaṃjñitaiḥ //
yatrajas tanmayair anyaiḥ sparśādyaiś cārhato na tat /
na nirodhasamāpattau mārge lokottare na ca //[6]

我的翻譯如下：

> 這識的轉捨在阿羅漢位中（按這是闡述阿賴耶識的）。至於
> 名為意的識，則依止這識，以它為所緣而生起。這是以末那
> 作為其性格的東西。常與四種煩惱的有覆無記一齊，即是稱
> 為「我見」、「我癡」、「我慢」、「我愛」的那些東西。又隨
> 著所生處而存在，及伴隨其他的觸等。這意在阿羅漢中會變
> 成無有。在滅盡定中亦無有。又，在出世間的道路中亦無有。

世親在他的《唯識三十頌》中，以前面四首偈頌來說阿賴耶識，以
第五、六、七三首偈頌來說末那識（mano-vijñāna）。這心識不純是

6　S. Lévi, *Vijñāptimātratāsiddhi,* deux traités de Vasubandhu, *Viṃśatikā*
　accompagneé d'une explication en prose et *Triṃśikā* avec le commentaire
　de Sthiramati, Paris, 1925, p. 13. 案此書收入世親《唯識三十頌》的梵
　文本 *Triṃśikā*, pp. 13-14。

潛意識，也不純是意識，而是這兩者的中介，即介乎意識與潛意識之間。它執取阿賴耶識為自我（一說是執著阿賴耶識的見分 dṛṣṭi 為自我），從而導致我癡、我見、我慢、我愛四種大煩惱。最嚴重的，是他恆審思量，恆時在周遍計度之中，以阿賴耶識為自我實體，視之為恆常不變的個體生命、靈魂主體，讓它在無了期的生死苦海中流轉，輪迴、沉淪不已。

我們可以說末那識勉強與自我相對應。以下我要分若干點，包含本我在這方面作些簡單的說明。

1. 自我與意識相連繫，末那識則與阿賴耶識相連繫。但是意識所依據的自我是軟弱的，特別是在與本我比較來看，更是如此。因此自我對我們的日常的影響，遠不如末那識，後者是形成我執的基礎。人的活動倘若都隨著我執起舞，則他的生活是虛幻的，不是真實的，他也不會得到他人的尊重，反而會讓人看不起、不齒。

2. 自我有紋路，它的思想與行為都有一定的軌跡可循。末那識則只是盲目的執著，從自我出發，廢公而從私。

3. 自我有某種程度的理性，也能作綜合性的工作。末那識則只知執取阿賴耶識或它內藏的種子為自我。但這自我是緣起的，沒有實體的，因而是虛假的，末那識卻視為實在。

4. 自我在某一程度可說與外部世界有接觸，通過它，本我可有限地接受外在世界的影響。自我可接受外界的刺激，因而可阻截這些刺激，不讓它們傷害本我，因此它有保護本我的作用。末那識則很難說，它的意識的程度雖然高於作為潛意識的阿賴耶識，但還是要借助於意識而與外界溝通、接觸。它不具有保護阿賴耶識的作用。

5. 自我受到外部世界、本我和超我三方面的壓力，因而產生內部的張力，而引來焦慮。末那識則是半潛意識的東西，高傲自大，倨傲還覺不足，怎麼會有壓力呢？它因此也沒有焦慮。
6. 自我可說自我理想，雖然只是心理學的理想，仍不脫於經驗義。但既是理想，便有追尋、建立的價值。末那識則是為四大煩惱所包圍、操控的心識，是染污性格，沒有理想可言。因此它最後要在轉識成智中被轉為平等性智（samatā-jñāna）。

五、本我問題與唯識學的相應描述

以上說過自我，也略提及本我，那是相應於自我而提起的。在這裏，我們要對本我問題作進一步的處理。就弗洛伊德而言，本我是我們的生命存在中挺隱晦因而也不易清晰地覺知的成分。我們只能透過對夢的分析研究和對神經症狀的多元研究而碰到它的，因此，我們對它所知不多。我們只能概略地說，本我基本上是否定性格的，是自我的對立面。進一步，我們可視本我為一種本能的欲望、力量，但不具有組織，更無共同而一致的意志，只依於快樂原則（pleasure principle），以滿足本能的欲念為務。這裏無所謂思維，更無所謂思想法則，因而無所謂不矛盾律，一切都是非理性的。我們甚至可以說，本我即是生物本能，種種生理、心理上的欲求、欲望，它一方面要發洩，一方面要滿足，即使與我們的思想、觀念相違逆，也不會退縮。在哲學理論上，它純然是唯物、唯欲（望）的立場，這欲望可以伸延到性欲方面去。它的欲求、欲望的依據，是快樂原則，這快樂純然是生理、心理上的，與精神上的快樂無緣。我們甚至可以說，它連外在意識的工具主義（instrumentalism）與實

用主義（pragmatism）都掛不上鈎，而純是與欲望的步伐起舞。

　　本我是埋藏於內心的，與潛意識是在同一層次中存在。弗洛伊德說：

> 本我獨有的主要品質是潛意識性。……最初，當然一切皆屬本我，由於外部世界的不斷影響，自我從本我中分化出來。在這個緩慢的發展過程中，本我的某些內容轉化為前意識狀態，因而被帶到了自我當中。本我的其他內容則原封不動地保留在本我中，成了本我的幾乎無法接近的核心。（《文集》五，頁 216）

在這裏，我們看到本我分幾個部分。它原本是在潛意識狀態，然後分化出自我，這自我自然是在意識狀態。繼續下來，本我中的又一些內容由前意識狀態轉而為意識狀態，而混入自我之中。當然本我仍得保留其自我認同的部分，那是它的存在的基礎，不會外現，常在隱蔽狀態中。

　　大體來說，自我是意識性的，但也不能完全與潛意識分割開來，更不能與本我完全分開，它的較低部分合併到本我中去。比較地說，本我與自我有重疊之處，本我包括整個潛意識，而自我則只包括潛意識中的一部分，並不包括潛意識中被壓抑的部分。在弗洛伊德來說，本我是我們的生命存在或人格中的模糊不清的部分，不容易把捉，時常表現於強烈的興奮與激情之中。它也不是純經驗性格的，這由它超越時間與空間可見。

　　就上面所述的本我來看，它無疑是非常複雜的。要在唯識學中找尋相應東西，而進行對話，相當困難。有一點可以確定的是，在

唯識學，與本我最具有比較意涵的，是阿賴耶識。這心識內藏染法與淨法的種子，因此它的（表面上的）種子中有染有淨，有惡有善。佛教所強調的所謂無始無明，應該可以直接指涉阿賴耶識中的染法、惡法種子，或乾脆說染惡種子。這種子談不上理性，而全是由過往的宿業承傳下來的無明火焰，這與本我中的原始的本能和欲望的衝動相應。但有一點不同：阿賴耶識的染惡種子是價值或更恰當地說是估值意味，有善惡一類道德性格可言。本我則純然是一種原始的盲目衝動，一種在本能和欲望上需要盡快得到滿足的衝動。如弗洛伊德在上面所說，本我是無所謂價值判斷的，是無所謂道德的。道德是在超我（Über-Ich）方面說的。

另外，如上面所說，本我是極其隱蔽的，埋藏於心靈深處。阿賴耶識也是如此，它內裏的種子都是現實事物的潛存狀態，我們在外面完全看不到，感受不到。它必須借助外邊的條件而現行，才會展示為具體的事物。

在自我的問題上，弗洛伊德的自我來自本我，這自我是經過裝飾的、整備的，在這裏可以說知覺、理性和常識。在唯識學，本來無所謂自我，只有在介於意識與潛意識之間的末那識執取阿賴耶識整體或它的見分時，才能有自我意識，才能說自我。更具體言之，當在意識方面出現自我這一概念之先，末那識已在潛意識的層面執取阿賴耶識或它的見分為自我了。沒有末那識的這種基礎作用，自我意識還是出不來。

六、超我、良心與正聞熏習

在「我」的問題上，上面已探討過自我與本我，並與唯識學的

相應概念、問題作過對比。這裏要處理精神分析中的第三個我，亦即是超我。弗洛伊德認為除了自我與本我外，還有一個超我，它是存在於我們的內心中的一種頗為特殊的我。這是一個具有批判和禁誡作用的心理機制，它與我們的作夢活動的形成有密切的關連。它監視著我們的行為，以進行對它的評判與懲罰；此中也涉及良心行為。在弗洛伊德看來，超我直接聯結著本我，並在某種程度下擔任本我與自我相互溝通的媒介角式，它存在於本我的深層中。

關於良心，弗洛伊德說：

> 在我們身上，幾乎沒有任何別的東西能像我們的良心那樣，如此頻繁地讓我們與自我分離，如此容易地與後者相對立。我傾向於作那些我認為會給我帶來快樂的事情，但考慮到我的良心不允許，我放棄了。……這個我開始從自我中分出的特殊機能便是良心（conscience）。但保持該機構的獨立，並假設良心是其功能之一，而作為良心判斷活動的基本準備的自我監視是另一個功能。（《文集》五，頁38）

有一點我們必須注意，良心雖然存在於我們心中，但它並不是在人生之初就已具備的。在這裏，弗洛伊德特別就性本能的存在理性作一對比。他說我們的性生活與良心不同，前者實際上是產生於生命之初，而不是後天才形成。這良心或超我其實是取代了父母的職能，並採取一種同於父母對兒童的管教的方式來監視、指導和威脅自我。弗氏顯然是採取良心是後天才成立的觀點，反對有所謂「天賦良心」。這種良心的天賦性與後天習得性的差異的確很類似儒學中孟子的性善說與荀子的性惡說的不同。孟子以為，人本來便有超

越性格的善性或良知、良能，他應該做的不是要把良知、良能或良心培養出來，卻是要把這本來便具足的良心充量地展現出來，以成就聖人的人格。荀子則認為人一生出來是無所謂善惡的，只是由於人的本能需求太多，社會的資源有限，人為了滿足自己的需求，不惜霸佔別人所擁有的，雙方因此起爭端，讓社會趨於混亂，到處發生爭奪的事情，這樣便成就了性惡。[7]

對於精神分析的這種超我思想，我們一時間難以在唯識學中找到恰當的對應物。我想來想去，終於覺得唯識學所說的熏習（vāsanā）概念與弗洛伊德的超我、良心思想有些對話空間。熏習是在轉依（āśrayaparāvṛtti）的脈絡中說的；指轉捨染污、歸依清淨。熏習有很多種，其中最重要亦即是最有效的，是正聞熏習（samyak-śrutavāsanā）。這種熏習是直接聽到已經得道的，或已得覺悟、成解脫的佛在現前說法，聽者可以受到熏陶、影響而生清淨念頭，在言說上與心念上捨惡歸善、捨妄歸真，讓存藏在阿賴耶識中的染法種子變成淨法種子，讓未有現行的淨法種子作動起來，實現起來，而表現在一切生活行為之中。一旦一切染法種子都轉成淨法種子，一切淨法種子都現行，便能夠遠離、克服虛妄的心識，轉出清淨的正智，這便是所謂「轉識成智」；能轉識成智，便能成覺悟、得解脫而成佛了。

染法種子即是有漏種子，淨法種子即是無漏種子，轉識成智即是轉依。一切重要的唯識典籍，都談及這轉依的實踐，特別是《成唯識論》與《攝大乘論》。上面的所述，是《成唯識論》的具體說

7　關於孟子與荀子在人性論方面的差異的說法，參看拙著《儒家哲學》（臺北：臺灣商務印書館，1996），頁 25-63。

法。《攝大乘論》則提出，種子的受熏，特別是進行正聞熏習，是依著漸進的方式進行的：先由下品熏習（mṛduvāsanā）進於中品熏習（madhyavāsanā），再由中品熏習進於上品熏習（adhimātravāsanā）。修行者可借助勤修聞、思和修（śrutacintābhāvanā），三種智慧，由下品熏習成中品，由中品熏習成上品。聞即是聞慧，是由聽聞聖教後產生的智慧；思即是思慧，是由思維一切佛法真理而得的智慧；修即是修慧，是由修習禪定而得的智慧。[8]

就唯識學與精神分析的有關的對話言，正聞熏習可以說相應於超我特別是其中的良心；不過，正聞熏習是宗教導向的，良心則是道德導向的。唯識的修行者則相應於精神分析的自我。至於阿賴耶識特別是它內中所藏的一切染淨法的種子，則相應於本我；雙方的性格都是本能性格的、經驗性格的。這種比較只能在表層方面進行，不宜作深層次的連繫，致淪於無據的附會。實際上，雙方各有自身一套說法，交集之點還是有限。例如阿賴耶識中的種子有有漏的，亦有無漏的，後者在轉依中有其貢獻；而本我中的內容，則基本上是負面的，只依生物本能的腳跟轉，沒有在教化上、轉化上的道德的、宗教的意義可言。

七、意識

在精神分析中，佔據最特顯地位和最受注意的，便是潛意識與意識。關於潛意識，我們在後面會有周詳的探討與說明，在這裏要集中講意識。在弗洛伊德的精神分析中，意識並不是一個意義很明

---

[8]　《大正藏》31・136c。

確的概念，它是精神分析開始的階段。它對我們來說可算是不陌生的，但我們似乎對它了解得不足夠。

弗洛伊德首先強調，對於心理過程，我們觀察、感受到的不夠細密；但可以確定的是，在我們所能直接地觀察到的心理過程的唯一特徵，是所謂「意識性」，意識正是在這個抽象的概念中說的，它是一種認知能力，相當於我們一般所說的理解（Verstehen）、知性（Verstand）。它的來源或成立的基礎，是潛意識。即是說，意識中的好些內容，都是由潛意識中涉入的。弗洛伊德嚴格地以心理活動來說潛意識。

在這裏，我們要闡明一點：心理活動或心理過程是潛意識性格的，而在這整個活動或過程中，只有某些個別的環節是意識性格的。我們平常總是把精神性格的東西視為意識，總是只視意識為在心理上的確定的特徵，把心理學看作是研究意識的內容的學問。實際上，意識並不包含有這麼多的內容，心理活動的焦點並不全在於意識，意識的覺知的範圍很有限，它的覺知不能達於潛意識的內裏。只有那些能夠進入意識中的潛意識的東西，才能成為意識的內容。

現在的問題是，甚麼東西才能進入意識而成為其中一部分呢？在弗洛伊德看來，我們要憑知覺收取外界的東西，這些東西可成為記憶痕跡（residues of memories），它們可以依記憶而重現於意識，成為其中的內容。即是，只有曾作為意識知覺的東西才能成為有意識的，或為意識所包攝。弗洛伊德在知識與意識之間，顯然偏重後者，表示我們的一切知識都總是和意識密切相連的，即使是潛意識的知識也只有使它成為意識的，才能得到。而成為意識的東西一般來說只是具體的思維主題（《文集》六，頁 122-123）。

到了這裏，我們可以較有規劃地透過潛意識來說意識了。在弗

洛伊德看來，精神分析所依據的信念，是意識和潛意識的心理生活，而潛意識是指潛伏的但能成為有意識的機能。我們可以把心識作如下的剖示：

$$心識\begin{cases} 意識 \\ 潛意識 \end{cases}\begin{cases} 前意識 \\ 潛意識 \end{cases}$$

心理學中有所謂「壓抑」（repression）現象。弗氏指出，我們是從這壓抑中獲得潛意識這個概念的。壓抑正是潛意識的原型。進一步，他提到潛意識有兩種，一是潛伏但終究能成為有意識的，另一則是被壓抑而不能成為有意識的。他表示，對於那種潛伏的，只在描述意義上說的潛意識，可成為前意識（preconsciousness），而那種被壓抑的潛意識，則是真正的潛意識。這樣便有關連到意識問題的三個述語：意識（Cs）、前意識（Pcs）和潛意識（Ucs）。前意識可能較潛意識更為接近意識（《文集》六，頁 118）。即是說，前意識是可轉成有意識的，潛意識則無此可能性。

　　以上是有關精神分析對於意識問題的闡釋、處理。有一點很明顯的是，我們一般都視意識是一種認知機能，通於理解、知性（understanding, Verstand），能提供範疇概念，對感性所吸收到的外界與料加以範疇，使它們成為對象，而成就知識。精神分析看意識，則不是這種旨趣。在這種學問中，意識的認知意義很弱，卻具有濃厚的心理感受與心理回應的意味。轉到唯識學方面，意識的認知意義更為淡薄。它作為自我中的一個部分（其他一個部分為潛意識），其作用幾乎完全偏向心理意義的情執，不大具有客觀認知的能力。在《瑜伽師地論》中，它的認識或個別作用，更被規限於現

前活動之中。佛教本來是認為意識有很廣遠的了別作用，不只能了
別現在的東西，更能回憶過去的東西，和推斷以後的東西。唯識學
卻強調這種限制，此中的原因是，意識的了別事物，是常與前五感
識一齊作用的，前五感識與事物有直接的接觸，意識的最大作用，
是在前五識的接觸事物之中，即時以概念對後者加以概括，以回憶
過往發生的事物的概念為基礎，對後者作出概念性的認識。在這種
情況，《攝大乘論》的說法比較好些，它強調我們對於感官對象的
認知，需要意識來配合。因為意識的本分是運用名言分別，以分別
一切言說、名相，加以比較，產生認識作用。這便有所謂「意言」
（manojalpa）：心中的言說，以這言說來作認知。但在這樣的活動
的認知中，有很濃厚的宗教救贖的實踐意味，不是純然的認知意味。
在泛說的包含阿賴耶識、末那識和意識的整個意識的串聯中，前二
者都只是虛妄情執的機能，只有意識能具體地對被認知的東西起心
動念，與前五識同時生起，或單獨生起（這種情況很少），對有關
的對象、所緣加以分析、了別。在唯識學，很難說獨立的知識論。

八、潛意識的含義

　　上面探討的是意識，以下要周詳地探索、探討潛意識的問題。
從字眼上看，意識（Bewuβtsein, consciousness）是自我在覺醒的狀
態，潛意識（Unbewuβtsein, unconsciousness）則是自我不在覺醒的
狀態，它有時也被稱為無意識或下意識。這種意識或潛意識學說可
以說是精神分析的基礎，我們可以說精神分析學是一種有關潛意識
的心理歷程的科學。就弗洛伊德自己來說，他表示潛意識可分成兩
種：一種是在發生頻繁的狀態中比較容易轉為意識的潛意識，另一

種則是很難轉變成意識的潛意識。對於前者，弗洛伊德以前意識（preconsciousness）名之，對於後者，則仍稱之為潛意識（《文集》五，頁45）。

進一步看，「潛意識」這一語詞是在兩種意義中使用的。一種是描述義的，另一種是動力學義的。在弗洛伊德來說，「潛意識」這個語詞的最古老而又恰當的含義是描述性的。即是，無論是哪一種心理過程，我們若根據它所產生的影響而不得不假設它的存在性，但又無從直接覺察到它，我們便把這種心理過程稱為「潛意識的」。即是，倘若我們一定要設定一種心理過程在目前正在進行著，而目前我們又完全不能意識到它，我們便將這一心理過程稱為潛意識。弗氏指出，多數意識過程只在極短時間中是有意識的，很快便會變成潛在的狀態，但也能夠很容易地變成有意識的（《文集》五，頁44）。這樣，我們對於意識系列，便有如下多種叫法：潛意識（下意識、無意識）、前意識、意識。

就弗洛伊德來說，潛意識的形成，需要經過具有三個階段的歷程。第一階段是神經病理學階段。弗氏透過對癔症亦即是歇斯底里（hysteria）病症的研究，認識到在神經病症的背後，[9]藏匿著一些東西，這些東西總是處於一種在意識上被壓抑、被防禦的狀態中，難以找到出口而展現出來。但當病症發展到某個程度，要發作時，便會突破壓抑的防線，以一種變態的心理狀態而洩出。這些東西一向都潛藏在意識的深處，因而被稱為「潛意識」或「無意識」。

第二階段是心理學階段。在其中，潛意識進入人的心理渠道，以至精神活動的心理學領域。弗洛伊德看到，當事人總是死執守著、

9　這裏說神經病症，也即是我們一般所謂的精神病症。

癡戀著過去的一些事情，不能從其中解放開來，結果是與現在、未來脫節，連續不起來。此中的癡戀是受性本能所引導而致的。進一步說，無意識或潛意識不完全是被動的，它具有原動性，它甚至是意識的原動因素。意識只是由深藏的本能的伏流所產生的心理生活的表面的微波而已，潛意識才是本能生活的源頭。這裏說及它與意識的關係，讓我們想到唯識學中的末那識與意識的關係：末那識存在於意識與作為潛意識的阿賴耶識之間，當意識上展出自我的想法、概念，已有末那識在它的底層運作，而成為它的基礎了。這裏說意識是潛意識這種伏流展示出來的微波，也有潛意識是意識的基礎的意味。

第三階段是人類學、社會學以至哲學的階段。在這一階段中，弗洛伊德以性本能來解釋人類一切活動領域，特別是人類的文明、科學創造、藝術審美活動，以及於道德和宗教一類具有深厚的精神性格的文化生活。[10]

進一步看，佛洛伊德提倡無意識的思想，除了治病外，還有另外的意願：通過個體的上述的潛意識活動來說明社會的起源，並試圖建立一種以潛意識的概念來解釋人的社會發展的歷史現實，提出所謂的潛意識的史觀。他說：

> 群體的本質在於其中存在著力比多聯繫……群體中每一個成員都受到力比多兩個方面的束縛，一方面與領袖（基督或統

10　以上的說法，部分參考了陳小文所著的《弗洛伊德》一書（臺北：東大圖書公司，1994），頁 134-144。

帥），另一方面與群體中其他成員聯繫在一起。[11]

這裏提到力比多（Libido）一概念，表示性本能之意，人要滿足這性本能，才能正常生活。弗洛伊德認為人類社會的發展史，是依著這力比多的開拓、導引而來的。他又提到生的本能與死的本能的抗衡對社會的影響。他認為生的本能把個體集合起來，組成人類社會，個人在這個團體中相親相愛，共同合作，社會便儼然像一個和睦的大家庭。但死的本能卻破壞這種統一性，它破壞全體的統一性，催生攻擊、殺戮、流血、鬥爭種種活動，使社會的統一體解構。弗氏作結謂，人類社會的發展、文明的進步，便是在這種生的本能與死的本能中進行的。這種潛意識的力量是社會發展的真正動力。[12]這可以稱為生與死的本能的鬥爭史觀，其核心概念與動力正是潛意識。

九、潛意識的被排斥性、被壓抑性

和弗洛伊德合作過的心理學家、精神分析家布洛伊爾（J. Breuer）強調，我們生活中的一切行為是不斷受到這潛意識觀念所影響。所有直覺活動得受到觀念所支配，這些觀念大都是潛意識層次的。只有最清晰和最強烈的觀念才能被自我意識所察覺，而普通大量微弱的觀念仍是潛意識層次的。布氏表示，當一個潛意識觀念

---

[11] S. Freud, *Studienausgabe*. Herausgegeben von A. Mitscherlich, A. Richards, J. Strachey. Band ix: *Fragen der Gesellschaft, Ursprünger der Religion*. Frankfurt a M.: Fischer Tatschenbuch Varlag, 1969-1979, S. 90.

[12] 陳小文著：《弗洛伊德》，頁156-158。

的強度增加時，它便能進入到意識中（《文集》一，頁 144-145）。
布洛伊爾顯然很強調潛意識觀念的普遍的存在性。弗洛伊德也有同
感，他指出在某些特定的時刻中，意識在我們內心只佔極少的內容；
在大多情況下，大部分我們稱為意識的東西，都長期在潛意識的層
面中存在著（《文集》三，頁 348）。

　　以上我們對弗洛伊德的潛意識思想作了初步的觀察、理解。以
下我們看他的深層的潛意識理論，並看潛意識如何受到意識的抗拒
而被壓抑。這又得把弗氏的潛意識論與本能論作些對比。按弗洛伊
德的精神分析學說或思想有兩大支柱：潛意識論與本能論。這又得
從衝動一概念說起。弗氏在他的早期作臨床精神科醫生時，發覺病
人的腦海中多數不能免於某種衝動，在另方面又有一強大的衝動生
起，與原初的衝動相對抗。他分別稱這兩種衝動為「本能」與「抵
抗」（「抗拒」），因而確立他的壓抑理論，或被排斥理論。由此
進一步發展、開拓，最後成就了自己的潛意識理論。

　　我們先從壓抑說起。所謂「壓抑」（repression）是指潛意識中
的某些分子要進入意識中，為心理檢查組所攔阻，後者的作用是盡
量防止潛意識的東西進入意識的範圍中，不讓潛意識的東西有向外
發洩的機會。弗洛伊德強調，只有被壓抑的東西才是潛意識的，它
們總是處於被壓抑的狀態之中。那些能變成意識的潛意識的東西則
是上面曾提及的前意識，它們未有受到壓抑，或只受到輕微的壓抑，
因此能夠轉成意識。另外，潛意識不能直接轉成意識，需先變成前
意識，才能轉為意識。而前意識則可以直接轉為意識。

　　有一點值得注意的是，弗洛伊德透露潛意識或它的衍生物在進
入意識時，會經歷相當嚴重的扭曲。即便潛意識在被壓抑後還保留
一些原有的特徵，但與它的原貌相比，已變得面目全非了。他又指

出，潛意識總是在前意識領域的邊緣上被稽查者擋回，不讓它進入意識的範圍，但它的衍生物卻可繞過關卡，獲得更高層次的組織結構，並在前意識中達到一定強度的貫注。當這強度不斷提高，到了某一限度，它們便會迫使自己向意識領域進發。但當它們被認出是潛意識的衍生物，便會被位於前意識與意識之間的一個新的關卡所審查，重新被壓抑而退回潛意識的領域（《文集》三，頁 365）。

　　在一般的心理學界或精神分析界，有一種把潛意識與情感連結起來的傾向。這即是所謂「潛意識情感」或「潛意識情緒」等術語。弗洛伊德認為，這是我們的本能衝動經過壓抑後在量方面的變化所致。這種變化可能有三種：一是本能衝動經壓抑後全部或部分保留下來；二是本能衝動變成一種不同質的情感，例如轉變成焦慮（anxiety）；三是本能衝動被壓抑、被制止，或者它的發展受到阻止。弗氏認為壓制、壓抑的真正目的在於壓抑情感的發展。每當壓抑成功地抑止了情感的發展，我們稱這種情感為「潛意識的」（《文集》三，頁 355）。根據弗氏的說明，我們可以說潛意識的根源是本能衝動受到壓抑。本能衝動原來是盲目的，它沒有方向，而只求發洩。我們對於它可以有兩種處理方式，一是壓抑、壓制它，一是疏導它。前者若處理不當，則會產生情感上、情緒上不良的效果，例如焦慮症，讓人變得躁動、焦慮不安，不能正常地工作、生活。但若能處理得宜，則衝動可被調適為一種正面的功能，讓人在做事時信心得以加強。

　　以上剛說過對本能衝動的抑壓問題。弗洛伊德作進一步補充：對患有嚴重的本能衝動的精神病者如處理不宜，則會讓他們透過兩種方式脫離現實，終日耽於幻覺與妄想中。倘若被壓抑的潛意識變得過於強烈，則這壓抑會壓倒依附於現實的意識，致意識活動失衡，

不能正常地運作。或倘若現實環境太過於惡劣，讓人痛苦不能忍受下去，他的自我撐不下去而倒下，便任隨潛意識的本能力量肆虐，生命便形流蕩與迷失（《文集》五，頁11）。弗氏這樣說，並不誇張。人在氣質、材質的經驗性的承受量是有限的，過了它的限度，情感便會像山洪爆發地膨脹起來，釀成難以彌補的災難。

當然，我們在這裏仍可提出一個原始性的問題：在我們的心理中，是不是真有一個潛意識系統？對於這樣的系統，我們能否提出一種可靠的科學證明？這個問題與唯識學中如何證立第八阿賴耶識的存在性有點相似。這種問題是要向內亦即是生命本身探索的，不像一般的科學是向自己以外的東西進行研究的。對於這種問題，我們可以考量兩點：一是癔症或歇斯底里現象，在這種情況，意識應該是失去了主導的力量，而讓位於潛意識。另一是夢中的經驗，在夢中，意識不起作用，而由潛意識起作用。但在我們醒來後，還依稀記得夢中的經驗。若意識在夢中完全不活動，則醒後的夢境，如何能被回憶起呢？此中只有一個可能性：在夢中活動的潛意識，在醒後轉變為意識。

弗洛伊德自己怎樣看這個夢的問題呢？他認為夢的真正生發者，正是潛意識，後者具有足夠的心理能量以產生夢。潛意識與其他任何本能衝動無異都是追求自身的滿足。他指出，我們的心理活動入夜時便脫離現實，有可能退回到種種原始的結構中，使夢者以一種幻覺的形式，做出種種稀奇怪異的夢，以體會和享受本能的滿足（《文集》五，頁12）。弗氏更強調，我們在夢境中的潛在思想與我們正常的意識活動的產物並沒有甚麼不同。但有時夢的確光怪陸離，不但在過往的生活中未有經歷過，也很難想像在將來的日子中會發生。這便很難說了。這只有參考唯識學說中的種子理論，我

們的生命中的阿賴耶識，其種子類別，無所不包，包括我們在思想上完全無法想像的東西，甚至是邏輯上矛盾的東西，例如一個既是圓形也是方形的圖畫。

十、相應於潛意識的阿賴耶識 與其無所不包性

上面探討過精神分析中的潛意識思想，以下要就比較的角度看唯識學的相應思想，那便是有關阿賴耶識（ālaya-vijñāna）的學說。首先，阿賴耶識是一切事物，包含過去、現在和未來的東西儲藏的處所，它們是以精神性的種子（bīja）存在的。這阿賴耶識和它的種子都是處於潛意識狀態，大部分時間中都呈潛在狀態，只是當因緣具足的場合，它們才會現行、現實化，成為意識和前五感識所展現（或在其面前展現）的具體的觀念、現象。[13]所謂因緣，是指作為主要原因或條件的種子，再加上其他的因素、條件，如所緣緣、等無間緣和增上緣所成的輔助組合。[14]

關於阿賴耶識的無所不包性，我們先看護法的《成唯識論》中的一段文字：

---

[13] 這裏說「具體的觀念」，並不是說觀念自身有具體性，而是說個別的觀念出現在意識之中，而為我們所覺察。

[14] 這便是所謂四緣。這是佛教特別是唯識學的法數，很多著述都有提到和闡釋，在這裏為省篇幅，不多做交代了。只有一點需要說一下：很多觀念、概念都儲藏於阿賴耶識中，呈潛意識狀態。若現行的條件足夠，它們便會出現於意識之中，而為我們的意識所察覺到。

初能變識，大、小乘教名阿賴耶。此識具有能藏、所藏、執藏義故。謂與雜染互為緣故，有情執為自內我故，此即顯示初能變識所有自相，攝持因果為自相故。此識自相分位雖多，藏識過重，是故偏說。[15]

這段引文是護法對世親《唯識三十頌》「初阿賴耶識，異熟一切種」一句的解釋，重點是解說阿賴耶識的自相（sva-lakṣaṇa）。這裏說阿賴耶識的自相，與其說是關於相狀、形貌，不如說是作用，這即是能藏、所藏、執藏的作用。這是一種心理學、精神分析以至深層心理學的作用，相當於弗洛伊德的潛意識概念。透過這種作用，包括自我與諸法便得以形成、存在。但這只是施設性的形成、存在，沒有終極的意涵，起碼在唯識學中是如此。不過，它有存有論以至宇宙論的意味，與弗洛伊德所重視的潛意識不同，後者的重點是心理分析、精神分析的心理科學機制。

世親以阿賴耶識是第一能變識。所謂能變，是變現、詐現現象世界的心識。世親大別能變為三種：第一是阿賴耶識，第二為末那識，第三是意識和前五感識。對於第一能變識亦即是阿賴耶識，大乘和小乘佛教都以「阿賴耶」（ālaya）名之。ālaya 在梵文是儲藏、倉庫的意思：由於這第八識儲藏著一切事物的潛存狀態的種子，像倉庫儲藏稻穀那樣，所以稱為阿賴耶識。依引文所述，阿賴耶識是以藏為自相或作用，而藏又有三種意義：能藏、所藏和執藏。能藏是指阿賴耶識能攝持一切法的種子。所藏是就阿賴耶識與前七識（前五感識、意識、末那識）互為因緣的關係說的。引文中的「雜染」

15　《大正藏》31．7c。

（saṃkleśa, aviśuddhi）是指污染性格或有漏種子生起的前七識。由於阿賴耶識能攝持生起前七識的有漏種子，所以說阿賴耶識是雜染的緣；反過來，這些有漏種子所生起的前七識又能對阿賴耶識進行熏習（vāsanā），熏習成的種子就是阿賴耶識的自體，所以七識又是阿賴耶識的緣，故說阿賴耶識與雜染互為緣。就為七識所熏習而生起種子而言，阿賴耶識就是所藏。至於執藏，則指阿賴耶識被虛妄執著的作用。即是，第七末那識執取阿賴耶識的主體面亦即是見分（dṛṣṭi）為常住不變的自我。[16]這便成了阿賴耶識的執藏的意義。

在說到自相、因相和果相三者之間的關係時，引文指出自相同時包含著因相與果相。所謂相是指面相、內涵之意。因相指種子，果相指果報，種子和果報都為阿賴耶識的自相所包含，故引文說「攝持因果為自相」。最後引文提到阿賴耶識雖然有很多方面的特性、面相，但以藏的作用為最重要，因此以「藏」（ālaya）名之。

若就「藏」這一概念比較阿賴耶識與精神分析的潛意識，則阿賴耶識的內涵顯然多於、多元於潛意識。潛意識的內含都是些概念和本能衝動，它們在潛意識中沒法展現、宣洩出來，但又亟亟要展現和宣洩，那只有想盡辦法進入意識的領域，藉著後者的覺察作用以達成它們的願望。而意識中亦有種種關卡或稽查者處身於有關通道，對要進入意識的概念與衝動加以壓抑，盡量不讓它們進入意識之中。它們有責任要守衛意識，不讓後者受到干擾與侵入。因此，我們可以說，潛意識中的內含基本上是作用性的，是一些未能夠得到宣洩的本能衝動，存有論的意味並不濃厚。阿賴耶識的內含便不

---

[16] 另一說法以末那識執持整個阿賴耶識（包括見分與相分 nimitta）為真實的自我。

同，它含藏無量數概念與事物在潛在狀態的東西，是在潛伏狀態而不能實現（actualise），不能存在於時空中的現象，這即是種子。這些種子遇到足夠的條件，或在適當的機緣，是可以實現的，成為質體、事體或現象，在時空之中存在、呈顯。就這點看，阿賴耶識的存有論意味很明顯，即是，它能發展出、開拓出種種存在物、存在事。這些存在的物事都有其倫理性格，它們或是善的、淨的，或是惡的、染的，或者沒有顯著特徵而為中性的、無記的。

因此，我們可以說阿賴耶識是一切存在的源頭。這一切存在包含觀念的、概念的、時間的、空間的、經驗的存在，這源頭是從種子說的。我們也可總持而扼要地說，阿賴耶識是一切概念、心物現象的源頭。它也有自己的種子，這便是它的前一世代（每一個眾生世代都有其阿賴耶識）死亡而過渡到一新的生命軀體而持續地存在的中陰身或中有。這中有可以是輪迴主體，是無量數的種子的聚合體。在覺悟前，它會一直流轉於生死苦海中；在覺悟後，這主體會自動解構，而輪迴也會停息。

第七章　關於現象與物自身的分離問題的現象學與歷程哲學之解決

一、問題的提出

在西方哲學的形而上學傳統，一直存在著一個難題，那便是經驗世界與超越世界的隔閡、分離問題，亦即是現象（Phänomen）與物自身（Ding an sich）或本體（Noumenon）的分離問題。人是生活於現象世界，但理想、價值基本上是在物自身或本體世界，人要實現價值、理想，便不得不面對物自身或本體世界的結合問題。特別是從圓融的、圓教的眼光來說，兩界在實踐上通而為一、結合起來的問題，是必須面對的。

但西方的形而上學傳統自柏拉圖（Plato, 427-347 B.C.）以來，這個問題便一直存在，沒有得到妥善的解決。在柏拉圖的哲學中，現象世界、經驗世界與本體世界、理想世界是分得很清楚的。理型（idea）是圓滿無缺憾的，但它們是存在於超越的理型世界，經驗世界的各類事物都是理型世界的理型的仿製品。既然是仿製品，則與其原型必有一定的差距，不能與原型完全一樣。這樣，經驗世界的事物便永遠無法達到圓美的狀態。要達到圓美的狀態，便非要把本來是分離開來的現象與理型拉在一起、結合起來才行。但現象本

身沒有主動性（Spontaneität），而理型也是靜態的，需要上帝把理
型從理型世界移動到經驗世界，和現象事物結合才行。但上帝本身
也有限制，祂也有自己的理型，這便需要另一上帝把這理型移動，
才能讓上帝與這理型結合，而臻於完美。但這另一上帝又再需另一
上帝的助力，才能活動。這樣便陷於無窮追溯的理論困難。

這個形而上學的現象與物自身（理型其實是一種物自身，較寬
鬆地說應是這樣）的分離、不能完滿結合起來的問題，一直困擾著
西方哲學傳統。到康德（I. Kant, 1724-1804）還是這樣。康德有兩
界的說法，這便是現象與物自身。不過，康德對這個問題的態度，
基本上是從知識論上看，不像柏拉圖那樣從存有論上看。依康德，
對於現象，我們只能憑感性的直覺（sinnliche Anschauung）來接觸。
或更精確地說，對於來自外界的雜多（das Mannigfaltige）或象表
（Vorstellung），我們只能以感性的直覺在時間與空間的直覺形式
下接受，然後由構想力（Einbildungskraft）把這些與料（data）移送
到知性（Verstand），後者可運用其作為思想形式的範疇（Kategorie）
對這些與料加以整合，使之成為對象（Gegenstand; Objekt）。對象
的形成，即表示知識的成立。至於現象背後的物自身，我們對它是
無能為力的、無法認識的。康德的意思是，我們人類只有感性的直
覺，只能認識現象。對於物自身，則需要睿智的直覺（intellekuelle
Anschauung）來認識。而這種直覺，只有上帝才擁有，我們人類是
沒有的[1]。因此，我們人類是無法理解物自身的。這樣，在知識論上，

1　關於康德認為人沒有睿智的直覺以認識物自身的詳盡的說法與筆者的
回應，參看拙文〈從睿智的直覺看僧肇的般若智思想與對印度佛學的
般若智的創造性詮釋〉中第一節〈康德論睿智的直覺〉，載於劉述先

我們人類不能同時兼顧及現象與物自身，把它們都理解，而結合起來，以解決雙方的分離的問題。而在上帝方面，祂只有睿智的直覺，而沒有感性的直覺，因此，上帝只能了解物自身，不能了解現象。這樣，同時兼顧現象與物自身，通過對雙方的理解而認識論地把它們結合起來，在上帝方面也無從說起。實際上，在康德看來，由於我們人類沒有睿智的直覺以把握物自身，故物自身對於我們來說，並沒有積極的、正面的意義，而只有限制的意義：限制我們的知識只及於現象的範圍，而不能及於物自身或本體方面。故物自身在康德來說，只是一個限制的概念（Grenzbegriff）。

二、牟宗三先生所提出的儒、釋、道三家的解決：睿智的直覺

對於西方哲學的這個現象與物自身的分離問題的理論上與實踐上的困難，牟宗三先生非常重視。他認為在東方哲學特別是儒家、佛教與道家之中，都可以找到對於這個問題的解決方案，其關鍵在於睿智的直覺。牟先生以為，這東方三家都肯認人具有睿智的直覺，或可培養出睿智的直覺以觀照事物的本質性格；這本質性格，在他來說，相當於西方哲學中的物自身、本體，只是三家以不同的字眼或名相來說。例如，儒家說道心、本心、良知良能，佛教說般若智、一切智，道家則說靈臺明覺、玄智。這些說法，都是最高主體、絕對主體的層次，能觀取得事物的在其自己、物自身，亦即是本體層

主編：《中國思潮與外來文化》（臺北：中央研究院中國文哲研究所，2002），頁 401-406。此文以下省作〈般若智〉。

面的性格。就儒家來說，程明道所謂「萬物靜觀皆自得」，即是以作為睿智的直覺的道心來看萬物，看出萬物的本質層面的自得、自由自在的性格，看出它們的物自身的面相。王陽明所說「無聲無臭獨知時，此是乾坤萬有基」，這「獨知」亦可視為睿智的直覺，它創生萬物，是萬物的存有論的根基。這創生也符合康德所說的睿智的直覺能把存在性給予事物的意味。

佛教的般若智（prajñā），是《般若經》（*Prajñāpāramitā-sūtra*）的說法，一切智（sarva-jña）則是《大智度論》（*Mahāprajñāpāramitā-śāstra*）和天台宗的說法，這是觀照萬法或一切存在的緣起無自性（svabhāva），因而是空（śūnyatā）的本質、性格。所謂空即是空自性，沒有自性之意，這是萬物的真理、真如（tathatā）。萬物都是依因待緣而成，因而沒有常住不變的自性、實在性，因而是空。這空或真如，正是萬物共同具有的本質、根本性格，是萬物的物自身。

道家莊子盛言靈臺明覺，或靈臺明覺心，這是一種觀照的主體，觀照作為終極真理的道，而與道冥合為一。這是通過「墮肢體，黜聰明，離形去知」的坐忘實踐而達致的。即是，我們要超越與克服對形體、形軀的執著與對在相對階位的識知心的依賴，而與「大通」亦即是道相通，與「天地精神」相往來。道或天地精神正是本體、物自身的層次。郭象發揮「玄鑒洞照，與物無私」的玄智，要人「無心以順物」，去體會自然，去契接於道。另一方面，在這種玄智的觀照下，萬物皆能無障無礙地遊息於一種自得之場，它們是以物自身的身分遊息於其中，而不是以現象而遊息於其中。

以上是我概括牟先生對現象與物自身的關係之理解而作的一個總的描述。這些說法，散見於牟先生晚年的重要著作中，如《智的

直覺與中國哲學》、《現象與物自身》與《中國哲學十九講》[2]等，
其中尤以《現象與物自身》的闡述為特出。實際上，睿智的直覺與
物自身是牟先生晚年探討的題材，這也在他的講課與閒談中被提
及。在牟先生來說，我們有感性的直覺以了解事物的現象一面，又
有睿智的直覺以了解它們的物自身一面，如儒、釋、道三家所言。
這樣，事物的現象面與物自身面便能同時展現於我們的主體之前，
而被善巧地統合起來，成就了如佛教所謂的真諦（paramārtha-satya）
與俗諦（saṃvṛti-satya）的相即不離的殊勝關係。因此，牟先生認為，
在東方的儒、釋、道三家的哲學中，現象與物自身得到一種諧和的
統一，並不存在如西方哲學中所出現的現象與物自身的分離的問
題。他的結論是，真正能接上西方哲學的現象與物自身的分離問題
而予以妥善解決的，應數中國的儒家、佛教與道家。

三、西方宗教家與哲學家對這個問題的探討

平心而論，牟先生的提法並沒有錯，而且展示出一定的圓融的
洞見（Einsicht）。中國的儒、釋、道三家的確能展現我們人自身可
以擁有一種超越相對關係、不為二元對恃格局所規限的絕對的慧

2　牟宗三著：《智的直覺與中國哲學》（臺北：臺灣商務印書館，1971）；
　　氏著：《現象與物自身》（臺北：臺灣學生書局，1975）；氏著：《中
　　國哲學十九講》（臺北：臺灣學生書局，1983）。實際上，單就佛教
　　對睿智的直覺的最詳盡的、最周延的發揮言，應數他的《佛性與般若》
　　上下冊（臺北：臺灣學生書局，1977）；單就道家對睿智的直覺的最
　　詳盡的、最周延的發揮言，應數他的《才性與玄理》（香港：人生出
　　版社，1963）。

識，這即是康德所說的睿智的直覺。同時，儒、釋、道三家的確也具有較柏拉圖與康德更周延的圓融思維和更堅強的綜合能力，以統合現象與物自身或本體兩界。不過，牟先生顯然也忽略了某些東西，他對西方哲學的理解不夠全面，他所留意的範圍不夠廣，似乎到了康德與黑格爾（G. W. F. Hegel, 1770-1831）便停下來了，然後讀了羅素（Bertrand Russell, 1872-1970）的一些著作。他對黑格爾下來的西方哲學的發展，幾乎完全忽略，即使是介於康德與黑格爾之間的費希特（J. G. Fichte, 1762-1814）與謝林（F. W. J. von Schelling, 1775-1854），他也輕輕帶過。對於西方的宗教思想，他也留意得不夠，特別是與東方思想相近的德國神秘主義（Deutsche Mystik），他在自己的著作中完全沒有提及。他肯定地是太過於偏重康德，以致對於其他重要的哲學家、宗教家的留意不成比例。對於當代的歐陸哲學，特別是現象學（Phänomenologie）與詮釋學（Hermeneutik），他都沒有好感，惡評尤其過當。例如，他斥海德格（M. Heidegger, 1889-1976）的存有論為只根於感性，因而是無本；他也貶視胡塞爾（E. Husserl, 1859-1938）的現象學，貶抑他的超越的、絕對的意識（transzendentales, absolutes Bewuβtsein）為只居於像統覺（Apperzeption）那樣的認知層面。我的意思是，西方的哲學與宗教思想對於睿智的直覺與現象、物自身的分離問題的解決，是有措意的，只是牟先生未有足夠的留意而已。

就關連於上述的兩個問題而言，東西方哲學與宗教對於人有感性的直覺這樣的認知機能大抵是沒有異議的，因此人能認識現象，應該是沒有問題的。另一方面，它們對於上帝沒有感性的直覺一點也應是首肯的，故上帝不能認識現象，也應不成問題。問題或爭論只在人是否具有睿智的直覺這一點上。若說人沒有睿智的直覺，則

人不能認識物自身，現象與物自身或本體的兩界分離而無法統合起來，便成為問題，起碼在認識論上說是如此。這是康德的情況。若說人具有睿智的直覺，則人可以認識物自身，則現象與物自身或本體便可以在認識論上被統合起來，兩界的分離便不會成為問題了。這是儒、釋、道三家的情況。因此牟先生提出，在解決現象與物自身的分離問題上，西方思想要借助中國的儒、釋、道三家的思想，才能成辦。

我要提出的是，在西方的思想界，探討睿智的直覺的問題的，並不限於康德，而是還有其他很多人，他們並不都取康德的看法，認為人沒有睿智的直覺；反而有很多人取異乎康德的看法，認為人亦可有睿智的直覺，並不只是上帝才有。這些人是有可能解決現象與物自身兩界分離的問題的。西方的哲學與宗教傳統，特別是當代的哲學，在這個問題上，可以自行解決，不必求助於中國的儒、釋、道三家，如牟先生的所說。

我在另外一篇論文中指出，康德說人沒有睿智的直覺，只有上帝才有，只是在他的《純粹理性批判》（*Kritik der reinen Vernunft*）一書中有明顯說法。在他寫《道德形上學的基礎》（*Grundlegung zur Metaphysik der Sitten*）時，態度已明顯軟化。最後他寫《只在理性的限度下的宗教》（*Die Religion innerhalb des Grenzen der bloßen Vernunft*）時，已經取較寬鬆的、彈性的看法，間接表示人可有睿智的直覺[3]。另一方面，我又提到西方中世紀的宗教界的神秘主義（Mystizismus）的重要人物如艾卡特大師（Meister Eckhart, 1260-1328）、伯美（Jacob Böhme, 1575-1624）、聖狄里的威廉（William

---

3　參閱〈般若智〉，頁 404-405。

of St. Thierry, 1075-1148）強調與上帝的溝通，必須接受人在某種程度或情況具有睿智的直覺，溝通才可能[4]。實際上，在康德與黑格爾之間的費希特與謝林，都傾向人可有睿智的直覺的看法[5]。關於這些論點，為免重複，我便不在這裡多談了。我在這裡要留意和探討的，是當代西方哲學，無論是在歐陸方面的，還是英美方面的，都有人在做溝通、統合現象與物自身的工作，解決這兩界的分離的困難問題，他們當然也涉及睿智的直覺的問題。不過，他們在這種努力中，並不必自覺地承接著康德所提出的問題來做，因此他們的做法，並不必完全與康德的反思相配合。故他們連接康德的說法的整個脈絡可能不是那麼清楚，而他們所運用的詞彙，也與康德的不同。不過，他們所努力反省的意涵、性格，對康德的反思和遺留下來的問題有回應、補充，甚至修訂的意味，卻是很清楚的。我在這裡要提出的，是歐陸方面的胡塞爾的現象學和英美方面的懷德海的歷程哲學。

四、胡塞爾論本質直覺與本質洞見

在胡塞爾的現象學中，有本質直覺（Wesensanschauung）一觀念，這可以較寬鬆地被視為即是康德的睿智的直覺。首先，康德認為睿智的直覺只有於上帝，人不能有之。胡氏並不同意這種看法，他說：

> 有一種基本的看法以為，知覺未能達致物自身（Ding

4　同前註，頁 419-420。
5　同前註，頁 420-423。

selbst）。物自身未有在其本身中和在其自在中被給予我們。
〔……〕上帝，作為具有完全的知識因而也有一切可能的充
足的知覺的主體，自然具有對那物自身（Ding an sich selbst）
的知覺，這是我們這些有限存在者所沒有的。但這種看法是
歪謬的。[6]

這裡胡塞爾不用直覺的字眼，卻用「知覺」（Wahrnehmung），分
別並不大。他顯然是反對康德的說法，以委婉的方式表示而已。

首先在稱呼方面，對於本質直覺，胡塞爾除了用
Wesensanschauung 外，有時也說 Wesensintuition[7]，有時說 reine
Intuition[8]（純粹直覺），有時又說 lebendige Anschauung[9]（活現直
覺）。

大體來說，胡塞爾的本質直覺與康德說的睿智的直覺在意義上
是相近的。在這裡，讓我先對康德的睿智的直覺的涵義總結一下，
把它歸納為下面幾點：

1. 睿智的直覺是超越的認知機能，沒有經驗內容，也不認知
   經驗的東西，而是認知事物的在其自己，或物自身，也即是

---

[6] E. Husserl, *Ideen zu einer reinen Phänomenologie und phänomenologischen Philosophie*, Erstes Buch: *Allgemeine Einführung in die reine Phänomenologie*. Neu herausgegeben von Karl Schuhmann (Den Haag: Martinus Nijhoff, 1976), S.89，此書以下省作 *Ideen I*。

[7] *Ideen I*, S. 155.

[8] *Ideen I*, S. 163.

[9] Idem.

一般說的本質。

2. 它的認知作用不受時間、空間、有無、動靜、因果律等概念或範疇的限制。這種認知也不是在主客對立的關係網絡中進行，故不受關係網絡的限制，因而能在一時一處認識多種事物的本質。

3. 它不是純直覺，也不是純智思。在它裡面，直覺與智思合而為一。

4. 它不如感性直覺那樣只接受對象的存在性，而是能賦予對象以存在性。它與事物的關係不是橫列的、平行的關係，而是直貫的、隸屬的關係。事物是隸屬於它的。在這一點上，睿智的直覺具有創造的性能。

5. 只有上帝具有睿智的直覺，人不可能有之。

首先我要指出的是，感性的直覺不能給予對象以存在性，故它不是原創性的（ursprünglich）[10]，而睿智的直覺則能給予對象以存在性，它能創造對象的存在性，如上面所說。胡塞爾繼承了這一點，認為本質直覺擁有自身的經驗，擁有被自己所看見的事情[11]。這雖未明說對象的存在性與本質直覺的隸屬關係，但當有本質直覺具有對象的存在性的意味。

較重要的一點是，一般的看法是以直覺是一種現前的接觸，不

---

[10] I. Kant, *Kritik der reinen Vernunft* (Frankfurt am Main: Suhrkamp, 1977), S. 95.

[11] E. Husserl, *Erfahrung und Urteil*. Redigiert und herausgegeben von L. Landgrebe (Hamburg: Felix Meiner Verlag, 1985), S. 421.

涉及思想，也不會產生概念，因而與意識（Bewuβtsein）是分開的，思想與概念都是意識的產物。胡塞爾則提出一種頗新的說法，認為本質直覺是對某一事物、某一對象的意識，而這本質直覺的所與物又是一種純粹本質（reines Wesen）[12]。他在《現象學的觀念》（*Die Idee der Phänomenologie*）一書中，在感性（直覺）之上提出另外一些直覺，認為它們能邏輯地運作、比較、分別，也能在概念下作推理活動[13]。按邏輯運作、比較、分別和推理等都應是知性（Verstand）或意識方面的活動，卻能在這些直覺中進行，可見這些直覺不能是感性的，而應該是意識的，或睿智的。一般的感性直覺沒有這種功能。這些直覺很可能是以本質直覺為主，而上面又提到本質直覺的所與物是純粹本質。本質主要是準則義，是抽象的法理，「純粹」（rein）正表示它是沒有具體的經驗內容的。這樣看來，胡塞爾似乎以為本質直覺具有意識的作用，能思考和建立概念。

進一步探究，胡塞爾強調本質直覺能把握純粹的普遍性，後者指一些必然的結構、規律和共相（Eidos）。這種普遍性是經現象學還原（phänomenologische Reduktion）將所有現實存在放入括號中存而不論，而由本質直覺在自由想像中直覺到的[14]。我們對於這種把握結構、規律和共相一類純粹普遍性的本質直覺應特別加以注意，特別要注意的是康德義的睿智的直覺和胡塞爾的本質直覺，後者與準則有密切的關連，它是把握作為準則看的本質的。當胡塞爾說到

12　*Ideen I*, S.14.

13　E. Husserl, *Die Idee der Phänomenologie* (Den Haag: Martinus Nijhoff, 1973), S. 8, 此書以下作 *Idee*。

14　關於現象學還原，在這裡不能細說，參看拙著：《胡塞爾現象學解析》（臺北：臺灣商務印書館，2001），頁 40-44。

一種直覺，在其中，對象在充分直覺中被視為原初性自身的東西
（originares Selbst），這原初性使直覺成為洞見的（einsichtig）[15]，
更進一步說，對象的原初意義是完整的和充實的，因而使這種直覺
成為絕對洞見的（absolut einsichtig），這種直覺很可能是睿智的直
覺，它的對象具有完整義、充實義和絕對義。感性的直覺的對象沒
有這些涵義。

在這裡，我們要注意洞見（Einsicht）一觀念。「洞見」是層次
很高的字眼，表示智慧、睿見的意味，超越乎一般的知解、見識之
上。本質直覺中有沒有洞見可言呢？胡塞爾認為是有的，他認為從
本質直覺中可汲取洞見，而表現洞見。他說：

> 從本質直覺中汲取洞見的過程是現象學的，而且它要求具有
> 哲學的涵義，這只能透過這樣的背景來證實為合理：每一個
> 真正的直覺在構造的聯結中都具有它的位置。[16]

這裡隱涵兩個意思：(1)現象學性格是建基於從本質直覺中汲取洞
見，而這本質直覺應是關乎準則方面的直覺。(2)現象學性格是合理
的，每一本質直覺在整個聯結歷程中都對應於準則，具有自身的意
義與位置。因而現象學的導向（orientation）是價值義、理想義。由
第(1)點看，本質洞見應是現象學方法中的一個重要環節，因此下面
我要探討本質洞見的問題。

---

[15]　這種洞見應是指向終極真理、勝義諦（paramārtha-satya）的。

[16]　E. Husserl, *Cartesianische Meditationen und Pariser Vorträge* (Den Haag:
　　Martinus Nijhoff, 1973), S. 165，此書以下作 *Meditationen*。

顧名思義，本質洞見是洞見本質的，不是一般對現象的理解。不過，胡塞爾說本質，是關連著現象來說。尤其要注意的是，胡氏說本質（Wesen; Eidos），是偏於抽象的準則方面，是理法、原則、規範的意味。關於本質洞見，胡氏先從經驗論證開始展開他的闡釋。他說：

> 經驗論據要我們從在理論上有嚴格確定性的個別事例開始，以進於依嚴格的、由原則性洞見闡釋的方法所得到的普遍性論題。[17]

這裡胡塞爾提到「原則性洞見」（prinzipielle Einsicht）一概念。原則是準則方面的，這正是本質的主要涵義。故原則性洞見即是本質洞見。不過，胡塞爾並不相信經驗論據（wissenschaftliche Begründung），它明顯地有不足的地方，而經驗論者也不會真正信賴本質洞見。胡塞爾說：

> 直接經驗只給出單個的單一東西，而不給出普遍的東西，因此它是不足夠的。[18]

胡塞爾認為我們不能透過直接經驗（direkte Erfahrung）得到普遍的

17　*Ideen I*, S. 44.
18　Idem.

準則，只能透過本質洞見來接觸[19]。故在認知方面，本質洞見是較經驗方式高一層次的。

關於本質，胡塞爾又強調現象學所論述的，是有關本質必然性的問題，這本質必然性（Wesensnotwendigkeit）必定是包含於所謂「物意向對象」（Dingnoema）和相關地包含於被給予物的意識之中。我們要以徹底洞見的（durchaus einsichtig）方式去把握和系統地去研究它[20]。這個意思並不難明白。現象學所論述的不是一般的經驗現象，而是有本質貫徹於其中的事物；而本質是以軌則、準則說的，它有一定的規範，故必然性是難免的。這必然性貫通於現象學的認識活動的主客雙方，這即是所意（Noema）與能意（Noesis），亦即是物意向對象與意識本身。這些作為本質的具有軌則、準則意的必然性，只能透過洞見的方式去把握，這洞見必是本質洞見。

這種本質洞見的對象既主要是必然的準則、軌則，由於準則、軌則是內在地決定事物的，故這種對象是「內在的存在」（immanentes Sein）；又由於後者在原則上不依於任何物的存在，故是絕對性格的[21]。按這裡所說的「內在的存在」的內在性（Immanenz）是指經由直覺才能達致的絕對所與性，故它應是屬於物自身的層次，是獨立於一般所說的現象之外的。它的存在「不依於任何事物」一點，尤堪注意。

19　這裡所謂直接經驗，指透過感官進行的認識方式，猶佛教所謂直接知覺（pratyakṣa），或現量。

20　*Ideen I*, S. 384.

21　*Ideen I*, S. 104.

五、現象與本質

探討了胡塞爾的本質直覺以後，我們看他如何說本質直覺的對象：現象與本質，看這兩者如何與康德的物自身關連起來。在哲學上，現象（Phänomenon）與象表（Vorstellung; Erscheinung）常是相通的。這些東西與感性、經驗都有密切關連。不過，在胡塞爾的情況，卻是不同。他視經驗性的東西為具有本質的，因此他的現象具有本質，與感性反而疏遠起來。這是關鍵性的一點。倘若具體的現象能與普遍的本質結合在一起，而本質又通於物自身、本體的話，則現象與物自身兩界的分離問題便可以被克服、超越過來，解決了長期困擾西方形而上學的現象與物自身或本體分離的理論困境。

一般對現象的了解，通常分為主觀方面的心理經驗，所謂心理現象，和客觀方面呈現在我們的感官面前的表象或象表。胡塞爾的現象，都不是這兩者，它是隸屬於意識的一種存在，是本質的意味。它不是個別的事物，毋寧是種種事物的共通性、共通的本質。胡塞爾的口號「回到事物自身去」（Zurück zu den Sachen Selbst）應該是指涉事物的這種本質，而不是（起碼不主要是）指涉感性義、經驗義的事物。他是要人穿越理論與概念的迷霧，直接面對和把握事物。他這樣說的現象，是真實義的、勝義諦義的，是無執著的。這表示一個理想的、價值的現象世界，是現象學要建立的世界。胡氏顯然有把現象與實在或本質結合起來的傾向，而形成現象與本質的相即不離的關係。此中的本質，應有物自身的意味。

隨著現象，我們來看本質。我們可以先這樣說，胡塞爾的現象學是立根於純粹直覺（reine Anschauung）或本質直覺上的一種研究本質問題的哲學。這本質有點像西方傳統哲學的共相（universal），

它傾向於指事物在結構上的原理（principle），它是先驗的（a priori），有規範（norm）、典範的意味。它甚至有柏拉圖的理型（idea）的意味，但還是不同。理型與事物是分開的，我們可以單獨了解它；但胡氏的本質與事物是結合在一起的，要了解本質（事物的本質），則要經由事物本身。因為本質是存在於事物之中，不是存在於事物之外。我們可以較哲學性地說，本質屬於現象，在現象中而與後者成為一體；它可以被直覺到，它不是躲藏在現象背後而不出現，像希臘哲學家所說的基底（substratum）那樣。本質與現象在意義上可以分開，但在存在上、在存有論上，兩者不能分開。一分開了，現象便解體[22]。

上面我提到本質的準則涵義，在這裡，我仍是扣緊著準則來說本質。我甚至要說，本質憑著一種準則義的規定性、限定性，撐持著事物本身，或現象，使它成為一個存在。在關連著這一點上，胡塞爾說：

> 倘若我們留意現象學還原為我們定出來的準則，倘若我們如它們〔準則〕所要求般恰好排拒了一切超離的存在，又倘若我們因此而純粹地依據那些體驗（Erlebnisse）本來有的本質來處理那些體驗，則〔……〕一個本質認知的場域便開放給

---

[22] 我們可以說，本質有準則義、規範義，它維持、成就現象。這種關係，頗類似康德以範疇（Kategorie）來整合事物的雜多（das Mannigfaltige），決定之為對象的意味。雜多若離開了範疇，只能是散列的東西，不能成為具有規則性、決定性的對象。胡塞爾在理解本質與現象的關係上，可能是受了康德的範疇思想的影響。

我們了。[23]

這裡說「超離的存在」（Transzendenzen）應是指那些意識所不能及的東西、應該被懸擱起來暫時不談的東西，而「本質認知的場域」（Feld eidetischer Erkenntnisse）應是指真理的、勝義諦境界的範圍，是物自身層的東西。胡塞爾的意思應該是，在排除一切缺乏明證性（Evidenz）的東西的現象學還原中，如果我們能依本質的準則把意識所管不到的超離的東西擱開，不讓它們混淆我們的認知，一切依本質的準則的規定來處理我們的體驗，我們便會面對著一個真實的、有本質內涵的境界。這便是現象學所要建立的真理世界。

　　上面提到胡塞爾的口號「回到事物自身去」。這個口號值得關注。它展示一種重視現實世界的態度，要人多留意事物本來的自己。胡塞爾說：

> 理性地或科學地判斷事物，意指對準事物本身，或從言說和意見方面回返到事物本身，在它的自身的給予性中探尋事物，並離開與事物不相符的一切偏見。[24]

這樣說回返到事物本身（"sich nach den Sachen selbst richten"），有要超越一切言說和主觀意見、憶想而回歸向事物本身之意。這事物本身是否康德所說的物自身（Ding an sich）呢？胡塞爾常常說及事物本身（Sachen selbst），比較少說及物自身，但並不是完全沒有說。

---

[23]　*Ideen I*, S. 135.
[24]　*Ideen I*, S. 41.

他曾提到人的認識問題，認為這種認識是困縛於人的智力形式
（intellektuelle Formen），不能達於事物的自己的性格（Natur der
Dinge selbst），不能達致物自身（Dinge an sich）[25]。這種說法，似
乎與康德是同調；後者以為睿智的直覺可以認識物自身，但人沒有
這種機能，只有上帝才有。胡塞爾在這裡說人被智力形式所困縛，
致不能認識物自身；此中隱含若能突破智力形式的困縛，便能認識
物自身之意。胡氏的這種說法，是在其上面提及的《現象學的觀念》
一小書中提出的，那是他較早年（1907）的作品。至 1913 年，他寫
完重要著作《純粹現象學通論》（*Ideen I*）。在這部鉅著中，如上
面所提及，他反對康德的「人不具有睿智的直覺」的說法，暗示人
可有這種直覺，因而可認識物自身。到了更後期，胡塞爾寫《笛卡
兒式沈思錄》時，警告現象學要否棄一切荒謬地胡亂討論物自身的
不成熟的形而上學，但他並不拒斥形而上學本身[26]。我們應注意，
胡塞爾所反對的，是透過以思辯方式進行的、抽象地求取物自身的
那種思想，並不否定物自身的存在，亦不否定我們人類可以本質直
覺的方式來接觸物自身。

　　關於事物本身與物自身的關係，胡塞爾雖未明說前者即是後
者，但他說及事物本身的性格，常是可與物自身相通的。因此，我
們有理由相信，他說的事物本身即是物自身[27]。另外，胡塞爾所常
說的本質，能否說為是或相應於物自身呢？或者說，物自身是否便

---

[25]　*Idee*, S. 21.
[26]　*Meditationen*, S. 182.
[27]　關於胡塞爾所說的事物本身即是物自身這一點的詳細解說，參看拙
　　　著：《胡塞爾現象學解析》，頁 38-39。

是本質的性格呢？關於這個問題，我們可以提出兩點來討論。第一，
胡塞爾多次強調現象學是一種描述性的科學（deskriptive
Wissenschaft），這「描述」是否具有要如實地、如其所如地描畫世
界的真相的意味呢？他以「本質」來說現象學，表示現象學是一種
實質性的本質科學（materiale eidetische Wissenschaft）[28]。這實質是
與形式對說的，後者如數學、邏輯的學問。胡塞爾又說現象學是具
體的本質學科（konkret-eidetische Disziplin），它的範圍由「體驗本
質」（Erlebniswesen）構成。他特別強調，本質不是抽象物
（Abstrakta），而是具體物（Konkreta）[29]。這點非常重要。所謂體
驗本質，應是指以體驗（Erlebnis）為方法的基礎的本質，不是以抽
象的思維來了解的本質。這樣便可說本質是具體的東西，不是抽象
的東西。故本質不是形式的概念，而是實有所指的概念，它是指向
具體物的。這亦可與物自身相連起來。物自身就事物的方位、方面
來說，是各物的物自身，各物都應有其自家的體性，它能在睿智的
直覺中直顯出來，或者說，具體地直顯出來，故具體的意思還是可
以說。

　　在這裡，我們可以就胡塞爾的現象學在關連到現象與物自身兩
界分離的問題的解決作一小結。在胡塞爾的現象學中，本質有物自
身的意義，或本質相應於物自身，雙方的層次都是本體界的、終極
層次的。而本質必然存在於現象中，而且只能存在於現象中。在意
義上，本質可以與現象分開，但在存有論來說，本質與現象是不能
分開的。現象是具體的，因此才有胡塞爾的「本質是具體物」的名

---

[28]　*Idee*, S. 21.

[29]　*Ideen I*, S. 153.

句出現。而認識這本質的,或體證這與現象相結合在一起的本質的,則是本質直覺。這本質直覺,如上面所說,正相應於康德的睿智的直覺。就「本質即是物自身,而本質是與具體的現象打成一片的,雙方是在存有論上、在存在上不能分開的,因而物自身與現象是打成一片的,是結合在一起而成一統一體的」這一點來說,我們可以說胡塞爾的現象學有現象與物自身統合在一起而成一個統一體的意涵,它對於柏拉圖、康德他們所遺留下來的現象與物自身的分離的理論困難或問題的解決來說,是一個積極的、正面的回應。

　　不過,我們不能說胡塞爾做得很成功,特別是他對很多觀念的意義未有交代得很清晰明白,更重要的是「本質」一觀念在涵義上的矛盾。首先看第一點。胡塞爾在其龐大的著作林中,對很多與現象學有密切關連的觀念,時常沒有說得很清楚,例如「現象」、「事物本身」、「直覺」等。起碼他對這些觀念的用法,跟傳統下來一直的用法不是完全協調。甚至他對「現象學」這個關鍵名相,為他的哲學定位的關鍵名相,也先後用不同的字眼來說,除「現象學」外,他曾用過「超越的現象學」、「描述心理學」、「本質心理學」。這很容易讓人把它的現象學作為心理學的一種來看,其實不是這樣。至於「本質」一詞,他大膽說「本質是具體物」,這本來很好,特別是關連著他對傳統哲學對本質傾向於普遍的、抽象的性格的理解方式所作的修正而言。具體物不是抽象物,而是有形有相的現象,而本質是超越的層次,屬物自身界、本體界。現在胡塞爾把本質從這些高層次方面拉下來,與具體的、現象性的事物結合起來,而成為一統一體。在這個意義下,我們可以說,在胡氏心目中,現象與物自身已相互打成一片,圓融無礙。但他另一方面又強調本質的準則義。準則是一種規範,一種理法,其普遍性是很明顯的,這普遍

性與說「本質是具體物」中的「具體物」的矛盾也是很明顯的。胡
塞爾在這一點上，的確有疏忽、大意的過失。

六、懷德海論實際的存在

現在我們由歐陸哲學轉到英美哲學方面，看懷德海（A. N.
Whitehead, 1861-1949）的機體主義（organism）哲學。按西方哲學
在形而上學方面，一直有一個尊重實體（substance）的傳統。這實
體被視為終極的真實，藏匿於現象背後，作為現象的載體或支柱，
但與現象是分開的。懷德海哲學的最大特色，是在講形而上的實在
時，廢棄實體觀念，而講機體。在他的哲學中，最重要的觀念是所
謂「實際的存在」（actual entity）[30]。按懷氏在他的機體主義的形
而上學中，講到終極實在時，曾先後用過三個不同的字眼：event,
actual entity, actual occasion。event 即是事件，是懷氏在早期用的。
到了他寫《科學與現代世界》（*Science and the Modern World*）時，
便轉用 actual occasion 字眼，特別在指現實的、即時被體證的實在，
我把它譯成「實際的境遇」。到了他寫自己最重要的形而上學特別
是宇宙論的著作《歷程與實在》（*Process and Reality*）時，除了用

---

[30]　關於 entity 這字眼，一般譯作質體，這與物體、事物的意味相似，傾
　　　向於指現象層面方面的東西。但 entity 與 actual 連用，而成 actual
　　　entity，則是懷德海哲學中的一個挺重要的觀念。它有真實存在、終極
　　　實在的意味，與一般的 entity 的意思相去甚遠。我在這裡把它譯為「實
　　　際的存在」，表示懷德海在說到終極實在時，不重視抽象的實體或理
　　　型（idea），而重視當下的、即時的、現實的事物或存在這樣的獨特
　　　的思維方式。

actual occasion 外，同時也用 actual entity，把這兩個字眼交互使用，以指述構成世界的最後真實的東西，沒有比它更為根本的真實的了，連上帝也是實際的存在（actual entity）[31]。

以下我先就《歷程與實在》一書闡述懷德海的實際的存在的思想。懷氏在書中點明，所有實際的存在與上帝共同分有自因（self-causation）的性格。正由於這樣，每一實際的存在與上帝分有對包含上帝在內的所有其他實際的存在的超越性。這樣，作為終極實在的實際的存在由於各有其自因，因而是自我充實、獨立的。因此，它不但不依賴、超越其他實際的存在，同時也不依賴、超越上帝。這樣，實際的存在不但具有康德義的物自身義，而且還超過它。康德的物自身的存在性由睿智的直覺所給予，而這種直覺只見於上帝。但實際的存在是自因的，它的存在性來自自己，不來自甚麼直覺。懷氏又說，實現性（actuality，即實際的存在）是自我實現的，一個實際的存在既是自我實現的主體，同時也是自我被實現的自我超越體（superject）[32]。這樣，實際的存在便成了一同時兼攝而又超越主體與客體的絕對存在了。

以上是說實際的存在的自因的基礎。跟著的問題便是實際的存在的成立程序。在這點上，懷德海提出存有論的原理（ontological principle）。他認為，實際的存在的成立應以它的決定（decision）來說。關於這點，我們可以對比著胡塞爾現象學中的「意義」（Sinn;

---

[31] A. N. Whitehead, *Process and Reality*. Corrected edition by D. R. Griffin and D. W. Sherburne (New York: The Free Press, 1978), p. 18，此書以下省作 PR。

[32] PR, p. 222. actuality 一詞有時又可作「現實性」，與「實現性」交替使用。

Bedeutung）的作用來闡述。胡氏言意義的作用，是鎖定事物或現象，由此說它們的成立。不過，我們要注意的是，胡氏所說的意義源於意識（Bewuβtsein），由意識通過它的意向性（Intentionalität）作用而構架存在的事物或現象。在懷德海來說，「決定」是一附加的「意義」，透過實現的歷程來鎖定實際的存在，讓後者成立。這即是，決定的意義由「實現的」或「實際的」（actual）這種字眼輸入到「實際的存在」之中，讓存在能從潛在的狀態中躍起，而成為實際的存在。這裡涉及一種存在由潛存的狀態轉而為實現的狀態的歷程。「實現性」或「現實性」正是在「潛存性」中的決定（Actuality is the decision amid potentiality.）。透過決定的作用，實際的存在便得以成立[33]。對於這種「決定」作用，懷氏進一步闡釋，所謂作用（function）即是對於一些現實世界的結聚（nexus）中的實際的存在作出決定（determination）。這結聚指在我們平常的經驗中之多數的實際的存在之一種結集。懷氏認為，一個存在或實際的存在的決定性或自我同一性不能由全部存在的散列的作用所成的群體中抽象而得。決定性可分為「限定性」（definiteness）和「位置」（position）。在其中，「限定性」是被選取出來的永恆客體（eternal object）的展示，後者指那些與我們的經驗相聯繫而又具有超越性格的東西。而「位置」則指涉在實際的存在所成的結聚中的相對的地位[34]。

實際的存在有終極真實性的涵義，而作為其成立的基礎或依據之決定的性格自然應與終極真實性的性格相符順，但懷氏卻以限定性與位置性來說這決定概念，表面看來是不通的。不過，倘若我們

---

[33]　PR, p. 43.

[34]　PR, p. 25.

深思一下，這個問題亦不難破解。懷氏的實際的存在既不單是經驗的、特殊的現象，也不單是超越的、普遍的本質，而是同時含有雙方的性格。懷氏的思考不是分析形態的，而是綜合形態的。他正是要把經驗性與特殊性連同它們的對反的超越性與普遍性合在一起說，目的是要解決柏拉圖以來的事物與理型或現象與物自身分離的理論困難。倘若我們把這一點關連著我們目下所遇到的懷德海的思考上的詭異，便可有某種程度的瞭然了。這即是，實際的存在以決定性為存有論的依據而成立，而決定性可分解為兩面性格，或者更精確地說，決定性可分解為最後歸於辯證的統一的兩面性格。限定性直指普遍的永恆客體，此中，「限定」並不是經驗性的限定，而是價值性的限定、選擇；因此，限定性提供實際的存在以超越的、普遍的性格。位置性則指涉空間性，照顧及事物的相對性；這空間性與相對性提供實際的存在以經驗的、特殊的性格。懷氏的哲學有一個很重要的目標，便是要解決上面提到的西方哲學的難題，以實際的存在來結合、概括事物、現象與理型、物自身的兩端性格。他是用心良苦的。

現在讓我們回到存有論的原理方面去。懷德海認為，這一原理顯示每一個決定都可指涉一個或多個實際的存在。我想或者可以換一下表達方式：在存有論的原理的脈絡下，「決定」能生起實際的存在，能使存在世界得以出現，而成就存有論。此中的思維次序是：

決定→潛能變為實現→實際的存在→存在世界→存有論

懷氏指出，一個實際的存在由為它而來的決定所生起，這所謂「生起」，應是指存在由潛存狀態變為實現狀態，成為實際的存在。懷氏繼謂，這實際的存在能把決定過渡到其他實際的存在，後者便成

了這實際的存在之替代者。這便有一實際的存在承接另一實際的存在而把存在的流程繼續下去的意味。

　　以上所陳有關「實際的存在」的思想，是根據《歷程與實在》一書而作出的。以下我要就這個觀念關連到現象與物自身的統合一面作些評論。首先，實際的存在是世界、宇宙最具終極性、真實性和具體性的事物的單位。這是一種創新的觀念，特別是就西方的形而上學傳統而言。在這方面，西方的思維方式是二元對比的，即是，抽象與具體分開，普遍與特殊分開，本體或物自身與現象分開，超越與經驗分開，等等。懷德海突破這種一直沿用不替的想法，開創一種全新的思維方式。在西方哲學家中，懷氏最推崇的，是柏拉圖，但柏氏的形而上學最弱的一環，正是現象與實在或本體的分離問題。這個問題到了康德，便成了現象與物自身的分離。懷氏所提的實際的存在，一方面是宇宙的終極實在之最根本的單位，同時也是在時空中的個別事物，兩者存在於實際的存在中，成為一個統合、統一體，正表示物自身或本體與現象的殊勝的結合，解決雙方分離的困難問題。進一步說，實際的存在是一種終極實在，它同時具有客體和主體的性格。就客體方面言，它是實際的、實現的、可以即時被體證的客觀實在，但它不是現前剎那生滅的現象，而是構成宇宙的終極的、最後真實的東西。它具有客觀的存在性，即是，它是以自己為原因的，自己具有自己的存在性，也決定自己的存在性；它的存在不來自任何主體，也不來自上帝。另一方面，它作為客體，並不相對於任何主體而為客體，它自身便是主體，它是自己實現自己，自己作為自己的存在性的主體。因此，懷氏不單純以主體（subject）或客體（object）來說實際的存在，卻是以自我超越體（superject）來說。即是說，這實際的存在是超越主體與客體的分

野與對立的絕對體性，但它不是超離的，而是內在的，它當下即展現於在時空下的具體的現象事物之中。接著我們便可說，實際的存在是自我超越體，但這「超越」並不是與「經驗」相對的超越，而是內在於經驗之中。這即是說，實際的存在的超越性是內在於經驗事物中的超越性，而不是遠離經驗事物的超越性。

七、懷德海論實際的境遇

上面探討了實際的存在，跟著應討論實際的境遇（actual occasion）。這兩個名相具有相同的意義，在懷氏的著作中，也常常被交互使用，特別是在《歷程與實在》中為然。不過，「存在」（entity）傾向於指事物，具有質體性（entitativeness）的意味，「境遇」（occasion）則有環境、際遇之意，涉及較廣泛的東西，與「事件」（event）的意思較近。故這一節的所述可視為上一節的補充。在本文中，我把 actual occasion 譯為「實際的境遇」，以「境遇」指涉多種在空間中發生的事情。對於空間，或甚至時間，我們通常把它關連著現象來說，認為與形而上的實在、本體、物自身無關。懷德海則完全不是這樣看，他是要打通現象與物自身，勝義諦與世俗諦兩界的。

懷德海既然以「實際的境遇」一語詞來說實際的存在，則對於實際的存在的內容、性格，也不自覺地隨著「境遇」（occasion）這一字眼而有所游離，顯示出有關實際的存在的更周延的面目。最明顯的是，他以「活動」來說實際的境遇。他在其另一重要著作《觀念的冒險》中開宗明義地說：「每一項實際的境遇在真理方面都是

一個活動的歷程。」[35]他不單以實際的境遇為活動的歷程，而且以實際的境遇為一種多個因素的結集或集合。而多項實際的境遇也可構成聚合或組合（grouping），組合在一起的境遇便相互統一起來，成為一個統合體（unity），再擴張到最後可以形成一個實際的世界（actual world）。在這實際的世界中，各項實際的境遇並不是相互獨立而不相通的，一如萊布尼茲（G. W. von Leibniz, 1646-1716）的單子理論（Monadologie）中所說的單子（Monad）由於沒有窗口因而互不相通那樣。毋寧是，各項實際的境遇是相對相關地互相聯繫的，甚至互相攝入，一項境遇可以是另一項境遇的部分，憑著這種關係而讓這另一境遇能夠成立。而原來的那項境遇，也可以攝一項第三境遇，以作為自身的一部分。這種多變的包攝關係涉及我在後面要討論的「攝握」（perhension）問題。

值得注意的是，每一項實際的境遇都可以是一存在的單位，這單位有自己的個體性（individuality）。但這個體性並不與其他實際的境遇的個體性相衝突；反而它們可以互動地相互協調，相互影響，相互依賴，相對相關。它們可以相互存在於自己的關係網絡中而互不相礙。不過，此中還是以互動為主。

每一實際的境遇各自確定（define）它自身的實際的世界，它是由後者生起的。沒有兩項境遇能具有同一的實際的世界[36]。按懷氏的這種表示，在前一點上有不順適之處。說實際的境遇一方面決定它自身的實際的世界，另一方面又由實際的世界生起，是有矛盾的。

---

[35]　A. N. Whitehead, *Adventures of Ideas* (New York: The Free Press, 1956), p. 281. 此書以下作 AI。

[36]　PR, p. 210.

我想懷氏的意思應該是，實際的世界由多數的實際的境遇合成，然後實際的境遇再從實際的世界出來，以反映實際的世界，然後便得懷氏所表示的後一點：沒有兩項實際的境遇能具有同一的實際的世界。倘若這種解讀的方式不錯的話，則我們可以說；實際的世界對於各項實際的境遇來說，都呈現不同的樣相。亦即，每一實際的境遇都反映它自身的實際的世界，這各自被反映出來的實際的世界都各依不同的實際的境遇而立，因而各有其自身的樣相。這便是後一點的意思：沒有兩項實際的境遇能具有同一的實際的世界。

懷氏認為，實際的境遇是無所謂變化的，它只是生成，然後便趨向消逝。它的消逝正設定或標誌著一種新的形而上的作用在宇宙的創發性的邁進中冒起[37]。倘若是這樣，則我們可說懷氏的實際的境遇一如佛教所說的世間法那樣，是生滅法。生滅法是有限的，不是無限的。因此，懷德海說：每一項實際的境遇就其本性來說是有限的[38]。

以下我要就現象與物自身或本體的關係對懷德海的實際的境遇作一些省察。我想我們最要注意的是，懷德海強調每一實際的境遇都是一活動的歷程，這很能展示一種形而上的洞見：把終極者歸於活動（Aktivität），而不屬於存有（Sein）。不過，懷氏所說的活動主要指知覺、感受、意念和這些活動所生起的較複雜的其他活動。因此，懷氏就實際的境遇而說活動，這種活動有很濃厚的知識論的涵義（epistemological implication）；活動的對象，基本上是認知的對象，而活動本身亦傾向經驗的層面。由於實際的境遇具有終極的、

---

[37]　AI, p. 262.

[38]　AI, p. 356.

超越的涵義，其活動轉而為基本上是經驗性格的認識活動，這便有從終極的、超越的實際的境遇轉而為經驗的活動的意涵，而使超越與經驗兩界通貫起來。這與下面要說之點，亦有密切的關連。

懷氏以結集或聚合來說實際的境遇，這即是，多項因素可結集或聚合成一實際的境遇，而多項實際的境遇又可結集或聚合而成更大、更複雜的實際的境遇，甚至多項聚合相互內在地結聚起來，而成所謂社會（society）。這些結集、聚合以知覺作用為基調，因而有很濃厚的認識論意味。認識論傾向於世俗的、經驗的活動，這又有終極的、超越的實際的境遇表現為世俗的經驗的活動的意味，讓實際的境遇由超越界下落到經驗界，把兩界連貫起來。

最後一點，也是最重要一點是，對於作為終極實在的最根本單位以平常字眼如事件、實際的存在、實際的境遇表示出來，把這三個觀念與我們日常接觸的事物、現象關連起來，俾使我們能從流俗中、經驗中認取有超越的、物自身義的真理。我們尤其要念之繫之的，是懷氏有意把世俗與超越、現象與本體或物自身、凡塵與神聖兩界綜合起來，讓我們能得到真理、真實之理的全貌。「真」是對超越的、清淨的事物、境界而言的；這些東西必須是真而不是妄才行，才能說真理，以至終極真理。但光是「真」是不足的，必須有「實」來充實它，這實不能向超越界中求，而是要在現實的經驗生活中求。懷氏的確有要打通現象與本體、物自身兩界的決心，因此從事件、存在、境遇這些在日常經驗中出現的東西著手，要在其中講出、建立真理。另外，他對歷程（process）、活動（activity）有很強烈的意識，認為真理是要在歷程與活動中成就的。實際上，他建構宇宙論，探索形上真理，也正是在歷程中進行的，因而他要對描述終極真理的字眼一改再改，最後歸於「實際的境遇」。明白了

他的思維的背景後，我們便可瞭然他何以用那麼多日常生活的用語去展示他的以宇宙論為中心的機體主義哲學，也會同情、諒解他有時在表達上與運用概念、觀念上不夠嚴格、一致。例如，他說實際的境遇是有限的，沒有終極義、無限義，但另一面又以實際的存在來代替實際的境遇，或把它們交替使用，但又說實際的存在是終極真實。這顯然是在用語上、表達上的疏忽。但這無損於懷氏思想的平實性而又富原創性。

八、攝握問題

對於現象與物自身的認識問題，在康德來說，起碼就他的《純粹理性批判》來說，人具有感性的直覺以認識現象，上帝則有睿智的直覺以認識物自身。但人與上帝都不能同具這兩種機能，因此，雙方都無法證成現象與物自身的統合。在胡塞爾來說，人可憑他所具有的本質直覺以認識現象的本質，而本質又是具體物，是與現象結合在一起的，雙方合而為一，故了解本質，同時亦了解現象，證成現象與本質的統合。本質是終極性格，它的一種表現形式是物自身；故在胡塞爾來說，人是可證成現象與物自身的統合的。在懷德海，經驗性格的現象與作為終極實在的超越的東西，說本體也好，物自身也好，都統合於實際的存在或實際的際遇之中。而認識或證成這實際的存在或實際的境遇的，是甚麼東西呢？這是現在要檢討的問題。

這個問題的難度很高，因為在懷德海的機體哲學中，很難找到一個主體的認知能力，如睿智的直覺那種。理由是懷德海的哲學體系是一套宇宙論，重點在鋪陳一幀具有高度美學情調的宇宙的創化

圖象，在這個創化歷程中，每一個參與的元素都是主體或泛說的認
識主體，這些主體可以是事物，也可以是人；它們不是別的，正是
上面說的統合經驗界與超越界或現象界與物自身界的實際的存在或
實際的境遇。懷氏以實際的存在指涉主體的情況比較多，可以說是
泛主體論者。而實際的存在或實際的境遇之間的關係，亦可以說是
主體之間的關係；某一實際的存在或實際的境遇對著整個世界來
說，有認知的作用在裡頭，但認知的涵義並不顯著。這種關係毋寧
應說是存有論性格或宇宙論性格的，它對於作為客體的世界（它自
身居於主體身分）來說，與其說是認知，不如說是參與，或共同促
成、成就，來得恰當。這裡很難說認識關係，反而說作用關係，較
為貼切。但作用的意思太泛，難以把問題交代清楚。懷德海自己用
的字眼，是感受（feeling）、涉入（ingression）和攝握（prehension）。
攝握的意思比較確定，而懷德海本人用得也較多，因此我只拿這個
字眼來說。寬鬆地說，攝握可以說是相應於睿智的直覺，是懷德海
用來描述主體與宇宙或世界的關係、作用[39]。主要是交感、感應的
作用。

　　攝握一觀念首次出現於懷德海的《科學與現代世界》一書中，
但要到他寫《歷程與實在》與《觀念的冒險》兩鉅著時，才有清楚
的眉目。因此，我在這裡論懷氏的攝握問題，主要也以這兩本書為

---

[39]　關於 prehension 這個字眼的翻譯，我曾花了好些工夫，覺得很難找到
　　一個中文語詞來配它。主要的理由是它不是認知意義的，而是宇宙論、
　　存有論意義的。唐君毅先生曾譯為「攝握」，日本學者則多譯為「抱
　　握」。最後我選擇了「攝握」這一譯法。詳情參閱拙著：《機體與力
　　動：懷德海哲學研究與對話》（臺北：臺灣商務印書館，2004），頁
　　79 註 2。

準。據懷氏的理解，攝握即是將某一個別要素收歸自己所有的歷程（process of appropriation）。所收為己有的東西，主要是指作為宇宙的終極要素的實際的存在。在《觀念的冒險》中，懷氏對攝握有更周詳的說明。他先從經驗的境遇（occasion of experience）說起，強調經驗的境遇是一種活動，可分解成不同的作用模式，這些作用模式一同構成境遇的形成歷程。這每一種模式又可分解為作為主動的主體（active subject）的全部經驗，和與該特別的活動有關的事物或對象。特別應注意的是，懷氏並不以一種質體（entity）義的作用者為主體，卻是以境遇為主體，而能在一個主體或境遇之中激發出某些特別的活動的，便是對象。故主體與對象是相對的，主體似有包攬對象的態勢。這樣的活動模式，便叫作「攝握」（prehension）[40]。他不以實體或質體說境遇，而以作用的模式說。這即是說，境遇是虛的，不是實的。所謂主體與對象，在懷氏看來，境遇自身便是主體；至於對象，則是指那些能激發起（provoke）相關境遇的特別的活動的東西。這即是說，懷氏是在作為終極的實際的境遇的形成這一脈絡下來說主體與對象，其間有很強烈的活動的意味。而境遇的形成則是他的機體主義的形而上學上的一個挺重要的問題。因此，我們可以肯定地說，在懷氏的主客關係的說法中，一直都朝著形而上學特別是宇宙論這一路向發展，此中並無認識論（epistemology）中以主體認知對象的意味。毋寧是，在主客關係的活動中，對象能在主體中激發起一些活動，讓主體或境遇能夠通過一個歷程而得以生成。若說攝握，便是主體或境遇把對象和它的作

---

[40]　AI, pp. 226-227，要注意的是，懷氏有時又以攝握指實際的存在的被受納。

用收納起來，以成就自己。

在對攝握問題上的基本理解方面，日本學者山本誠作與我的看法相同。他提出，所謂抱握（山本氏譯 prehension 為「抱握」），是對於作為對象而被給予的東西，主體即此即受容於自身之中[41]。在這裡，山本很能抓住懷德海的「攝握」觀念的要義：主體把對象或被給予的東西受容進來，成為自己的東西。

攝握既表示對某一個別要素收歸自己的歷程，具體地說是，作為主體的境遇收納作為客體的對象為己有，則亦可以倒轉來說，攝握歷程或活動可以被分解、被還原。因此，懷德海表示，一個實際的存在（他有時說實際的境遇，有時說實際的存在）可被分解為攝握。一個實際的存在的任何特性都可以在攝握中再次被產生出來[42]。在這裡，我們最應注意的一點是，攝握是一種活動、一個歷程，可以從實際的存在中被分解出來，而作為終極實在（終極即是不能被還原為更根本的意思）的實際的存在既不能被分解為更根本的實在的質體、存在，而只能被分解為像攝握那樣的活動，則實際的存在勢必要被視為一種活動不可。而攝握所指涉的外在的世界中所含容的情緒、意念、估價和因果性，亦只能被視作活動。任何實體意義的東西，在這樣的脈絡中都不能說。懷德海的哲學的非實體主義的性格，便很清楚了。

最後，我要在這裡為攝握的作用作一小結。攝握是為實際的存在或實際的境遇向外界吸納有用的、有益的對象以成就宇宙的最根

---

[41]　A. N. ホワイトヘッド著，山本誠作譯：《過程と實在》（京都：松籟社，1979），〈譯注〉，頁 389。

[42]　PR, p. 19.

本的真實單位的一種活動。它的作用是成就、創造實際的存在與實際的境遇。因此，它是一種具有創造性的存有論、宇宙論的活動，沒有認知的意味。這與康德所提的睿智的直覺能給出雜多以創造存在的意味是相通的。後者也沒有主客對恃的認知意義。

九、總結

　　西方形而上學自康德提出物自身只是一個限制概念，只是限制我們人類知識的範圍，沒有實質意義以來，現象與物自身的分離便成了一個熱門討論但又非常棘手的問題。很多哲學家都在這一點上盡過力，希望能解決這個問題。歐陸的現象學與英、美的機體哲學或歷程哲學便是兩個明顯的例子。胡塞爾提出本質直覺，以統合現象與本質、現象與物自身。懷德海提出實際的存在或實際的境遇，以為終極實在與事物的現實性、具體性都統合於其中，而又提攝握來成全這實際的存在或實際的境遇。他們的努力是否成功，或成功到甚麼程度，還有待進一步的研究。但他們明顯地都是沿著解決現象與物自身的分離的理論困難這條思想之路走的。牟宗三先生提中國的儒、釋、道三家言睿智的直覺作為參考，當然有助於這個問題的解決。但西方哲學的問題有西方哲學自身的解決方式；我想他們是會成功的，不一定要求助於東方哲學。讓我們拭目以待好了。

第八章
純粹力動現象學的構思與建立

一、宗教信仰的重要性與體用問題

我構思與建立純粹力動現象學（Phänomenologie der reinen Vitalität, phenomenology of pure vitality）的動機，可以從兩方面來說。一方面是關於宗教信仰的問題。如所周知，宗教信仰非常重要，它能安頓現代人在精神上的空虛感，讓他們憑著一種信仰，使心靈安定下來，專心去做自己的事，實現自己的理想。這種信仰的影響力，有越來越強大、逼切的傾向。在我看來，有宗教信仰是一種福氣，但不能勉強。一個人信奉某種宗教，應該是真正出自他的心願、生命的脾性，作不得假。他虔誠地信奉某種宗教，應該是無條件地接受該宗教的義理的，當然也要遵從相關的儀式來行事。世間上有多種宗教，各有自己的獨特教法與儀式，信仰各適其適，選取自己最喜歡的宗教。實際上，在很多人的心目中，宗教信仰已經成為他們的生活上的重要項目，不能或缺。在我的理解中，信奉某種宗教，表示對它的教理無條件地全盤接受。能接受的便成為信徒，否則便不會對該宗教起信。信抑不信，接受抑不接受，有很多因素，我們在這裏不擬作深入的、廣面的探討，只表示對宗教的信仰，是一種

福氣。有這福氣比沒有這福氣為好。

歷史上出現過不少宗教，很多在現時還在流行。我在自己最近所寫的一本微不足道的小書《宗教世界與世界宗教》[1]中，曾列出其中較重要的，如：印度教、佛教、猶太教、基督教、道教、伊斯蘭教、神道教、薩滿教，也提過一些神話與民間宗教，並且列出一些雖不是宗教但具有宗教功能的哲學如儒學、道家、京都學派。對於這些宗教或哲學，我都不能無條件地接受，因此不能成為它們的信徒，也可以說自己沒有福氣。但我的確很需要有宗教作為信仰的對象。既然現實的、現成的沒有，便只得自己動手，弄一個出來。因此我便要造論，建立純粹力動現象學，作為自己的哲學，也作為自己的宗教。

另外一方面是，我很早便看熊十力的書，注意到他先是在南京內學院隨歐陽竟無學佛，特別是唯識學。他提出一個重要的問題：佛教強調諸法本性是空，是寂，但又要普渡眾生，這如何可能呢？諸法包括人自身的本性是空寂，無實體可言；若沒有實體，如何能產生力量，以渡化自己及眾生呢？普渡眾生是大事業，沒有實體生起精神的力量，渡化眾生如何說起呢？熊先生便就著這一問題深入探討下去，最後不談空寂的諸法，轉而歸向《大易》，謂《大易》講生生不息，大用流行。《大易》講生生不息的實體、「易體」，能不停地發出動感、力量，可以勝任普渡眾生的大事業。但《大易》是儒家的經典文獻，歸向《大易》，雖然能解決熊先生提出的問題，但卻是援佛入儒，以儒家來取代佛教，這不啻是放棄佛教，而依從儒家，這並不能為佛教解決自身的問題。

---

[1]　吳汝鈞著：《宗教世界與世界宗教》（臺北：臺灣學生書局，2013）。

　　熊十力在這裏涉及哲學特別是形而上學的體用問題。即是，事物特別是精神，必須具有實體，或便是實體，才能發用，發揮精神的力量，像水力發電機作為機器那樣，發出電能。沒有水力發電機作為根源，發揮電能便無從說起。在形而上學方面，沒有精神實體為根本，便發揮不出精神的力量。熊先生的這種想法是一貫的，在1949 年以前他寫的《新唯識論》及《十力語要》是這種說法；在 1949年以後他陸續寫出《乾坤衍》、《明心篇》、《體用論》以至《原儒》，也是持這種看法。只是在《原儒》一書中，他多引用了幾個「革命」的字眼，又說孔子也講革命，云云而已。

二、佛教中沒有形而上的實體義 或體性義的觀念

　　要建立體用論，便得看有無體用關係，這得看在有關宗教亦即是佛教的教法中能否找到具有形而上的實體義或體性義的觀念。倘若能找到，則或可以為佛教建立體用關係或體用論。我因此全面地對在佛教中具有終極義的觀念察看它們是否具有形而上的實體義或體性義。我把這些觀念分為主體方面的與客體方面的兩大聚合。主體方面的聚合有般若、般若智、成所作智、妙觀察智、平等性智、大圓鏡智。另外又有佛性、如來藏、如來藏自性清淨心、空如來藏、不空如來藏。客體方面則有空、不空、涅槃、無為法、中道、中道理、中道第一義。作為諦或真理來說的，則有空諦、中諦。以下是對這些觀念的詮釋：

1. 般若、般若智（prajñā），這是《般若經》（*Prajñāpāramitā-sūtra*）所說的智慧，是專門觀照空性（śūnyatā）的智慧，

不是實體,無體性義。

2. 佛性(buddhatā),這是成佛的主體,可發出般若智以見事物皆空(śūnya),無自性可得。

3. 如來藏(tathāgata-garbha),這是成就作為覺者的寶藏的潛能,能成就如來或佛的人格的寶藏的潛能。

4. 如來藏自性清淨心(tathāgata-garbha-pariśuddhaṃ cittam),這是就清淨無染的心靈來說的如來藏。

5. 空如來藏(śūnya-tathāgata-garbha),這是本性為空的如來藏。

6. 不空如來藏(aśūnya-tathāgata-garbha),這是說具足種種轉化眾生的功德(guṇa)的如來藏。

7. 成所作智(kṛtyānuṣṭhāna-jñāna),這是唯識學所說的成就世間種種事務的智慧。

8. 妙觀察智(pratyavekṣanika-jñāna),這是唯識學所說的觀照世間事物的特殊性的智慧。

9. 平等性智(samatā-jñāna),這是唯識學所說的觀照世間事物的普遍性格亦即是空的智慧。

10. 大圓鏡智(ādarśa-jñāna),這是唯識學所說的能同時觀照世間事物的特殊性與普遍性的智慧。

11. 空(śūnyatā),這是佛教所強調的世間諸法的無自性因而是空的性格。

12. 不空(aśūnyatā),這是能成就證成事物的空性的真理的種種功德(不是空的否定面,不是作為空的對反的不空的實體、自性)。

13. 涅槃(nirvāṇa),這是修行者最後獲得覺悟、解脫而感受到

的精神境界。他能突破生命的種種苦痛煩惱而證得常、樂、我、淨的境界。

14. 無為法（asaṃskṛta），這是超越、克服一切二元分別意識而證得的絕對的、無限的、永恆的終極境界。

15. 中道（madhyamā pratipad），這是不取著於有與無的相對性的不偏不頗的絕對的境界。[2]

16. 中道理，這是作為中道的終極理境。

17. 中道第一義，以中道作為基礎的第一義的、勝義的真理。

18. 中道佛性，這是《涅槃經》（Parinirvāṇa-sūtra）特別是天台宗智顗提出的對終極真理的最全面、最周延的表述方式。中道是理，佛性是心，雙方等同，表示理與心合而為一，主客圓融無礙。這中道佛性具有常住性、功用性與具足諸法，是佛教中最接近體性義的終極觀念，但說到底，它仍是以空為性，不是形而上的具有實體性的本體。

由上面的詮釋可以看到，佛教的主要的終極觀念，都沒有形而上的實體、質體的意味。倘若我們一定要強調事物必須要具有實體、體性，才能產生作用，新儒學家牟宗三先生便常說有體即有力，無體則無力，特別是精神作用，以渡化自己，同時也渡化他人，所謂「普渡眾生」，而它所強調的空或中道，都表示一種事物的真相、

2　有人可能會提出天台智顗的三諦的說法，其中有空諦、假諦和中諦。如我在自己很多地方都說到，這涉及我們對龍樹（Nāgārjuna）的《中論》（Madhyamakakārikā）中的三諦偈的翻譯與解讀問題，鳩摩羅什（Kumārajīva）對梵文原偈的漢譯有錯失，讓智顗誤以為龍樹有三諦的說法。實際上，據梵文原偈，中道只是對空義的補充，不能獨立為諦，而成「中諦」。

實相，亦即是緣起（pratītyasamutpāda），即是空（śūnya）或中道的那種狀態（Zustand, state）而已。從這個觀點看，熊十力對佛教的空寂之體不能生起力用以普渡眾生的質疑，的確是佛教的真正問題。

在佛教中唯一的一個學派有實體觀念的，是說一切有部（Sarvāsti-vāda），它提出法體（dharma-svabhāva），視之為具有自性、實體，所謂「法體恆有」，這是屬於小乘，大乘諸派都反對它的這種說法，視之為異端，違離了原始佛教特別是佛陀的緣起觀點。我們講佛教，以大乘佛教為主。

三、對熊十力的體用不二論的質疑　　與純粹力動觀念的提出

基於有精神實體才能展現精神力量的原理，熊十力為了解救佛教的空寂的觀點，而回返到《大易》的實體觀，他稱這是「體用不二」。即是，本體或實體能發出力量、作用以成就人生的種種活動，本體當下自身便能發出這種作用，而這種作用也必須只由本體發出，不能由其他源頭發出。本體與作用相互緊密擁抱而存在：就存有論來說，本體與作用是不相離的：本體是作用的本體，作用是本體的作用。沒有離開本體的作用，亦沒有離開作用的本體。本體與作用的這種不分離的關係，是所謂「體用不二」的不二關係。「二」即是分離，「不二」即是不分離。

熊十力的這樣的形而上學思想看來不錯，起碼它能避過佛教的空寂的性不能產生作用、功用的困難。不過，倘若更深入地、更周延地考量這種思想，則又會發現一些深微的問題。第一，他說體用

不二，是說本體與作用不分離，但本體仍是本體，作用仍是作用。在他的多本著作中，都提過體用雖不二，但還是有「分」，亦即是有分別。這分有本分之意，也有分別之意。從圓教、圓融的角度看，仍是有所不足。[3]

　　第二，熊十力提到本體有複雜性，這也是問題。這複雜性表示本體內有不同成分，或由不同成分構成，這意味著本體可再還原為若干因素，因而不能說本體的終極性。所謂「終極性」（ultimacy）是指不能還原為更根本的成分之意。若說本體有複雜性，則表示本體不是終極義的，如是，本體便不是真正的本體。

　　第三，更重要的一點是，我們通常來說是在現實的、相對的經驗世間活動，在這個世間中，某種作用或力量的發動、出現，需要有一發動的來源。例如一個農夫，他需要具有健康強壯的身體，才能有足夠的精力下田工作。倘若他生了病，身體虛弱，便缺乏精力，不能下田工作了。上面提到的水力發電機也是一樣。一言以蔽之，我們在這經驗的世間，不論做甚麼事，或以甚麼力量去做事，都需要有發力的源頭、機器以提供力量。機器壞了，便發不出力量去做事了。這是理所當然的，沒有人會懷疑。但倘若我們是在超越的、絕對的世間、環境中做事，是否和在經驗的、相對的世間、環境中做事那樣，需要一個能力、力量的發動的源頭呢？這能力、力量自身是否便可以是源頭、發力的來源呢？這是一個很值得探究的問

3　在這裏或前後提到熊十力的說法，其出處都可在拙著《純粹力動現象學》（臺北：臺灣商務印書館，2005）、《純粹力動現象學續篇》（臺北：臺灣商務印書館，2008）中多次提及，我在這裏不擬一一再作交代其出處。其他的說法也不再作交代，讀者諒之。

題。我的意思是，倘若那能力、力量是超越性格的，它自身是否可以作為源頭來發動、活動、工作呢？抑是像在經驗世間那樣，機械性地（mechanically）需要一個發力的源頭、發力的體，才能展開活動、工作呢？倘若答案是肯定的，則超越的、絕對的世間與經驗的、相對的世間便沒有甚麼不同了。起碼就源頭與作用、體與用的關係來說是如此。

我把這種超越的力量稱為純粹力動（reine Vitalität, pure vitality）。我的意思是，純粹力動是終極的原理，沒有經驗的內容，它自身便是一種超越的、純粹的活動，自身便具有力量，更精確地說即是，它自身便是力量，便是動感（Dynamik, dynamism），不需要借助一個外在的東西、外在的體來發動。它自身便是力量或力動之源、力動之體，即是，它自身既是力動自身，是力動之用，也是力動之體。這樣，就力動而言，它同時是體與用。在它來說，體與用完全相同，沒有體用關係，因此「體」、「用」的名相便可廢棄。是不是這樣呢？熊十力提體用不二理論，以體與用不離，體能發用，用發自體；體與用不分離，體與用不二，用必須由體發，是否有機械論（mechanism）之嫌呢？

再說一遍，在經驗世界，可以說體用關係，而且為了瞭然於根源與作用的不同，必須說體用關係。但在超越的世界，超越性格的力量、力動，或純粹力動，自身便是一種超越的活動，力量、力動便含於其中，或其自身便是力量、力動，何必要往外尋索一個發力的根源呢？如一定要往外尋索，必無結果，因為自身便是發力的根源，便是體。往外尋索根源，只是騎驢覓驢而已。

四、對於其他有關哲學的疑難

　　以上簡明地交代了我要造論、構思純粹力動現象學的由來。重複地說，這有兩個面相。一方面是強烈地意欲一種宗教信仰，但在現實上找不到，只有自己動手打造出一種，這便是純粹力動現象學。另一方面是順著熊十力對佛教的批判，在佛教方面努力研究、做工夫，希望在佛教中找到一些說法、觀念，以回應熊先生的質疑。這中間經歷了三十年，並沒有結果，但增加了對佛教及其他哲學的認識，也不算是完全白費。在這段時期，以至最後構思得純粹力動，有很多波折，也包括三度放洋（日本、德國、加拿大）留學，其中的感受，不足為他人道。[4]在十五年前，我開始造論，接觸過多元的哲學，增加了自己的知識、視野和思考力，又提出對多方哲學的疑難，特別是對儒學、京都學派和康德。以下僅提出來供讀者參考。

　　首先，儒學特別是當代新儒學的牟宗三先生，常言及形而上的終極原理或真實，如天道、天命、天理、道、本心、良知之屬，雖有不同的稱呼，但都是指向同一的作為宇宙創生之源的終極真理。他們強調這宇宙創生之源能創生萬物，神鬼神帝，生天生地（取《莊

4　可以說的是，構思與建立純粹力動現象學，最原初的動機是為己的，即是，要以這種現象學作為自己的信仰。實際上，我閱讀和寫出那麼多的書，其中很有一部分是為己的。例如，我大半生都生長於苦痛中，那主要是多病所致，因而需要一種哲學來舒緩，於是便寫出《苦痛現象學》。又我是在屈辱的環境中長大和發展的，特別是在求職謀事方面，處處碰壁，於是便寫出《屈辱現象學》。這都是自勉、為己的書；表示苦痛、屈辱不必是自己的敵人，自己可以跟它們交個朋友，和平相處，以減輕和它們所形成的張力和內心的怨恚，讓生活好過一點。至於是否對人有益，則不是最重要的。

子》語）。不過，這宇宙創生之源是一抽象的原理，超越於時空的，而萬物則是具體的、立體的，存在於時空之中，此中的創生是如何可能的呢？抽象的原理如何能創生出具體的、立體的宇宙萬物呢？儒學包括傳統的孔孟儒學、宋明儒學和當代新儒學（以唐君毅、牟宗三、徐復觀等為代表）好像沒有面對這個問題而作出清晰的交代。熊十力只提過簡單的翕闢成變來回應，但嫌簡略，不能讓人清楚明白。此中顯然有一個宇宙論的推演歷程。即是，抽象的原理進行自我否定、自我分裂，而分化或詐現（用佛教唯識學的用語：pratibhāsa）出宇宙萬象。儒學和其他一些學者如勞思光好像不重視宇宙論的生成與變化的作用。但這宇宙論的生成與變化是一具體化、立體化的原理，要建立萬物的具體性、立體性，非涉及這種原理不可。

　　第二，天道、天命、天理、道、本心、良知是實體（Substance），因而由它所創生出來的萬事或萬物都應分享其實體性，牟宗三因此而常說「實理實事」，顯示萬事萬物都是真實無妄的，不是佛教所說諸法都是虛妄的。但這「實」的性格，應該有一個限度，不能無窮無盡地實下去，以至於堅實到不能改變的程度，而導致常住論。事物若是有常住性，則會變得僵滯，不能變化。若是這樣，便會引生非常嚴重的問題。人若生病，這病若是具有常住性、堅硬不改性，則我們便不能指望這病可以治癒了。推而言之，對於人的負面性格，一切道德上的教化、宗教上的轉化，便無從說起了。因此，對於這實性，需要有一約制，不能讓它發展到極端的程度。如何約制呢？儒學未有明說。

　　第三，對於物自身（Ding an sich, thing in itself）的問題，牟宗三先生談得最多。這主要見於他的《現象與物自身》、《智的直覺與中國哲學》二書中。他強調康德認為物自身是睿智的直覺的對象，

人沒有這種直覺，故不能知物自身；上帝具有這種直覺，故能知物自身，並且可以創造物自身。他認為人亦可有睿智的直覺，因而亦能知物自身。他並強調儒、佛、道三家都能證成這種認知；程明道講「萬物靜觀皆自得」，這萬物便是以物自身的姿態而呈現。這樣的物自身是作為在存有論上的一種物體而存在的。若物自身只是作為一種存有論的東西而存在，則對我們在生活上並無多大裨益。倘若物自身不光是一種物體，而且是一種行為、行動，具有工夫論的、救贖的意義，則大為不同。即是說，我們的行為，有些是中性的，無所謂善與惡，例如到書局買一本小說來看。但有些行為是具有深厚的道德與宗教意義的，例如不計較自己方面在精神上與物質上有甚麼損害，一心一意去幫助身處於危難中的他人，讓他不致受傷，以至保住性命。這種行為應被視為具有正面的意義、價值，與一般中性的行為大為不同。物自身應有這樣的性格，這便是我所說的物自身的行為的、行動的轉向，它具有濃烈的救贖的意義。我們應該重視、證成物自身的這種行為的、行動的轉向。關於這點，牟宗三好像未有提及，包括當代新儒家在內的儒學好像也沒有提到。我們瞭解物自身，除視之為物體外，亦應視之為行為、行動，才能充量證成物自身這個超越的觀念的深厚的意涵。

以下我們看京都學派。京都學派是一個具有多元的內涵的哲學學派，依國際方面的看法，他們有西田幾多郎、田邊元、久松真一、西谷啟治、武內義範、阿部正雄和上田閑照共三代人物，第四代則在成長中。這些成員各有其自身的學問背景，亦各自吸收西方的哲學和思潮以強化自己的學養。創始者西田幾多郎具有濃烈的哲學的原創性，他吸收德國觀念論、柏格森（H. Bergson）、詹姆斯（W. James）、來布尼茲（G. W. von Leibniz）等西方大哲的思想精華，

又融合東方的思潮，特別是佛教的華嚴宗與禪，以成就其絕對無或場所的哲學。其中的核心觀念是絕對無（absolutes Nichts）。由他以下的學派成員都承受了他的絕對無的哲學觀念，而分別有多元的發展與開拓。以下是我對這種哲學的質疑。

第一，西田幾多郎在他的早期代表作《善の研究》中由純粹經驗出發，建構自己的絕對無的哲學，由此以演化出種種思考與觀念，以及於人類的多項文化成果，如科學、道德、藝術、宗教等等。在講到作為終極原理的絕對無如何開展出現實的存在世界方面，透過絕對無或場所的自我限定來確立自己的世界觀。這在他的晚年著作《哲學の根本問題：行為の世界》與《哲學の根本問題續篇：辯證法的世界》中，以絕對無作為核心的觀念來作自我限定，以成就世界的多元的存在物或事物。他從三個面相來說這自我限定：絕對無的自我限定、絕對無對萬物的限定和萬物的相互限定。這限定是一個存有論的概念，也是一個成就存在世界的終極原則。但絕對無如何透過自我限定以開展出存在世界的種種事物，卻始終含糊其詞，說不清楚。顯然此中需要提出一種宇宙論的推演，交代宇宙中事物的生成與變化。但他所持的是觀念論的立場，與宇宙論特別是不同物類的出現於時空中，有格格不入的態勢。即是說，他總是不能提出絕對無如何自我限定以進行一種繁複的宇宙論的推演來成就存在世界、經驗世界。這不止是限於他自己，整個京都學派好像都要避免觸及宇宙論的推演問題。這樣，現象世界便與作為一切存在的根源的終極真理亦即是絕對無或場所脫了軌，連接不起來。現象世界便呈現懸浮的狀態，沒有深廣的根脈來支撐。這表示京都學派缺乏一個完整的本體宇宙論；這樣的本體宇宙論是不能以絕對無的自我限定輕輕帶過的。

　　第二，對於西田所說的作為核心觀念的絕對無，京都學派自田邊元以下，都是首肯的，並各自以不同的觀念或思想來說絕對無。其中久松真一以「無相的自我」來說絕對無，並提出「能動的無」一觀念。這兩者都是有問題的。以無相的自我來說絕對無，表示作為終極主體性的自我，是遠離一切對象相的。無相即是指超越、克服作為終極主體性的自我的對象相、分別相，而建立絕對無相的自我，使之成為絕對的、真正的主體性。按這樣說自我，偏重於自我的超越性、對經驗性的超離性格。這在義理或邏輯上來說是可以的，但只強調自我的負面的面相，而忽視了它的正面的面相。按一般的理解，自我作為真正的主體性，是正、負面兼具的；正面是它的存在性、世間性，負面則是它的非經驗存在性、出世間性。[5]倘若太強調它的正面性，則會有常住論的傾向；太強調它的負面性，則會有斷滅論、虛無主義的傾向。一個健康的、正大的主體性，應該是同時顧及其世間性和出世間性，而成為「世出世間性」。即是說，應該是超越性與內在性兼備的。超越與內在，都是就世間而言，亦即是就經驗而言。淨土宗一方面講往相，另方面又講還相，即是同時顧及超越性（往相）與內在性（還相）。久松真一提無相的自我，顯然是重視往相、出世間方面，而未有重視還相、世間方面。

　　另外一個觀念「能動的無」，也是有問題的。若這無是承自西田的絕對無，則上面所說的這絕對無的困難，在久松這裏仍然適用。絕對無不是實體，也不是力動，它的能動性如何說起呢？若這無是來自佛教般若思想與龍樹的空，或禪宗的無，問題也一樣存在。般

5　這裏說正面性與負面性，並無估值的意涵，只是就不同的面相而言，並無正面是好的，負面是不好的意涵。

若思想是專注於般若智的闡述，這般若智基本上只有一個重點的作用，便是觀照諸法的無自性性（asvabhāva），亦即是空性（śūnyatā）。龍樹繼承了般若思想的空觀，在《中論》中加以發揮。這《中論》的空是甚麼意義呢？我在拙著 *T'ien-t'ai Buddhism and Early Mādhyamika*（中譯為《中道佛性詮釋學：天台與中觀》）[6]中對這空作過仔細的解讀與分析，確定這空有兩種意義：對自性的否定與對邪見的否定，這都是從狀態說，不是從活動說。狀態即是沒有自性和邪見的狀態，沒有力量、力動的意思。至於禪宗的無，則有些實踐的力量、力動的意涵，但是負面說的，不是正面說的；也沒有實體的意味。慧能在《六祖壇經》中說無一物與無念、無相、無住。這都是實踐義，是超越的主體性或自性的實踐，這超越的主體性不是本體，也沒有實體，動感還是不能說。久松提出「能動的無」，並沒有文獻上與義理上的理據，只增添幾分神秘主義的意味，是不行的。

　　第三，阿部正雄承接著其師久松真一的能動的無的說法，提出「動感的空」（dynamic śūnyatā）觀念，又在這觀念的脈絡下，提出「自我淘空的神」（self-emptying God）或「淘空的神」（kenotic God）一觀念。此中也問題重重。首先，阿部的老師西谷啟治以空來解讀絕對無，這空正是包括般若思想與中觀學在內的空宗所闡釋的，因此，空是指沒有自性的真理的狀態。既然是狀態，便難以說力量、力動。動感的空便無從說起。至於淘空的神，是阿部提出來以注入基督教的神的觀念中，以化解神所具有的實體性。按基督教

---

[6]　Ng Yu-kwan, *T'ien-t'ai Buddhism and Early Mādhyamika*. Honolulu: University of Hawai'i Press, 1993. 陳森田中譯：《中道佛性詮釋學：天台與中觀》（臺北：臺灣學生書局，2010）。

是走實體主義的思想之路的，神本身便是一個大實體（Substance）。而佛教則很明顯地是非實體主義的思想，特別是般若思想與以《中論》為依據的中觀學，是以自性的否定來說空的；這自性是實體、本體的形態。因此，基督教的神與佛教的空正是相對反的，我們如何能像阿部那樣，以空注入基督教的神中，以淡化神的本體、實體意味，俾能開拓出基督教的佛教化的道路呢？阿部以這動感的空與淘空的神作為依據與基督教進行宗教對話，注定是沒有結果的。基督教如何能接受淘空的神或神的自我淘空的說法呢？

　　以上是我對一些哲學或思想所提出的質疑、疑難。我在自己的純粹力動現象學體系中，對於這些質疑與疑難，有善巧的消解。

五、純粹力動的宇宙論的推演　　與經驗世界的現成

　　以下我們看純粹力動的宇宙論的推演和如何成就這個現實的、經驗的現象世界。關於這點，我們必須採取一種分解的方式來說明。因為純粹力動作為一終極原理、超越的活動、絕對的力動，是不能獨自存在的，我們一講起這純粹力動，它的存在性，已具在於現實的經驗世界的各種事物中了。即是說，世間並沒有單獨的純粹力動，而其中種種事物，亦不會獨立於純粹力動而有其存在性。但為解說上的方便起見，我們擬設在這個經驗世界成立之先，有作為其依據的純粹力動存在，然後這力動依循種種活動，最後形構成這個經驗世界。這便是上面所說的分解的意思。一言以蔽之，我們一說純粹力動，便是指存在於種種事物中的純粹力動；而一說種種事物，便是由純粹力動所創生、所成就的種種事物。這不是說純粹力動與種

種事物有一種相即不離的關係，像熊十力所說的體用不二的情況那樣。毋寧應說，純粹力動的存在性，已演化為種種事物，而種種事物，則是由純粹力動所變現、所成就。純粹力動與種種事物不是二，也沒有雙方的「不二」的關係。有二，才可以說不二，若根本沒有二，則不二亦無從說起。亦可以說，有分別，才會有無分別；倘若根本上沒有分別，則亦無所謂無分別。

世界的生成，我們姑可這樣作方便的權說：先是有純粹力動存在，之外則是甚麼東西也沒有。在客體方面，純粹力動作為一無經驗內容的終極原理，憑著它本來具足的動感，從抽象的狀態慢慢凝聚起來。這是說力動的凝聚，而有所作為，不是講物質的凝聚，如由氣體變為液體，再由液體變成固體。力動凝聚，便有下墮的傾向，這種傾向使力動的力聚合起來，好像有某種活動，由虛變成實，或由透明變成遮蔽，由清明狀態變成沉濁狀態。最後力動自身凝結，而詐現為氣。氣是物質世界、經驗世界的最底層次的存在，只是朦朧一片，沒有任何分別性。這樣說次序，頗有朱子理先氣後的意味。但這先後不是時間上的先後，毋寧是邏輯的、理論上的先後。

在氣來說，是物質世界的雛形，但一切仍是渾沌一片，沒有分別。進一步，氣漸漸進行分化，分化為陰與陽兩個面相。就活動的狀態來說，陽氣是剛健的、開放的，陰氣則是柔順的、保守的。這二氣又相互交感、互動，又各自繼續分化，而詐現為種種蘊聚。蘊聚相互碰撞，或相吸相斥，又不斷進行分化，最後詐現為宇宙中萬事萬物。

這裏需要注意一點，純粹力動凝聚、下墮、分化，最後詐現出萬事萬物，它是以其全體存在貫注到萬事萬物中的。因此萬事萬物都分享到它的性格，主要是動態與可變化性。特別是這變化性，它

使萬事萬物呈現為一種遊離狀態，而接受其他東西的熏習、影響。因此，包括我們人類在內的整個存在世界，是在不斷變動中的。世界事物的生命、活氣便在這個脈絡中說。

詐現（pratibhāsa）是佛教唯識學的概念，用以指謂作為現象而呈現在我們的感官面前的東西。這是一個很好用的概念，我把它吸收進來，作為純粹力動現象學對存在的一個定位概念，即是，有某件東西放在我的面前，例如一本書，我的感覺機能感覺到它的存在。我能不能確定地說它的存在性呢？我是不是有幻覺呢？這很難說得定。我只能說，有這麼一種東西，好像呈現在我的面前，在我的面前詐現。「詐」便是提出一種假設，說不準的。這本書在我面前出現，只是好像有這個東西存在而已，未能完全確定它的存在性，只能施設性地說好像有這麼一件東西出現在我的感覺機能之前。這概念可以說到純粹力動方面去，說純粹力動凝聚、下墮、分化、詐現為氣；氣又可進一步分化，詐現為種種蘊聚；這蘊聚又可以再分化，詐現出種種具體的、立體的事物。

上面說明了純粹力動如何在客體方面，經過多種程序，詐現或現起了經驗世界或宇宙的種種事物，這便是宇宙論的推演（cosmological deduction），在主體方面，純粹力動可直貫地發展下來，成就我們的超越的主體性，或睿智的直覺（intellektuelle Anschauung, intellectual intuition）。這睿智的直覺可說為是我們生命中的真我，它具有絕對性、無限性、終極性，能夠照見事物的本質（Wesen, essence），亦即是佛教所說的緣起的性格。即是，現象界的種種事物都是依因待緣而生起的，並無獨立不變的所謂自性（svabhāva）。這是純粹力動現象學和佛教特別是唯識學最接近的地方，雙方在這方面具有很寬廣的對話空間。這裏所說的事物的本

質,亦可說是事物的物自身,或事物的在其自己。對於這裏所說的物自身,我們不能執得太死板,視之為一種物體,是完整的、不能打碎或解構的「物」。我們最好以意義來說它,這意義即是依因待緣而生起,沒有常住不變的自性,這亦是緣起性。

如上面所說,純粹力動在主體方面直接下貫,而成就睿智的直覺,可理解事物的本質。對於作為現象的萬事萬物又如何認識呢?這涉及睿智的直覺的自我屈折問題。即是睿智的直覺撒下時空之網,以繫縛萬事萬物,限定之為現象。[7]而自身則進行自我屈折,而成為認知主體,這包括感性(Sinnlichkeit, sensability)和知性(Verstand, understanding)。這感性與知性可合而為識心,都需在時間與空間的直覺形式中運作。而知性更能提供範疇(Kategorie, category)如因果、實體與屬性之類,以認知現象的普遍性格。而現象的個別性格,則由感性來認知。[8]

識心是凡夫的認識機能,睿智的直覺則是聖者的認識機能。上面說,睿智的直覺可自我屈折而成為感性和知性,亦即是識心,它也可以突破識心的障蔽,回復睿智的直覺。識心對事物特別是物體

---

7 關於時間,胡塞爾(E. Husserl)在他的《內在時間意識現象學》(*Vorlesungen zur Phänomenologie des inner Zeitbewußtseins*)一書中有深邃的說明。他把時間分為三種:客觀時間、主觀時間、內在時間意識。關於這時間問題,我們這裏不擬作複雜的區分,只就一般的時間說。

8 在這裏,現象的個別性格,相當於佛教的陳那(Dignāga)所提出的事物的自相(sva-lakṣaṇa);現象的普遍性格,則相應於陳那的共相(sāmānya-lakṣaṇa);而認知事物的個別性格的感性與認識事物的普遍性格的知性,則分別相當於陳那的現量(pratyakṣa)與比量(anumāna)。

的認知，總是以之為某種實體狀態的東西，是一個整一體，不能被打破打碎的。這有視物體為自性的傾向，這樣的認知是虛妄的，具有執著性。當識心被突破，回復為睿智的直覺，則它對物體的了解，並不視之為一種封閉的、呆板的、不可被打破打碎的，而毋寧是一種結構、構造（structure），是虛靈的，不是死實的。[9]這種認識則沒有執著性。只有這種理解，才能成就胡塞爾所倡導的生活世界（Lebenswelt）。一切理想、價值，都是在這種世界證成的。

六、純粹力動現象學的自我設準

所謂「自我設準」，表示對主體性的理解，或主體性可從多個面相來看。通常一個哲學體系，或有關哲學的發展的歷史，其走向為如何，可以從自我設準方面看。勞思光先生寫《中國哲學史》，對自我設準作過相當詳細的交代。他所提出的自我的設準，或主體性的形態，有四方面：形軀我、認知我、德性我和情意我。形軀我指由我們的軀體所展示出來的主體性或自我，那是屬於物理的、物質的層面，境界很低，通常會被忽略掉。楊朱的拔一毛以利天下的事都不會去做，這是執著於自己的形軀，境界很低，談不上哲學或精神境界。其他三者都有精神義可說。德性我強調道德的主體性，

9　這樣的結構、構造，令人想起懷德海（A. N. Whitehead）在他的機體主義（organism）哲學中的事件（event）、實際的境遇（actual occasion），兩者都具有終極義。在我國，張東蓀很明顯地意識到這一點。他認為，科學特別是化學所提到的基本的粒子，例如分子、原子，都不能說是物體的最小的、最基本的單位，它們只是構造、結構而已。實際上，這些粒子可以繼續被還原為更根本的粒子，如電子、質子、中子之類。

以道德理性為終極的主體性，這是儒學與康德所重視的。唐君毅先生寫《文化意識與道德理性》便是強調道德的主體性，把它視為人類一切文化活動的總的源泉。[10]認知我則是以感性與知性所構成的認知的主體性，其作用是對現象世界種種事物構成知識，而這些事物在這個脈絡中便可成為嚴格的被認知的對象（Objekt）。在認知活動中，主體與對象分得非常明顯，其思想依據是二元論。情意我的意思比較含糊、不確定，甚至是混淆的、隱晦的，它可以是藝術的主體性或美感的主體性，也可以從宗教方面講。藝術與宗教畢竟是很不相同的文化活動，其中最大的分別，是藝術所要成就的是美感欣趣。在其中，作為欣賞者的人與被欣賞的藝術品在精神和形相方面有所交流，以至於統一起來，以至於超越的無我的境界。宗教則比藝術再進一步，在達致超越的物我兩忘之後，修行者還要從超越的理境中下落到人間、經驗世界，把自己的精神的成果與他人分享，讓他人也能得到宗教的好處，如覺悟、解脫。故藝術可以是出世間的，宗教則必須是世出世間的，你不能置身於不食人間的煙火的出世環境，獨自孤芳自賞，對於世間的種種苦痛煩惱掉頭不顧。勞先生在這方面都未有注意到，對情意我如何能觸及宗教的問題，也沒有交代。

　　我在《純粹力動現象學》中對自我的設準作了新的提法。在超越方面，我提出同情共感我與德性我相應，靈台明覺我與美感主體相應，至於宗教的自我，我將之區分為三種在修行上各有其重點的

10　唐先生在他的晚年著作《生命存在與心靈境界》中以「天德流行」來說儒家，顯示他要把道德的主體性推廣開去，以達於客體方面與形而上學方面，這是在義理上對道德的主體性的開拓的必然結果。道德主體性需要發展到這個層次才能證成它的全幅內涵與義蘊，這也與牟宗三先生所說的道德的無限心相呼應。

三個自我：本質明覺我、委身他力我與迷覺背反我。認知我的層次較低，我稱之為總別觀照我。以下一一闡述之。

所謂同情共感，是在精神上與他人合為一體，以我心比他心，對於自己與他人，齊等看待。己所不欲，不施於人；己之所欲，施於他人。這是在道德上，與他人同情共感，不懷有自我中心主義的意識。這種懷抱，在歷史上，以儒家特別是孔子、孟子、陸象山與王陽明發展得最好，最周延。能成就道德倫理的價值。

靈台明覺的「靈台」，取自莊子。這是一種美感欣趣的心靈，能發出一種明覺作用，照見宇宙世間的美的對象，所謂「天地之大美」，與對象結合為一體，達致無我的超越境界。能成就藝術。

在宗教的自我方面，首先是本質明覺我。這種我或心靈，具有很強的明覺性，能照見宇宙萬物的因緣生起性，因而不具有自性這種本質，故對它們不執著。或者說，它能徹底照見萬物皆是作為終極原理的純粹力動經過多翻分化、詐現的程序而成，對它們不予癡戀，亦不捨棄，而保持一種不取不捨的關係。能具有這樣的正確的見解，便不會墮入邪見中。不起邪見，便不會生起虛妄的行為，而遠離煩惱。由此可成就解脫、救贖的宗教理想。倘若人自身具有強烈的本質明覺的能力，自己便能成就解脫與救贖，便是自力主義。這最明顯表現在慧能的禪法中。

委身他力我是他力主義。當事人氣稟比較遲鈍，沒有足夠的能力進行自力覺悟，便得依賴自己以外的因素、力量以求覺悟，所謂「他力大能」。這他力大能可以指淨土宗的阿彌陀佛，或基督教的上帝。這種實踐取徑表面上看似為容易，境界不高，但實際上不是這麼簡單。當事人要對他力大能具有絕對的信賴，無條件放棄自己的主體性，把整個生命存在託付予他力大能，依之以成就解脫。

　　至於第三種自我：迷覺背反我，則比較複雜。即是說，在生命存在中，自我由兩種因素組合而成：迷與覺，或染污與清淨，人欲與天理，或魔性與神性。這自我是一個背反（Antinomie, antinomy），背反的雙方的性質相反，但總是纏繞在一起，不能分開。我們不能取覺而捨迷，以成就覺悟、解脫。天台宗的一念無明法性心便是一個明顯的例子。解決之途，是要從背反的內裏求取突破，超越上來，把背反的相對性壓下去，以成就真正的、絕對的覺悟的主體性。

　　以上所說的五種自我：同情共感我、靈台明覺我、本質明覺我、委身他力我和迷覺背反我，都可以開拓出文化的活動與成果：前兩種自我可分別發展出道德與藝術，後三種自我都可各自發展出宗教。至於總別觀照我，則可發展出科學，不過，它的層次比較低。科學求真，道德求善，藝術求美，宗教則求神聖。人類的精神活動，可概括於這四者之中。為甚麼科學的層次較低呢？因為它是由經驗性的心識開發出來的，而道德、藝術與宗教則由超越的主體性開發出來的。以佛教的詞彙來說，作為真理，科學是世俗諦（saṃvṛti-satya）的真理，道德、藝術與宗教則是勝義諦或第一義諦（paramārtha-satya）的真理。

七、實體主義與非實體主義

　　以下我們從探討主體性或自我轉到形而上學方面來。東西方的形而上學，自古及今，基本上都是分為實體主義（substantialism）與非實體主義（non-substantialism）。其分別在於實體（Substance）的有無。有者為實體主義，無者則是非實體主義。不過，關於實體和非實體，東西方哲學有不同看法。就西方哲學言，早期希臘哲學

的柏拉圖（Plato）以理型（Idea）為實體。宇宙間有很多不同的理型，它們有實在性，在現實世界中各自有其自身的仿製品。理型是最圓滿的，它是形式。它的仿製品則是有缺憾的，不是完全圓滿的，因為這仿製品有物質成分，凡是物質都不可能是完全圓滿的，另外，理型雖有常住性、不變性，但沒有動感，它們存在於不動的理型世界中。這便是所謂「實在論」（realism）。之後的亞里斯多德則提出實體或基底（Substratum），這是西方哲學的典型的實體說。這實體作為一切現象世界中的事物的基礎，常存不變，但可以說動感，它與一些形而上學的原理如動力因和目的因相配合，而有一個發展的歷程。再後便是宗教時期，基督教（Christianity）與天主教（Catholicism）都強調一個人格性的神。如人一樣，有感情和意志，而且具有創造性，包括我們人在內的整個宇宙的事物，都是這人格神所創造的。到了近現代，羅素（B. Russell）他們吸收了柏拉圖的實在論，以實體為實在，同時也承認在時空中存在的一切事物都有實在性，這便是「新實在論」。

　　東方方面，其實體主義的形而上學主要是由印度和中國發展出來的。印度方面有婆羅門教（Brahmanism，今為印度教 Hinduism）和六派哲學這個傳統。婆羅門教肯定一個作為實體的大梵（Brahman），這大梵是終極原理，具有創造性。它創造整個宇宙，同時也把自身的性格分流到萬物方面去，因此萬物自身都有梵的清淨因素。這樣的實體自然是具有動感的。中國方面則有儒家與道家。儒家的形而上學也分幾個階段，主要是先秦時期與宋明時期。先秦時期講天道、天命，再加上《大易》講的乾道：乾道變化，各正性命。強調對萬物的生生不息，這自然具有強烈的動感，是創造之源。宋明時期繼之，講誠體、太極、太虛、理、本心、良知等，都是具

有創造性、動感性的實體。這種實體有很強的道德性格。至當代新儒學，則有熊十力講的本體與牟宗三講的道德形而上學。道家方面，則主要有老子的道、無和莊子的自然、天地精神。老子的形而上學強調客觀的實體，莊子的形而上學則重視實體的主觀的實踐境界方面。

實體主義以實體為終極原理、絕對真實；非實體主義則以非實體為終極原理。二者以一種對比的、對反的方式來說終極原理，絕對真實。非實體是甚麼呢？它不是虛無主義所說的一無所是、一無所有，而是一種非估值意義的負面方式、消極方式來表達終極原理。這種形而上學的思考方式為東方哲學與宗教所擅長，西方方面則比較少見，但也不是完全沒有。像以艾卡特（M. Eckhart）與伯美（J. Böhme）所代表的德國神秘主義（Deutsche Mystik）便專擅這種方式，近代的海德格和懷德海分別發展出存有（Sein）哲學與機體主義（organism）哲學較受注意。德國神秘主義原本來自基督教，他們也說神，但以無（Nichts）來說神的本質，而人的本質也是無。這可間接推導出人與神是同質的，神不是高高在上的不能被攀附的人格實體，人不必攀附祂，因為雙方是同質的。

東方方面，其非實體主義的形而上學則有佛教的空觀與禪的無觀。空（śūnyatā）與無都是無實體之意，其正面內容則是一種虛靈而明覺的主體性，它不具有自性、實體，但是實踐的基礎，是在實體主義之外的一種透過禪定與觀照來體證終極真理的方法。這與佛教的邏輯與知識論的「觀離」（apoha）概念有相通處，雙方都是透過「否定」、「沒有」來說「有」。道家的莊子的思想也屬於這種路數，例如他以「無用」來說「用」，以「不言」來說「大辯」（殊勝的辯知），以「稀聲」（無聲）來說「大音」。在近現代，把非

實體主義發展到高峰的，首推日本的京都學派。這京都學派是日本
當代最傑出、最受到國際關注的哲學學派。它的始創者是西田幾多
郎，繼承的是田邊元。然後有第二代的久松真一與西谷啟治。之後
第三代有武內義範、阿部正雄與上田閑照。這是國際方面的看法。
在日本國內，則有不同的看法。他們重視西田幾多郎與田邊元，但
在第二、三代方面，他們提出不同的人物，除久松真一和西谷啟治
外，他們提出高山岩男、高坂正顯、鈴木成高、下村寅太郎、務台
理作、木村素衛、唐木順三、辻村公一、九鬼周造、和辻哲郎、山
內得立，甚至包括有左傾傾向的戶坂潤和三木清，和禪學泰斗鈴木
大拙。他們基本上都認同西田提出的作為終極真理的絕對無
（absolutes Nichts）和場所。當然，各個成員有其自身對絕對無的
詮釋，另外也各自受到西方哲學的不同的影響。另外，西田在其成
名作《善の研究》中闡述的純粹經驗一觀念也備受重視。西谷啟治
的高足花岡永子曾提出五個哲學觀念的典範（paradigm）：相對有、
相對無、絕對有、虛無和絕對無。這自然是就形而上學而言的；其
中相對有與相對無落於相對主義，其問題是明顯的。至於絕對有，
她基本上是就西方哲學的實體觀來說，這實體是永恆的、普遍的、
不變的。自我也是一實體，不能超越，因此，佛教的無我的實踐便
不能說。虛無（nihil）則類似尼采的虛無主義的虛無，主要是對既
有價值的懷疑與破壞，但只是負面的作用是不足的，它還要向空、
絕對無方面轉進。最後的絕對無，是承接著西田的說法而作進一步
的開展。她非常強調絕對無的宗教哲學的轉化，指出絕對無是透過
宗教經驗而體證得的，這包括自我的覺悟，和對自我與世界的合一
的自覺經驗。另外，華裔美籍學者唐力權教授近年倡導場有哲學，
吸收了懷德海的機體主義思想與《易經》的變與不變思想，闡發事

物的相對相關而沒有常住不變的實體的性格，亦可視為一種非實體
主義的哲學。

八、純粹力動之超越與綜合絕對有與絕對無

　　絕對有與絕對無作為分別概括東西方形而上學的兩大體系實體
主義與非實體主義的核心概念，是非常值得探討的。雙方各有其殊
勝性和限制性。我們在這裏略作一些說明與評論，然後看純粹力動
如何能綜合此中的殊勝性和超越其限制性。先看絕對有。上面提過，
絕對有有其充實飽滿的實體性，這種實體是健動性格，能夠不止息
地發揮其健動的力量，以創生宇宙中的萬事萬物，給予它們存在性，
同時引導它們如何去運行、發展。它創造宇宙萬物，同時亦把自身
的實體性與健動性，貫注到萬物中去，使它們也具有充實的內容、
體性和剛強的力量，而生生不息地發展下去。在西方的形而上學，
除柏拉圖的理型外，其實體都是具有動感的，由實體而生動感，而
具足力量，以開拓出種種多元的文化活動與文化成果。牟宗三先生
常說有體才有力，無體則無力，他是這樣解讀體力一概念的。分解
地說，知性主體能瞭解作為對象的事物，以成就知識的成果。道德
實體能夠創生事物，並引導它們沿著道德的導向運行，以成就道德
的行為，所謂「天地之大德曰生」、「萬物並育而不相害，道並行
而不相背」。此中有人的倫理，也有物的倫理，後者可以開出環保
的思想。這種道德的創生活動，以西方的基督教和東方的儒家最為
顯著。儒家講「親親仁民而愛物」來作道德實踐的原則，此中的終
極關心，有親疏厚薄之別，以照顧現實的問題，也同時以德澤萬物。
基督教則強調神創造天地萬物，並賜予他們自由意志，讓他們各展

所長，各自發展。又強調神道成肉身，化身為耶穌，委屈傴僂，受盡種種苦痛，上十字架，為人贖罪，以寶血清洗他們內心的邪惡，赦免他們的罪行，以成就宗教的文化。

再說絕對無。作為終極原理的絕對無，它以虛靈無滯礙的本性，靈動機巧地作用，不滯著於事物之中，而能體證得事物的本質，了達它們的善巧的相互攝入、相互摩盪的關係，從而在世間進行道德的教化與宗教的轉化。絕對無以其靈動機巧的性格貫注到萬物方面去，因而萬物也分享了這種虛無的、沖虛的性格，不固守其原來的狀態，卻是有很強的可塑性與熏習性，道德的教化與宗教的轉化便能暢順地進行而竟其功。這在佛教與道家中有很明顯的表現。佛教倡導諸法的緣起性、無自性性，不會自我黏滯而固守其常態，而能融合周圍的環境，在工夫論與救贖論方面作理性的運轉，在人方面由虛妄染污的心識轉而為真實清淨的智慧，在物方面由膠著的、固結的狀態轉而為虛靈的、流暢的狀態。這可以成就宗教的覺悟的、解脫的文化。禪更是大乘佛教發展到最圓熟的宗教形式，具有最高的靈巧性。眾生能在當下一念中自我淨化，轉迷妄而為明覺，「放下屠刀，立地成佛」。不需歷劫修行，頓然的、一下子的覺悟是可能的。道家特別是莊子則強調自然，以泰然處之（Gelassenheit）的平等襟懷，「順物自然而無容私焉」。此中的心靈是完全敞開的，對於人與萬物都能讓其自由自在地發展，「不塞其源，不禁其性」，可以成就美學或藝術的文化。

但絕對有與絕對無並不一定能表現出上面所述的殊勝性。倘若處理得不當，它們也會出狀況，而引致一些負面的問題，讓我們的生活變得困難重重。絕對有是具有很強的動感，那是它的實體特別是精神實體所散發出來的，這得假定精神實體是在正常的運作中。

問題是這實體有時會自我退化，而變得遲鈍，或者受到其他因素的影響，發不出力量，反而凝固起來，僵硬起來，其生命力不能施展出來，而成為一個死體。最嚴重的是，當它的堅實性無限制地住著、滯留在這固實不化的狀態，不但不能作正常的運作，反而變得不動不轉，不能自我鬆開，不斷向內凝結，不能變動，不能轉變。由於它本來是終極性格的，它不起動，其它的東西也拿它沒有辦法，這樣，它便淪於死寂而沒有生氣的狀態，有常住論的傾向。常住論是很可怕的，它便是僵固在那裏，不能變化，好的面相繼續表現為好，壞的面相也繼續為壞，好像一個人生了病，若這病有常住性，則我們不能期待它會變好，回復健康，只會內部不斷沉淪、腐化，到最後是自我毀滅，自我解構。另方面，絕對無也會遭遇到另外的問題與困難。絕對無由於是虛通的性格，這種虛通性有時守不下來，而變成不斷弱化的虛空，缺乏生命的力量，越來越變得軟弱、疲弱無力，而發展、下墮為虛無主義。這樣便甚麼也做不來，只會慢慢地、不斷地自我衰退，不但幫不了他人，也幫不了自己。一切都變得沒有意義，沒有價值，而淪於大虛脫的狀態，這真是一切皆空（空無）了。

　　純粹力動作為一終極原理，則能免卻絕對有與絕對無的弊端。由於它是一超越的活動，力量便自然內在於其中，我們不必為它在外面尋找一個作為體的根源，由體生發出力量。它自身便是體，便是用，體、用在這個狀態下完全是同一，沒有絲毫的不同。故體用關係可以廢掉，我們亦不需在這個層次施設「體」跟「用」這對形而上學的名相。體與用是徹裏徹外、徹上徹下的圓融，沒有一般的「體能發用、用由體發」的機械主義的（mechanical）關係。這機械主義的體用關係可應用在一般的經驗的、實用的、現象的層次中，也必須要內在於這層次中，我們才能過善巧的、正常的現實生活。

但在終極的層面，體與用是絕對地圓融、同一，這不是耍魔術，而是義理上是如此，此中有理論上的、邏輯上的必然性。這樣，純粹力動能周流不息地作用，不會僵硬化、滯礙化，也不會衰退化、虛脫化，它永遠都能保持其靈動機巧的本性。

　　要注意的是，我們在這裏提出絕對有、絕對無和純粹力動作為終極原理，並不是表示有三種終極原理。終極原理有終極義，不能被還原為更基源的因素了。因此終極原理只能是一，而這一亦不是數學上的一，而是絕對義。絕對有與絕對無表示兩種表述終極原理的語詞，但都各有不足、不周延之處。我在這裏所提的純粹力動，是較周延的提法。它一方面綜合了絕對有與絕對無作為終極原理的正面功能、善巧性；另方面也能避免作為終極原理的絕對有與絕對無由於不妥善的處理而分別陷入的困難：常住論與虛無主義。由於純粹力動具有豐富的內容，它的動感或力動應是毋庸置疑的。這種力量是恆常地發展下去的，不會有止息之時。我們有時覺得周圍環境的幽靜，一切都是那樣的寂寥，好像沒有甚麼東西在變動，那只是我們的感官特別是聽覺不夠敏銳，聽不出有甚麼東西在動而發出聲音而已。其實純粹力動是恆時在動感中的，沒有止息不動的時刻，而淪於常住論。倘若有止息不動，則它由不動轉而為動，需要一個因素。這因素不可能是外在的，它必須是超越性格的，而不能是經驗性格的。超越的純粹力動不會為任何經驗的東西所影響，包括轉動方面。這因素若是內在的，即存在於純粹力動自身，則純粹力動便會恆時在起動，發揮作用，不需憑藉其他的因素。

　　另方面，純粹力動也不會完全寂靜，沒有任何活動，像人死了那樣。它自身是超越的活動，因而自身便是超越的力量，不需要往外面尋求一個體，或有實體、體性的東西，由這東西生發出力量來。

它自身便是體，我們不必頭上安頭，或騎驢覓驢，為它找出一個源頭。因為這源頭不是別的東西，而就是它自己。

再有一點要注意的，純粹力動概括實體主義與非實體主義，因而也涵攝兩種力動或力量：剛健的力量與柔美的力量。這兩種力量也不是單獨的存在與表現，而是相互兼包的。即是，剛健的力量中有柔美性，柔美的力量中有剛健性。只是偏向不同而已。實體主義的力量主要是剛健性格的，但並不排斥柔美的成素，而是剛中有柔。而非實體主義的力量主要是柔美性格的，但並不排斥剛健的成素，而是柔中帶剛。這種現象可以在科學、道德、藝術與宗教的文化活動中看到。例如道德，我國傳統的說法是道德具有剛健的性格、力量，它發自道德的實體。在純粹力動現象學中，我們不說道德的實體，而說同情共感的自我或心靈。這心靈是進取的、積極的，我們對於他人的感受有同情共感的懷抱，因而以精進不懈的和平等的心去對待他人。此中不必有剛愎自傲的態度，以為自己高人一等，卻是以平和的、謙卑的心去對待他人，讓他人的內心感到你的溫婉柔順。而在藝術方面，它的基本性格是柔順的，以靈台明覺我的心靈去創造和欣賞藝術作品，以至大自然的現實的景物，此中的主調或感受是平淡諧和，但也有激越的表現。我們可以平和的心境去欣賞西湖的湖光山色，也可以激昂的心去看三峽的滔滔流水，在兩方面都可以享受到美感。在中國山水畫方面，我們可以以寧靜而致遠的心境看倪雲林的近樹遠山，也可以以激蕩的心境看馬遠的斧劈奇境。對於其他的藝術種類，都可作如是觀。這是因為我們的心靈本來便具有這兩種生命情調：剛健與柔美，只是著重點不同而已。這兩種生命情調分別發自絕對有與絕對無，兩者善巧地構成我們的心

靈、自我。此心靈、自我的背景,正是純粹力動。[11]

九、存有透過顯現以證成自身的本質

上面說抽象的純粹力動作為一超越的力動,依循一種本體宇宙論的推演,凝聚、下墮、固結、詐現而為氣,氣又進一步分化而成蘊聚,蘊聚再分化、詐現為萬種事象或物體,此中有沒有一種律則或原理,讓純粹力動必定這樣做,而顯現它的存在性與動感呢?這讓我們想到海德格的一句重要的話語:

Sein west als Erscheinen.[12]

這意思即是,存有在顯現中以證成其本質(Wesen)。這是一句分析命題,即是說,存有必會透過顯現來實現它的本質。光是存有而不顯現,不證成其本質,是不可能的。或者可以說,存有與顯現有一種內在的連繫的關係。按在胡塞爾的現象學中,顯現或現象與本質是合在一起說的,這樣說顯現,才有價值意義、理想意義的導向,

---

[11] 我時常到日本旅行,最喜歡到那些有海水拍打、衝激巨大的岩石的地方,這種景象日本人稱為崎。伊豆半島便有很多這樣的崎,如石廊崎、波勝崎。這種景象,能發出很強的動感,特別是看到海水衝擊岩石而濺起四、五公尺的浪花,讓人很有震撼的感覺。我因此戲作比喻,以巨岩象徵絕對有,海浪象徵絕對無,整個海水湧動的震撼現象,亦即蘇軾所說的「亂石崩雲,驚濤拍岸,捲起千堆雪」象徵純粹力動。讀者若到日本,可以到海邊體會一下。

[12] M. Heidegger, *Einführung in die Metaphysik*. Tübingen: Max Niemeyer Verlag, 4. Auflage, 1976, S. 108.

才成為現象學（Phänomenologie）。在這點上，胡氏顯然有要把康德遺留下來的現象與物自身的分離問題加以解決。因而才有本質是具體物（Konkreta）的奇怪說法。[13]本質既是結合著現象來說，則本質只能是關連著現象說的本質，現象既是具體的，本質自亦可說是具體的。而本質既要顯現、開顯，結果是具有本質義的物自身勢必要從消極義、遮蔽義中轉化過來，而成為具有正面義的、顯現性格的、積極意涵的狀態。康德的物自身的問題便得以解決。

　　純粹力動的本體宇宙論的推演，也可透過胡塞爾與海德格的以上的觀點來說。即是說，純粹力動不會停留在一種靜態的、不動的、超越的狀態，它必然會凝聚、下墮、分化而詐現出萬事萬物。這便是它的顯現，在這顯現中，它證成了自己的本質。現在跟著而來的一個問題是：純粹力動的本質是甚麼呢？這是一個相當困難、頭痛的問題。我們不能就作為它的文化開拓的成果的科學、道德、藝術、宗教來說它的本質，不能說它的本質是真、善、美、神聖。因為這會讓它返回到熊十力說本體有複雜性的問題，這會讓純粹力動被還原為這些複雜的因素，如真、善、美、神聖，這樣純粹力動便不能成為不可被還原為更基源的成素的終極的原理了，它的終極性便不能說了。

　　到了這個限度，我們只能說純粹力動的本質是動感（Dynamik）。它的本質使它不停在運作、活動，以那幾個自我設

---

[13]　E. Husserl, *Ideen zu einer reinen Phänomenologie und phänomenologischen Philosophie*. Erstes Buch: *Allgemeine Einführung in die reine Phänomenologie*. Neu herausgegeben von Karl Schulmann, Den Haag: Martinus Nijhoff, 1976, S. 153.

準：總別觀照我、同情共感我、靈台明覺我、本質明覺我、委身他力我和迷覺背反我為基礎而不停動轉，而開拓出科學、道德、藝術、宗教這幾方面的文化成果。至於它為甚麼開拓出這些文化成果，而不開拓出另外的不同的文化成果，這牽涉及很多具體的、現實的歷史的與地理的問題，不是單純靠理想主義所能解決和決定的。我們也可以這樣說，這種情況不是現象學或哲學要探討的問題，這是人類民族學、人類社會學的問題。我們可以在這裏擱置不談。

　　另外一個可能的問題是：我們說純粹力動，說人，說他的文化成果，是受限於地域的。即是，我們是以地球作為大背景、大環境來說，至於地球以外，太陽系的其他星球，以至太空的星際之間的問題，例如外星人問題，又如何呢？我們只能說，我們目下擁有的科技知識，只容許我們集中說地球的情況，至於地球以外的情況，限於科學、科技知識，只能擱下不談。

十、純粹力動現象學的規模

　　以上的闡述很明顯地是一元論的形態，一切事物、概念、觀念最後都歸宗於純粹力動。而這種一元論，是綜合了很多哲學思想與個人的思考、整合而來的。每一個哲學體系，基本上都是依著這種方式而成立，很少是完全獨創性格的。純粹力動現象學也不例外，我是踏著很多先賢的肩膊而攀上去的。即是說，這套哲學是吸收和消化了很多前人努力的成果再加上自己的用功而成的。在這裏我想報告一下我的整個造論或著書的規模以結束本文：

(一)形而上學：

　　1.《純粹力動現象學》，臺北：臺灣商務印書館，2005，1075

頁。

2. 《純粹力動現象學續篇》，臺北：臺灣商務印書館，2008，660 頁。

3. 《純粹力動現象學六講》，臺北：臺灣學生書局，2008，137 頁。

(二)量論：

1. 《西方哲學的知識論》，臺北：臺灣商務印書館，2009，397 頁。

2. 《當代中國哲學的知識論》，臺北：國立臺灣大學出版中心，2013，499 頁。

3. 《早期印度佛教的知識論》，臺北：臺灣學生書局，2014，263 頁。

4. 《佛教知識論：陳那、法稱、脫作護》，臺北：臺灣學生書局，2015，357 頁。

5. 《純粹力動現象學的知識論》，撰作中。

(三)文化開拓

1. 《科學、道德、藝術、宗教現象學》。

這裏要說明一點，我目前的造論工夫，只做了一半，往後能否做得完，自己也沒有信心。只能盡力而已。最後一項文化開拓，應該包含四個部分，這即是科學現象學、道德現象學、藝術現象學和宗教現象學。這四部分應該各自獨立寫成書，我本來是依這個方向走的，但恐怕做不完，只能暫時合起來做。對於科學、道德、藝術與宗教，就我自己所立的自我設準而言，科學活動是由總別觀照我開拓的，道德活動是由同情共感我開拓的，藝術活動是由靈台明覺我開拓的，宗教活動則是由本質明覺我、委身他力我和迷覺背反我

開拓的。這些活動都具足原創性，有很鮮明的價值自覺義。我對這四方面活動的認識，也可約略在我剛寫就的《新哲學概論：通俗性與當代性》一書中看到。書中第八章〈知識論〉涉及科學，第九章〈道德哲學〉涉及道德，第十章〈美學〉涉及藝術，第十一章〈宗教哲學〉則涉及宗教。這都只是略為涉及而已，其詳則要以專著來處理。

　　對於這幾項文化活動，近年我比較注意藝術方面。我一直有聽西方古典音樂的習慣，後來又聽印度音樂。不過，比較用心的工夫，則落在中國畫作方面，特別是山水畫。在其中，我試圖以力動的表現方式來詮解這些山水畫。例如倪雲林的近樹遠山的畫作，寧靜而致遠，近於絕對無的幽逸秀微的力動；馬遠、夏圭的斧劈皴法，可比於絕對有的風行凌厲的力動；傅抱石的渾厚朦朧的抱石皴法，則可說得上是純粹力動的天然飄灑的力動。不過，這都只是表面的主觀的興發與感受而已，缺乏客觀的理論基礎，作不得準。

附：吳汝鈞教授「純粹力動現象學」演講交流提問與回應

一、與李瑞全教授討論

楊祖漢教授：我們首先請李瑞全教授提一些問題。

李瑞全教授：吳汝鈞教授是我的學長，他的論文我以前拜讀過，一直很欽佩。對於他後來發展這個「純粹力動現象學」，我早期也接觸過一些相關的單篇文章。在他成書之後，很抱歉還沒來得及拜讀。我聽了他今天的演講後，有些想法。其實，吳老師這次的討論，說到了一個很根本的問題，他要提出一個「純粹的動力」，我以前不太了解，今天聽了他的演講比較了解了。不過還是有些疑問。

首先，你所說的這個「純粹動力」，跟宋明儒所說的「天道」或「天命流行」，「流行」之中有「理」，也有「動力」。沒有「動力」不會「流行」。我不知道你怎麼看待宋明儒學的這些理論。另外，我們都知道牟老師常常都喜歡說：「即存有即活動」；存有就是體，活動就是用。某種意義下，好像跟你的講法也滿接近的。

我們也知道，形而上學需要面對「理性背反」這個問題，而無論儒、釋、道都是從實踐上面來講最高的本體義。可是，我不知道你要怎樣解釋這個本體？還有一個問題我沒有想通的，我覺得你所講的物，還是有點「心、物二分」底下所講的物。

吳汝鈞教授：李教授提了很有意思的問題！而且非常重要。我提出「純粹力動現象學」跟宋明儒學所講的「天命流行」還是有點不一樣。其實，我受宋明儒學的影響很大，像牟宗三老師，我在其著作跟講課中，吸收了很多有用的知識。我最先是有儒家這種想法，

後來我專心研究佛學，也接觸到京都學派的哲學。無論京都學派或佛學都是非實體主義，而儒家是實體主義。而我個人所主張的，則是介於這兩種哲學形態中間，我要找一條出路，不想被夾在這兩個系統中間，故提出「純粹力動」這個觀念。「純粹力動」不是實體，也不是非實體，它是實體與非實體的綜合，包含兩者善巧之處，再超越這兩種哲學形態所可能發展出來的極端。比如說，實體主義的理論，如果無限制的發展下去，就會走向常住論；而非實體主義，如果無限制的發展下去，就會變成虛無主義。所以，我是希望把兩種主要的思考，結合起來。我記得以前，中央大學中文博士班的李慧琪同學，她寫過一篇論文，叫作：〈吳汝鈞「純粹力動」與羅近溪「流行之體」的比較〉。這篇文章，是比較羅近溪的「流行之體」和我的「純粹力動」的義理。李同學提出了兩點：一、認為我這套學說，跟宋明儒家總的方向是相同，就是要「化存有歸力動」；二、她說，宋明儒學的入路，是要說明怎樣在實踐中去體現宋明儒學的精神，而認為這一方面宋明儒學的路數，比我所說的更加清楚明白。那麼，我這套「純粹力動學」的入路到底是怎麼樣？她提出了這點質疑，我覺得她講得滿好。而且，她講的「化存有歸力動」，我覺得把握得很對。

　　我想，我跟宋明儒學在這個大方向上是一致的。在我寫這套理論的時候，我主要關懷的是形而上學的問題。關於入路或實踐方面的問題，要談到具體的文化開拓的問題，才能具體而詳細的講清楚。我那本《純粹力動現象學》有一千多頁，其《續篇》有六百多頁，這兩部書主要都是在講理論和觀念的問題。至於實踐、體證的部分，提得比較少，不過我現在提出一點，就是我們在何種情況下，可以體會到，我們生命裏面存在著一種「純粹力動」。以我個人的生活

經驗，從小孩到中年、老年，曾遇到很多挫折，健康的挫折跟感情的挫折，然後是謀職上的挫折等等。尤其是健康方面，開刀已開過十幾趟，短期內可能還要進院開刀。不過每次當我遇到這些挫折，我總是有另一種想法，即是說這個挫折有辦法解決，外面會有一種力量幫我們解決，你的生命裏面亦有一種力量讓你支撐，使你不倒下。然後我再韜光養晦，修養一段時間後，再出來又是一條好漢！所以，我一輩子失敗很多，但從不服輸，以為明天會更好。我深深感覺自己生命之內，確實有一種力量讓我撐下去。讓我不要碰到挫折，就認輸、心灰意冷，我也不能很清楚道明，這種力量是什麼性格。這算是宗教的力量呢？還是道德的力量呢？還是什麼力量？反正，我們在哪裏跌倒，就在那裏站起來。所以，你們說這樣的「純粹力動」怎樣體證？我想，我暫時的回應僅止於此。

關於「背反」和心物二分的問題。這個「背反」的問題是，人同時含有兩種相對反的性格。「背反」的情況，在佛教就很明顯，比如說「一念無明法性心」。這個「無明」跟「法性」看起來相對立，可是它們總是「擁抱」在一起，不能分開。心、物也可以說是一種「背反」。其實，「背反」這個問題，在京都學派講得很多，像煩惱即菩提，生死即涅槃，這種「背反」他們講得很多。他們主要是說，你要解決「背反」的問題，不能讓「背反」的「正方」來克服其「負方」。即是說，不能以法性來克服無明，不能以菩提來克服煩惱；而需要在這個「背反」的理念中，去尋求一種突破。為何我們不該以生來克服死？以菩提來克服煩惱？以法性克服無明？他們提出的理據就是，背反的兩端在存有論上，具有同等地位。我們不能以一方為主，來克服另外一方；保留正面之一方，捨去負面之一方。故他們主張不能以生克服死，以善克服惡，以理性克服非

理性。畢竟，在存有論上，正、反兩面都具有存在的權利。所以，像道教有成仙之術，其實是不行的，我們不能以生來克服死，結果僅保存了生，而要驅逐掉死。真理不是那麼簡單。如果我們能只要生，而不要死，就達到了做神仙的目的。其實，生、死是一體，要不然我們就生、死都不要；反之，則兩者都承擔下來，而取此去彼是不可能的。對此，他們提出的解決之道是，我們要從生、死之「背反」中突破出來，那麼就是無生無死的境界。簡言之，生、死是一體的，不能保留生而放棄死。如果把死給放棄了，生也不能存在。既然有生，就要接受死。他們是這樣處理「背反」之問題。我覺得有參考的價值。現在講到死，我自己就最喜歡死了。我滿身都是病，死掉後病的痛苦就一了百了。瑞全兄是否常生病呢？（眾人皆笑）您的病大概是小病。生病有輕、重，大、小之分，就算做手術也有不同處理之法。

李瑞全教授：其實，我問的問題沒有那麼深，而您答得比較深。非常感謝！

二、與研究生討論

楊祖漢教授：是的，吳教授這一段非常深刻！我們也請與會的研究生簡要的提一些問題。

關啟匡同學：從老師今天的演講，我們得知您的「純粹力動現象學」大概分成：形而上學、知識論和文化論，三大部分。文化論的部分，老師期待在未來會全部寫出。在我初步看來，老師「純粹力動現象學」這套哲學，在抽象或精神層面的哲學論述是相對容易成立的。可是我以為，您在文化論這個層面會更艱難。我們設想，將您這套「純粹力動」具體化之時，正如老師所舉的例子，像文天

祥這樣的人物，他可以成就一種歷史上或者文化上的崇高精神，其背後有著一種「純粹力動」作為其生命力量的依據。但是，如果我們考慮經驗世界中的其他力量，比如說「暴力」，像亂軍之勇氣與其暴力。他們所能展現的那種「暴力」，其背後也可能是由老師所設想的「純粹力動」所支撐的。由此，我的意思是說，當「純粹力動」在存有論層面，延展到宇宙論層面，再具體落實到人生種種的經驗世界，是非、善惡、好壞等等的價值分判要怎麼說明呢？我們嘗試回到您所講的文天祥這個宋末元初的歷史情境中。我們肯定文天祥就義，其背後有「純粹力動」作為其實踐義理的根據。倒過來說，我們從處死文天祥的劊子手，比如明天你就要殺文天祥這位賢人，你敢去執行一個偉人的死刑嗎？其執行死刑的動力，是否也需要有一個「純粹力動」才能成就呢？由此觀之，「純粹力動」在一個具體的生命情境當中，其是非、善惡、好壞的價值判斷，我不知道老師會怎樣處理這個難題？

吳汝鈞教授：你提出這個問題很好。我還沒有想到這方面的解決辦法。我僅是要強調我們生命裏面，是有一種「純粹力動」的力量，讓我們的生命能夠不斷向上轉動。我所關心的是這一點。善的根源可以源於「純粹力動」，那惡的根源是否也源於「純粹力動」呢？這個問題我還未想過。像基督教講上帝作人，為何容許善人無善報，惡人卻又能逃之夭夭？上帝為何會容許這種不公平的事情發生？這是宗教上很常被人質疑之處。如果我有這個機會探討這方面的問題，我就會比較嚴格而積極的去想這些問題。時下我還沒進展到這一階段。我能否活到足以寫完文化論的部分，也沒有信心。

（按：這個問題我在後面回應揚老師處有些補充）

楊祖漢教授：還有哪位老師或同學有問題？

陳嘉駿同學：我想的問題跟剛才的同學有點類似。當您的「純粹力動」下落到經驗世界時，「純粹力動」跟我們所常用的「理性」這個概念要如何嫁接上？「理性」總會把事情當作比較穩定，就如老師所說的「常住性」。我不知老師的「純粹力動現象學」要怎樣定位「理性」這個概念？尤其，當我們利用理性去進行推理的時候，會認定某物如何，某物又如何，這裏有一種普遍的穩定性。第二個問題，我想回應老師在講座中對儒家的批評。我們知道，在宋明理學裏面是有「攝存有於活動」的傾向。我想他們要回歸的，可能不是一種存有的「常住性」，而是一種價值的「常住性」。這裏就牽涉到，剛才那位同學所言及的，當善、惡的行為都是源自於「純粹力動」，那麼價值的「常住性」可能就不容易保住。再來是，剛才老師也有談到實踐的問題，據我所知，德國有一位現象學家謝勒（Max Scheler），他用了抵抗（Widerstand）這個概念。抵抗一定是物質之間的抵抗，或者力量之間的抵抗。只要我們有抵抗的經驗或體驗，似乎可以證明，好像內、外都有一種力量。

吳汝鈞教授：第一點，關於理性的問題，理性跟非理性之間，我想我創作這套「純粹力動現象學」，主要是通過理性這條路來把它說清楚。所以，理性本身就是一種普世價值。我們不管處理什麼問題，都是要從這個理性來出發。不過，這個理性也可以說是構成一種「背反」，就是有理性跟非理性這種「背反」的關聯。然後，我們要從理性與非理性突破出來，像要從生跟死這種「背反」中突破出來。那麼，我們就超越了生、死的「背反」，以及理性與非理性的「背反」。於是，我們就能從理性的意思，與非理性的意思中顯明出來。我們通常都把理性看成一種正面的價值，把非理性看成一種負面的表現。這是否表示，我們做事情不管怎麼樣，都要以理

性為本，把非理性看成一種障礙呢？我們是否要認為，非理性都是阻礙我們前進的大石？我們可以有另外一種想法，就是理性固然好，非理性也不一定是壞。問題要看我們怎樣處理。像你提出的第三點，就是有一種抵抗。當我們的生命面對一種負面的影響時，我們選擇與之鬥爭，去抵抗它。我想，也不一定要以抵抗的方式，來解決負面的問題。比如說，我們在日常生活中的困境，讓我們深感苦痛、障礙，而引起我們的抵抗心理。我們要完全豁出去，跟這些障礙來一場你死我活的鬥爭。這種抵抗的態度，不能真正的處理問題。有很多人生的困境，不管你怎麼抵抗都是存在的，你不要抵抗。我也不是說，我們做任何事情都不要抵抗。我們要有一種明覺，來決定某一個對象，應該要用何種方式加以面對。比如說，由病而來之痛苦，有些病是治不好的，不管我們怎麼抵抗，它還是在那裏。我們越是抵抗它，而構成一種很緊張的關係，結果這種關係非但不能鬆弛下來，而且會形成一種張力，讓我們更痛苦。在我們的生命裏面，遇到困境讓我們感到痛苦，我們要考量一下處理之道。這裏涉及到要用什麼智慧來面對某一種情況。有些痛苦，比如生命中所有的多層疾病所引發的痛苦，它會跟著我們的年齡發展，一直存在下去，是不會好的，又不會馬上致死。它就是要慢慢折磨我們，讓我們整天不舒服，請問我們要怎麼辦？我們是否要成為一位抗癌的勇士？但，你越是要跟它抵抗，那個張力就會越強，會讓人更痛苦。在此情況下，我想不要採取一種對抗的態度，我們要跟苦痛作一下協調，跟它交個朋友。就是在忍受痛苦之間，我們的生命其實有一種自我淬煉。然後，我們就學會容忍這種痛苦，包容這種痛苦。這樣就擴大了我們包容的範圍。我們一方面能包容快樂，另外亦能包容痛苦，這樣我們心靈的境界就會越發提高。所以，我覺得有一些

人患有了癌症,常常都說要與死神搏鬥,用很強的意志來對抗癌症。我想,這不見得有效。當我們選擇要跟死神搏鬥,在現實上是無用的,你不如容忍它,不要有敵我矛盾的張力。反之,我們與病痛交個朋友,再慢慢安撫它、點化它。畢竟,每一種苦痛都有其死穴,如果我們可以發現其死穴,再從這個地方下手,會比較好。我們鬥不過苦痛的。所以,我不主張「抵抗」說,交個朋友更好。

楊祖漢教授:我看吳老師講到後面這一段,是生命真實的體驗,非常深刻。我想等吳老師論「純粹力動現象學」的文化哲學著作寫出來以後,再請他做演講。謝謝大家!

三、楊祖漢教授針對吳汝鈞教授「純粹力動現象學」演講會後之反思

楊祖漢教授:前天,友人吳汝鈞教授來本院演講,我們文學院中文所、哲研所幾位研究生也參加了,我覺得吳先生講得很好。為了讓這次的討論更加深刻,我還提議由你們幾位做義理的研究生,再辦至少一場討論會,延續相關的哲學思考。這次吳教授的演講,把當代新儒學幾位大家的形上學的觀念加以討論,也轉出了自家的「純粹力動現象學」,談得相當清楚。

我們可以通過吳教授發表自家哲學的見解,且釐清自己哲學思考的來龍去脈,可看到其哲學思想之活潑。我記得康德有講過「哲學是不能教的」這樣的見解。康德不能教我們哲學,只是從他的哲學思辨的展示中,讓我們看到哲學的活動。學哲學者,就是要把自家的哲學見解、思路歷程表達出來,這樣大家才可以觀摩。哲學是在呈現其自己的情形下而存在。我們也不能學人家的哲學見解,但我們要學會觀摩人家如何表達哲學的過程。你看到這種表達哲學的

活動，自然就會引發自己的哲學思維。而，像吳老師的哲學推演，
很值得觀摩。

　　吳教授是從反省當代新儒學的「體用論」出發，他認為熊十力
先生用「體－用」這對範疇來講《易經》生生不已的哲學，並以此
來批評佛教有不當處。雖然，熊先生有其道理。但，吳先生認為，
「體用論」這個範疇，有其經驗性，故將之視為一種機械主義的講
法。比如說，日光燈是因為有電源才能發光。故，電源就是「體」，
其所發之光即是「用」。農夫耕田那個動作是用，但需要有農夫的
體力作為「體」之根據。那麼，這種「體－用」的關係，在經驗上
到處可見；不過，用此範疇來講宇宙、人生的終極原理，一切存在
之根本原理，這種經驗式的概念是否有用呢？吳先生要反省這個問
題，而他主張不適用，故區分體、用，且以為「體」能夠發出種種
「用」，這種思考不能表達終極真理。

　　我當日來不及表達意見，我要對吳先生此說之批評，第一，這
個「體」的概念，在儒學有其非立不可的意義。從道德實踐的角度
言之，這個道德實踐需要肯定一個無條件而自發的本體（或意志）。
按照道德實踐的定義，什麼叫「道德實踐」呢？其特質就是，依於
理所當然的緣故而行，就是「為了義務而義務」。以道德行為講，
為何我們要孝順父母呢？為何「與朋友交，要言而有信」呢？這是
因為「義務」，作為「義務」的行為，就是我們非做不可的，是無
條件而該做的。這種「義務的行為」，需要預設一個「無條件而自
發」的意志。這個道理，不立「體」很難說明。從道德實踐的角度，
需要肯定一個跟平常那種思前想後，為了一個相應的需求，而給出
一種對應的活動，即「因果式」的關係不同之意志。道德行為剛好
與有所為而為的日常意志相反，道德行為就是我不為了什麼，僅因

為這是當然的。那，誰說這是當然的？也是我自己，我給出的這個
當然。所以，我認為這個當然的「我」，跟經驗現實中那種感性的
我不同。這個能夠給出當然的「我」，是絕對依自己而給出來的，
是自發的，獨立而不依於其他，這是一自發自主的體，由體起用。
此體用不是機械式的關係，機械式的關係，可以更往後推，如電源
後面更有根據。而此「體」並無其在後面之根據，這就是「體」之
義，「體」不依靠別的東西，自己就站得住，這才是真正的「體」
之義。由此，我們依於道德實踐的定義上講，如果不肯定一個有自
發的自由意志作為「體」，很難說明「道德心」。所以，講儒家義
理，一定要肯定這個「體」。那麼，我們所肯定的這個「體」，是
不是如農夫一般有體力才能耕作，有電源才能發光，這種經驗式的
「體－用」關係呢？對此，我們可以再思考，這是屬於思辨的概念。
這好像範疇一樣，跟「體－用」相近的範疇是什麼範疇？有近於講
本體、屬性的意思。這都是思辨性需要用的範疇，以成就知識的概
念。我覺得從道德實踐的角度，不講從本體起用，很難論定。

　　第二，當然，這個體、用的對待名言能否化掉？這又是一個問
題。好像有個體，我們才能講逆覺體證；好像有個體，才能成為我
們的經驗對象。此說，跟我們真正的道德行為之活動，似乎又有點
不相應。那麼，依吳先生的思考，我們進一步把體、用這對概念化
掉可不可能呢？畢竟，我們如果立一個體、用義，似乎是要依據體
而表現出用，這裏好像有一個前、後分別。由於這一分別，便與真
正的道德實踐有所不同。我們現在來想這個問題，倘若回到宋明理
學家的義理中，請問哪一位可以給出把這種體、用義化掉的義理資
源呢？有可能是王龍溪！王龍溪怎麼講呢？他說：「體用顯微只是
一幾，心意知物只是一事」。在「四無說」裏頭，「體用顯微」之

分別都化掉了，故「只是一幾」。你說是體，它也是用；你說是用，它也是體。你說是顯，它也是微；你說是微，它也是顯。顯、微有何區別？顯者，就是表現出來的行事，具體的事，很是顯明；微者，是微細。微是指理，不可見的理即是可見的事，二者渾然無別。即理是事，即事是理。或此顯、微亦可從大事、小事來說，如羅近溪所云：「抬頭舉目，渾全只是知體著見；啟口容聲，纖悉盡是知體發揮」。那麼，這個大的生命行動，跟小的局部行動，是否都統一而表現天理呢？這就是「體用顯微」的問題。王龍溪的「體用顯微」是要就根本的體、用上說。這裏，體是微的，用是顯的。當我們用思辨概念來掌握道德生活的活動是需要一種說明，但真正的道德活動是不能分析的，只能是一種渾一的化境。就此，用牟先生的表達方式，說：「你說它是心，它又是物；你說它是主體，它又是客體。」或不知其是心，是意或是知還是物。即是說，它是一體的。心、意、知、物，我的發心動念和存在界實是渾而為一。如果我們依王龍溪這種義理講法，就不會出現吳先生所作的那種質疑。這亦是牟先生所說，「四無」是智的直覺呈現之境，是物自身而非現象。

　　另外，如上述羅近溪的義理也可以處理這個問題，他也給出一個體、用是一的講法。在《明儒學案》裏，黃宗羲批評羅近溪講「流行之體」的觀念。這裏涉及到儒、佛之辨的問題，羅近溪也主張體在流行中才是真正的本體。我們不能在言體之時，把它想像為一個固定不動的實體。近溪言破光景，便是要此體化為那於日用流行，不學不慮而當下即是。赤子沒有想到要孝弟，而其孝弟才真，這便是化去了體用之對待，不知其為體耶？為用耶？蕺山、黎洲亦有此想法，佛教居士傅大士說：「有物先天地，無形本寂寥，能為萬物主，不逐四時凋」。像傅大士所形容的這種體，就是一種能夠獨立、

自立的體，是一外在又能主宰一切的獨體。而，劉蕺山就主張要批評此說，認為此說正足以讓他「抓賊拿贓」！劉蕺山指出這四句既是異端之學真正的「贓物」了。我以前看到這段，一直想這是什麼意思呢？這明明是講本體的話嘛，為何成了「贓物」呢？我在之前講到，道德實踐要肯定意志自由和本體，故儒家講的天道沒錯，講理在先也沒錯。但，蕺山學派對於這種「定體」之說，要加以批評。那麼，他們攻擊此說何為？因為，依傅大士那種講法，「體」變成獨立的「體」，而人的精神皆用在求明此「體」。這樣就是離開了現實的生命和生活，來追求一個不變的本體。那麼，現實的生活就成為了我們追求理想的工具而已，僅是我們追求、達到理想的一種過渡。於是，我們日常人倫本身就喪失了其自足的價值，整個生命的意義，僅在於追求「不逐四時凋」的本體之永恆世界。於是永恆世界跟事實上變化的世界就變成二分而對立的世界，這是蕺山學派所要批評的關鍵處。因為，儒家所認定的永恆世界就在這裏嘛！所謂生命的意義，應當是我們對當下一切的境界，可以表現出該怎樣就怎樣的行為；你不能為將來犧牲現在，也不能為過去而干擾現在。道德實踐使每一當下皆為真實，人不須計算籌謀。理學家是很能把握這個義理的。故體就在日用流行中，我們不能離開日用流行，另說一個外在的本體。其實，很多人在日用流行當前的生命是沒有意義、虛妄而亂七八糟的；但，就真實的生活來說，本體就在生活的日用中，惟有這樣的本體才是本體。於是，不能離日用而言本體，這是假的本體。這種理解，亦是晚明義理共同的趨勢，就是講「流行之體」。而且「流行之體」義，黃梨洲主張就本體來說，儒家悟得，佛家也悟得。此流行是就日用生活之流行說，當然亦以「天命流行，於穆不已」為根據。

　　佛家在哪裏表現出悟得「流行之體」義？我想，這可能是對佛學的理解不一定切當。佛家所講的「真實」何義？佛家所言的「真實」是空性，即無自性。這個「無自性」才是真的。真在那裏呢？所謂，真俗不二，不真空論。空義，即「不真」，「不真」即是在此一現實活動中，只是我們換另一種眼光來看現實活動。依僧肇的「不真空論」和「物不遷論」立言，探討哪裏是真呢？何處是真呢？立處即真。就是說，你此時佔據在這個地方上就是真，離開了此境就沒有真了。我看可以這樣解。空宗講「空無自性」，「無自性」就是假。就是要把我們所認為有一「不變之體」支持一切的想法拔掉。所以主張，沒有一「不變之體」以支持一切，故一切只是緣起，緣起即是流行。而，我們對「緣起」的了解就破了我們的俗見；我們能夠如此了解這個「緣起」，就變成了真見。這個叫「真俗不二」。依此說，什麼是真？當下的無自性的緣起，即真；所謂「立處即真」。甚至，我們還能從假的理解上，說什麼是真？「物不遷論」就是說，我們都能經驗物質性的變遷，比如我以前是紅顏，現在已是白髮。那麼年輕的我已逝，現在的我已老，這是由於昔物不至今，以前之事物不會來到現在，這即是物遷。但僧肇說「昔物不至今」，這個命題本身就是真命題。所以，昔物在昔，自然昔物不在今；昔物自在昔，因為沒有來；今物在今，因為沒有去。故從一般俗見的昔物不至今，所以是遷，就能推出「昔物自在昔，今物自在今」而說「物不遷」。倘若「物不遷」是真，「物遷」是俗，俗則是虛妄，而能夠真正了解何者為虛妄則是真。由此觀之，真實不離虛妄，僧肇就是要表達此義。你們可以體會，這種佛理是很妙的，但同時又具有一種「危險」，就是會變成一切都無所謂。因為什麼都可以是真的，只要我們有智慧會看破之。這就是何以佛教最容易講圓教，因為他

們能講即俗而真。當然，我們不能隨便批評佛學。不過，他們的義理有這些意思，佛家不講體嘛。

儒家講體，就是善惡是非要分辨。而講到透處，可以講「無體之體」、「體用顯微只是一幾」。但，這個「體用顯微只是一幾」也還是「天理流行」，不能將之理解為機械式的定體之類的。這只是「無體之體」，這裏頭含蘊著很深的義理。由此，黃梨洲批評說，佛教的「流行之體」只是一種「氣機鼓蕩」，而無主宰於其間。雖然儒家肯定「主宰」之體，但也只是一個流行的「主宰」，此一「主宰」不是獨立於世間法，而自身為一不變而永恆的「主宰」；這個「主宰」應是指，到處都是道體所表現的永恆。所以，其永恆與當下是結合的。

以上，是我們從吳汝鈞教授「純粹力動現象學」的義理，所延伸出來的有關宋明理學義理的相關討論。吳先生這套理論是對準熊十力的「體用不二論」而發的。那麼，熊先生所講的「體用不二論」之義理，與我剛才所鋪陳的王龍溪、羅近溪及蕺山、梨洲的義理有何關係呢？這個方面很難講，畢竟熊先生對於宋明理學的研究，沒有牟先生那麼深，他的理解沒有到牟先生的地步。他們那輩人，像熊十力、梁漱溟、馬一浮，對於《宋元學案》、《明儒學案》讀得也很多，理解的基礎也夠。但，要論客觀的學理研究，則到了牟先生他們那代，經過中、西哲學的比較，才把宋明儒學的道理講得透徹。熊先生的學問基礎奠定在他對佛學的了解，尤其唯識學的內容，從這裏可以轉出他自己一套的思辨架構。但是，對於宋明理學本身的義理研究，則不如其弟子那麼深。熊先生體用論，主要據大易「生生之義」來說。

至於熊先生講的「體用論」，他的「用」是「大用流行」，並

不是現象意義的用。如果要站在熊先生的義理，來和吳先生論辯，必須從這個地方講。吳先生把熊先生的「體用論」講成「機械論」，這個理解可以商榷。熊先生的「用」，按照牟先生的理解，這個「用」是「大用流行」，不是現象而已。什麼時候把「大用流行」理解為「現象」意義呢？即當我們在大用流行之中，而運用我們知性的範疇來掌握它之時，這個能被掌握到的就是「現象」。「用」是指作為世界一切存在的那個生化。而，當我們能夠朗現出道德心，能夠看到一切生生不已與萬物為一體，這個所對的境界就是大用流行。不過，一旦我們運用知性的概念，我們使用範疇，通過耳、目五官來看到世界之種種，再通過因果、本體、屬性來掌握此一「直覺的對象」，這就成為了經驗知識。這時候所覺察到的就是現象。吳先生很可能用作為現象意義的存在，來理解熊先生的「用」，這樣可以商榷。

　　當然，吳汝鈞教授對西方哲學、佛學的學理都把握得很深厚，我謹就一些與宋明儒學相關之問題展開討論，提出一些不同的想法。

四、吳汝鈞先生的回應

(一) 回應研究生

　　關啟匡君所提出的問題，我想牽涉及氣的問題。文天祥說正氣和其他多種染污性的氣；孟子也說浩然之氣。這些氣都是正面意義的，需要肯定的，這可視為純粹力動直接下貫到人的主體生命的睿智的直覺；這睿智的直覺表現在人的情感上、意欲上，便是正氣或浩然之氣，是道德意義的。但在純粹力動凝聚、下墮、分化而詐現為氣之時，會失去道德的明覺，而流於氣機鼓蕩，以至於暴力。劊子手是沒有選擇的，他只能執行其上司的決定，這是他的任務；不

然的話，他會被革職，嚴重的會以違抗軍令的罪名而被殺掉。

(二)回應楊祖漢教授

楊祖漢先生的疑慮我非常了解，這根本上是牟宗三先生的意思。四十多年前，我第一次上牟先生的課，他便說了：我們要立體，有體便有力，無體則無力，無力便甚麼也不能做，所謂「體力」也。我建立純粹力動現象學，並不是要把體或實體去掉，不是「去體化」。我也不是否定實體流行、天命流行這種觀念。體是必須立的，特別是道德之體。不然，一切道德行為便無從說起。不過，我看體的問題，是從真理著手的，特別是終極真理。關於終極真理，不同學派有不同的說法：柏拉圖說「理型」，亞里斯多德說「基底」（Substratum），基督教說「上帝」，黑格爾說「精神」，柏格森說「生命衝力」（élan vital），儒家說「天理」、「良知」，道家說「道」、「自然」，佛教說「空」，印度教說「梵」，京都學派說「絕對無」，等等。還有熊十力說「體用不二」。我是要經營一種對終極真理的最完整、最善巧、最圓融的說法，因而提出「純粹力動」。

在我們的日常生活中，或在經驗的世界中，一切作用都有一個源頭。例如電能有水力發電機或核電廠發出；下田耕作的力量由健康的身體發出，此中有一種由體發用的體用的機械性的關係。我則以真理是一種超越的活動，它以周流轉動不息的狀態而存在。即是，超越的活動自身便具足超越的力動。進一步說，超越的活動自身便是超越的力動，我們不必向它之外為它尋求一個發出力動的根據或體，作為這種力動的根源。不然便是「頭上安頭」了。這一點非常重要，是關鍵之點。再進一步說，這種力動是超越的、純粹的，沒有經驗的內容，因此是「純粹力動」。這純粹力動是作用，是用；

也是體，是本源。即是，它是體，也是用；在它之中，體與用的範疇都用不上。體與用是徹內徹外、徹上徹下相同的，沒有，也不必說體用關係。若一定要說，則體與用是一種圓極的、無以述之的圓融關係、同一關係。在這種情況下，程伊川講「體用一源，顯微無間」及王龍溪講「體用顯微，只是一家」也成了冗語。這裏是不能講「體微用顯」的。

楊先生很重視道德主體與道德實踐，與唐、牟二先生的觀點相近。我很理解，也很尊重。不過，我有比較多元的看法，同時強調道德、宗教、藝術和知識。不固執於道德的立場。科學求真，道德求善，藝術求美，宗教求神聖。其中，科學的層次或較低，因它要建立在主客二元性之上。我在《純粹力動現象學》中，曾詳細地探討過自我設準的問題，而提出同情共感我、靈台明覺我；這分別相應於道德主體與藝術主體。在宗教方面，我提出本質明覺我、委身他力我和迷覺背反我；這分別相應於自力主體、他力主體和弔詭主體。對於科學主體，則提出總別觀照我。在道德、宗教、藝術方面，我是多元性地平看其主體的，未有一方對於他方的先在性與優越性。此中爭議較多的，是道德與宗教兩種文化活動孰先孰後。儒學自是以道德為先，康德亦取相似看法，把宗教還原到道德方面去。佛教特別是禪宗則以宗教較道德更有基源性，《壇經》講「不思善，不思惡」，是明顯的例子。京都學派的看法也相似，他們強調道德必須崩壞，才有宗教的現成。這些都是可以討論的。純粹力動作為終極真理，不停地運轉，而生起這些許文化活動與文化成果。

有人必定會問：你何以從純粹力動起步呢？何以確認純粹力動的存在呢？答曰：只就自身的生命活動便能實證。人生是很不順利的，人很多時會跌倒。有些人容易心灰意冷，倒地不起，但總有要

站起來的可能性。有些人則不認輸、不服氣，倒下了，總是要站起來，繼續向前行。在哪裏跌倒，便在那裏站起來。這表示生命內部有一種力動，要自我發展、自我實現的力動。這力動隨時可以反彈起來，生起非常巨大的力量，以鋼鐵般堅強的意志求突破，求出路。不成功，便成仁。

京都學派的田邊元建立懺悔道的哲學，說明一個罪惡貫盈的人一朝覺悟，對過往所做過的傷天害理的事徹底懺悔，感到自己完全沒有資格再生存於世上。但他並不自殺，卻是愈感到自己沒有資格活下去，內部愈能產生一種悔疚心，愈要做些好事以平衡過去的罪惡，讓自己變得有資格生存下去。此中反彈出一種巨大無倫的生命力量，足以驚泣鬼神，使地動山搖，徹底埋葬自己過往的罪業，所謂「大死一番，歿後復甦」，最後達致他的目標。這不是耍魔術，不是天方夜譚，而是生命心靈上的事實。我們不可看輕這種精神性格的力動。這是否必是道德的力量呢？很難說。

另外，楊先生提到僧肇。我想與目下我們所關注的題材沒有交集。僧肇只停留在空的階段，不講佛性，充其量只能到「體法空」，與天台講「佛性圓覺」有一大段距離。他根本無涉於流行之體。他是無體的。

又，我想借這裏一些篇幅，回應一下關啟匡君在《鵝湖學誌》第五十三冊（2014 年 12 月）刊出其文〈熊十力「本體宇宙論」的反思〉中說我只強調熊十力的「體用不二亦有分」的分別義，忽略了他下一句「分而仍不二」的辯證意味。啟匡君此說不能表示實情。實話實說，作了幾乎半個世紀的研究，怎會只強調體用不二而亦有分的正與反，而忽視分而仍不二的合呢？熊氏的思維型態不是邏輯的、分析的，而是辯證的、綜合的。我的重點是要說明熊氏對體與

用仍是有分別，不是完全等同，這並不需涉及分而仍不二這一截。有分便表示體與用仍然有隔，就圓教的角度來說，不是整全的、徹底的圓融，不是圓極。圓極的形而上學需是體與用完全相同，因而無所謂體用關係，這是關鍵之處。在這裏，分解地說，只有超越的活動，或純粹的力動；無所謂體，也無所謂用。體用不二的形而上學仍有進一步開拓的空間，於勝義諦方面未臻於圓滿。再多說幾句，關於大海水與眾漚，啟匡君分別以全部水分與局部水分來解讀，這是把大海水與眾漚的分別還原為量上的分別，無涉於理性方面的質。我想來想去，量上的分別充其量只是常識或俗諦層面的合理性，不是勝義諦層面的合理性。對於作為理性的質來看，大海水與眾漚其實是等同的，在濕性之質中為等同。以上的說法，是在熊氏的體用不二的形上學的脈絡下提出的。就純粹力動現象學來說，大海水與眾漚的關係不成一個問題。

　　回返到楊先生的觀點，他精研宋明儒學，對唐君毅先生與牟宗三先生的觀點也把握得很正確。不過，他似乎還未有對準我所提出的關鍵之點。我是從圓極的教法立說的。熊十力先生提出體用不二的說法是很好的，但不能止於此。從圓極的教法來看，體用不二仍有進一步發展的空間。即是，體與用都歸向於純粹力動，它們兩者是完全同一的，既然是完全同一，則作為假名看的「體」與「用」在終極的形而上的層面便可化掉，在這個層面，不必立「體」與「用」，兩者的體用關係也必須捨去。只有這樣，才臻於最徹底的圓極性。說「化體、用為純粹力動」，亦無不可。倘若在這個關鍵點上有錯失，純粹力動現象學便自動解構，我數十年的思考與體驗，便是白廢。

第九章　論佛學研究方法，
兼評倪梁康先生
〈宗教經驗與般若現象〉一文

一

　　1978 年末，我結束在日本與德國多年的留學生涯，回到香港，整理在外面作研究的所得。其中重要的一項是佛學研究的方法。我把有關資料（包括翻譯、報告與評論幾方面）彙集成書，定名為「佛學研究方法論」，由臺灣學生書局於 1983 年出版。書中闡述國際（包括日本、歐洲、北美和中國）在佛學研究方面所採用的方法，有文獻學方法、考據學方法、思想史方法、哲學方法、維也納學派方法、京都學派方法、實踐修行法和白描法。1989 年再版，因書局方面未有跟我提及，故保持原來面貌。1996 年三版，書局有通知我，於是增加了現象學研究法和詮釋學研究法，並刊出相關的例示的論文。2006 年四版，我又增加了符號邏輯研究法和例示的論文。在這些研究法中，有不少重疊的地方，特別是哲學方法和其他方法如維也納學派方法、京都學派方法，前者關心的核心是知識論方面，後者則關心宗教哲學方面，現象學研究法、詮釋學研究法和符號邏輯研究法又在哲學研究法上另放異彩。另外，就我現時所想到的，還有精

神分析研究法和社會結構和環境研究法。我自己便寫了《唯識學與精神分析》，便是以弗洛伊德（S. Freud）和榮格（C. G. Jung）的精神分析和深層心理學來看佛學，特別是唯識學的。倘若再有五版，我會把這方面的研究法放進去。至於社會結構和環境研究法，很多年前已有人提過，因我在這有關方面所知有限，日後充實了，便會把這方面的研究法補進去。

<h1 style="text-align:center">二</h1>

　　在這如許的研究法中，文獻學方法顯然是最重要，起碼是其中之一和最受矚目的。這主要涉及原典所用的語文和近、現代的研究所用的語文。所謂文獻學（philology, texual studies），便與這些語文，特別是原典的語文的知識或學養的密切關連為主。這是佛教特有的現象。究其原因，是佛教很早時期已在印度出現了。它有兩個分派：小乘與大乘。小乘的文獻是用巴利文（Pāli）寫的，向南流傳，由印度的南部經錫蘭而流布到東南亞洲地區，因而有不同語文的發展與研究，如泰文與緬文之屬，現代的語文則有英、日、德、法諸種語文。大乘則向東北的中國發展，又回流到西藏、蒙古，再東傳到朝鮮和日本，再傳到西方世界。這大乘的文獻是用梵文（Sanskrit）寫的，向外流傳，開拓出藏文藏經、蒙文藏經、漢文藏經、高麗藏經和日本藏經，分別牽涉及多種不同語文。近幾十年，日本方面有人斥鉅資，延聘學者把藏經都翻譯為英文，以利流通，有很多經典已翻譯出來並出版了。對於這些文獻，又有多種以日、英、德、法文來寫的研究成果。大乘佛典的古典的開拓和現代的研究的著作林，蔚成一片汪洋大海了。對於這些不同語文的佛典的研

究，包括其內容、所運用的語文、典籍的流布與承傳、作者真偽的考訂，以及於古籍的校訂、翻譯、做索引，與原典與翻譯的對比探討，便成為文獻學研究的內容。這些工作，隨著佛教思想的不斷發展與開拓，沒完沒了，文獻學的研究也相應地沒完沒了。這些工作，一輩子也做不完。

　　不過，話得說回來，佛教特別是大乘佛教，其根源是印度，經論是用梵文寫的，這便造成梵文文獻學的重要性。很多經論都有流傳下來，即使原典本子失去，仍然有藏文、漢文的翻譯。因此，我們仍然可以藉著藏、漢文的翻譯，進行研究。但學術研究界有一個一致的共識：研究應盡量用原典，只有在找不到原典的情況，才用翻譯。現代的佛學研究，在唯識學方面相當興旺，特別是在日本，他們一直有很嚴格和多元的機制，培養學者的文獻學研究的資源。實際上，日本人的質實性（rigidity）的頭腦，是相當適合研究唯識學的。這種學問境界不高，但理論嚴密，名相繁多，可循序漸進來做。例如竹村牧男研究唯識學，光是對其中的三性說，便寫了六十萬字的文獻學的巨著。值得不值得呢？很難說，要問他自己。

　　在港、臺方面，也有些較年輕的朋友喜歡唯識學，拿它的《成唯識論》（Vijñaptimātratāsiddhi-śāstra）來寫博士論文。為甚麼呢？因為他們沒有梵文文獻學的訓練，而這部《成唯識論》的梵文本早已失去，也沒西藏文的翻譯，他們以為不需要梵文、藏文的知識，只看漢譯便行了。實際的情況不是那麼簡單。

　　按唯識學理論的建構者世親（Vasubandhu）晚年寫了《唯識三十頌》（Triṃśikā, Triṃśikāvijñaptimātratāsiddhi），文簡意精，需要詮釋，才能讓人看得懂。唯識學派中的安慧（Sthiramati）與護法（Dharmapāla）分別為此《三十頌》作疏釋。安慧的疏釋

Vijñaptimātratābhāṣya 傳入西藏，沒有傳入中土，也沒有漢釋。護法的疏釋亦即《成唯識論》傳入中土。當年玄奘往印度取經，受學於戒賢（Śīlabhadra）大師，戒賢學宗護法，玄奘取得護法對《三十頌》的疏釋，將之譯為漢文，即是今日在《大藏經》中的《成唯識論》。玄奘是據護法的這部梵文論典翻譯的，其中一切名相都有相應的梵文名相。要精確理解《成唯識論》，非要將其中重要的名相還原為梵文名相不可。故要正確理解護法一系的唯識學，亦得涉及梵文。進一步，只依護法的《成唯識論》來理解世親的唯識學是不夠的。例如其中一個挺重要的概念「識轉變」（vijñāna-pariṇāma），護法的解讀與安慧的完全不同。護法的解釋是心識自行分化出作為存在世界的相分（nimitta），而自身則以作為自我的見分（dṛṣṭi）來認識它，並執取它為具有恆常性的客體。安慧對這個名相的解讀是識自身不斷起變化，由前一瞬間的狀態轉為後一瞬間的狀態。到底世親的這個概念指的是甚麼，不是護法說了算，仍要進一步作文獻學的研究。要避開梵文，是不行的。

　　瑞士的現象學家耿寧（Iso Kern）很喜歡唯識學。聽說他到四十歲才發心努力學習中文，俾能閱讀玄奘所翻譯的唯識學文獻。他有沒有學習梵文，閱讀梵文唯識學的論典呢？不管玄奘翻譯得如何好，翻譯讀起來總是有隔閡的。

三

　　回返到佛學研究的方法方面去，我在拙書中提出應以文獻學與哲學分析雙軌並進的方法對佛學作研究，靈感一部分來自維也納大學（Universität Wien）的法勞凡爾納（E. Frauwallner）所開拓出來

的維也納學派（Wiener Kreis）對佛教知識論方面的研究。在這種研究中，當事人須具備足夠的梵文學養，必要時也加上藏文，依西方哲學特別是康德（I. Kant）的嚴格意義的知識論的背景，研究佛教在中、後期發展出來的知識哲學，包括陳那（Dignāga）、法稱（Dharmakīrti）、法上（Dharmottara）、寂護（Śāntarakṣita）、蓮華戒（Kamalaśīla）和脫作護（Mokṣākaragupta）他們的那一套。這種研究法有很多支持者，如德、奧系的斯坦恩卡爾納（E. Steinkellner）、維特（T. Vetter）、舒密特侯遜（L. Schmithausen）、布妮曼（G. Bühnemann）、穆克（M. T. Much）、克留塞爾（H. Krasser）等，日本方面則有服部正明、梶山雄一、戶崎宏正、桂紹隆、岩田孝、赤松明彥、沖和史等。不過，他們仍是稍微向文獻學方面傾斜，哲學分析的分量嫌不足。可以在這方面加強一點，但也未到蘇聯學者徹爾巴特斯基（Th. Stcherbatsky）和印度學者穆爾諦（T. R. V. Murti）的自由程度。這樣便很好了。不過，這個學派已不斷下滑，近於衰微。法勞凡爾納在一九七五年左右去世，維特也已去世，斯坦恩卡爾納和舒密特侯遜分別從維也納大學和漢堡大學（Universität Hamburg）退休，布妮曼已改習密宗，移居美國，在威斯康新大學（Wisconsin University）任教。日本方面的服部正明已達九十一高齡，梶山雄一已於二〇〇四年去世，戶崎宏正已無意於學術研究，他曾對我說學術研究讓他患了嚴重的頭痛症，云云，桂紹隆與岩田孝已分別從廣島大學和早稻田大學退休，赤松明彥則專門從事行政方面，很少做研究了。這樣看來，維也納學派很快會走入歷史。

四

上面剛說到,在研究佛教知識論方面可運用文獻學與哲學分析的雙軌研究法,這其實不限於佛教知識論的研究,在其他涉及煩瑣的梵文文獻學的佛學義理的研究,也一樣具有效力。其中一個明顯的例子便是舒密特侯遜在其一九八七年出版的《阿賴耶識:一個唯識哲學的核心概念的起源與早期發展》(*Ālayavijñāna: On the Origin and the Early Development of a Central Concept of Yogācāra Philosophy*)。不過,此書的文獻學的意味仍然非常濃厚,它的註釋、書目和索引在篇幅上幾乎等於正文的兩倍。同時,這種方法也可以運用到哲學的比較研究方面,最鮮明的例子莫如唯識學與現象學的比較研究方面。在這方面,日本的北山淳友是一個開荒者,上面提及的耿寧也起著帶動的作用。我自己在這方面也做了一些工夫,寫了《胡塞爾現象學解析》、《唯識現象學》二書,所論是否有當,見仁見智。幾年前友人賴賢宗帶同中山大學哲學系的龔雋教授來訪,龔先生告訴我,他們中山大學也流行著一種比較現象學與唯識學的研究風氣,現象學專家倪梁康也有參與。倪先生是現象學研究權威,在把胡塞爾的現象學引導到華文學界,作出很大的努力與貢獻,我是非常感佩的,對他在佛學特別是唯識學方面的研究的轉向,有深切的期待。龔先生又拿了我的《佛學研究方法論》回去,看看能否在大陸印行、流通,但一直沒有回音。

五

近日偶然翻起中研院文哲所出版的黃冠閔、趙東明主編的《跨

文化視野下的東亞宗教傳統：理論反思篇》（2012 年 12 月）一書中載有倪梁康先生所寫的〈宗教經驗與般若現象〉一文，覺得很有興趣，便看了兩遍，發覺有很多問題，需要商榷。以下依原文次序逐一提出。

一、文中第 98 頁第二段提及在陳那中，智的現象學是可能的，並謂智慧可以通過直觀和推論顯現出來，並且可以通過言說和陳述而得傳達。按這裏有很多問題。首先，陳那在甚麼地方提出這種觀點？文中沒有交代。關於陳那的思想，最重要的當推其《集量論》（Pramāṇasamuccaya），但此書梵文本殘缺不全，可以說是失存，我們只能在其他一些典籍中看到此書的零碎引文，也無漢譯。聽說義淨有漢譯，但已失存。西藏文則有翻譯本，而且有兩種，漢語界理解陳那的思想，通常是通過玄奘譯的《觀所緣緣論》（Ālambaṇaparīkṣā）和《正理門論》（Nyāyamukha）來了解。後者只有漢譯現存。唯識學發展到陳那，其關心焦點已由第七、八識轉移到前六識，由此建構出一套可與西方特別是康德相比配的知識論。實際上，陳那不大講智，如何說「陳那這裏，智的現象學是可能的」呢？說「智慧可以通過直觀和推論的方式顯現出來」，則更不可解。這裏所說的直觀和推論，大約相當於陳那提出的現量（pratyakṣa）和比量（anumāna），也約略分別相當於康德說的感性（Sinnlichkeit）與知性（Verstand）。因此，陳那講的現量和比量是很不同的，兩者分別認知對象的自相（sva-lakṣaṇa）與共相（sāmānya-lakṣaṇa）。他在其《正理門論》特別提出「現量除分別」（《大正藏》32・3b）。「分別」相當於倪文所說的推論。現量與比量可以成就世間的知識，這是俗諦的。智則是高一層次，它超越言說，是覺悟、解脫的能力，可證成真諦。說「智慧可以通過直觀

和推論的方式顯現出來,並且可以通過言說和陳述而得到傳達」,想來想去都想不通,這樣理解陳那,到底是依於甚麼文獻呢?

二、在第 98 頁末尾和第 99 頁開始,倪文說柏拉圖意義上的「觀念」(Idea),是直觀可見,是現量,也明顯不對。柏氏的觀念或理型不是個別相,而是普遍相,現量只能見個別相,亦即是自相,如何見觀念呢?

三、在第 104 頁第一段,倪先生說唯識學的賴耶緣起和三能變說,都在著重討論一種緣起發生的問題。老子所說的「道生一,一生二,二生三,三生萬物」或「天下萬物生於有,有生於無」,是與緣起發生的問題處在同一個向度上的思考。這種說法,在字面上或許有倪先生所說的意思,但精細考究起來,雙方的思考模式或所謂「向度」上,終是不同。老子講生,是形而上學的、現象學的;唯識學講緣起,是宇宙論的、經驗性格的,因而是現象論的。老子是實體主義的思維模式,唯識學則是非實體主義的思維模式,雙方不能混同起來。

四、在第 106 頁第三段,倪先生提出,唯識學對每種意識都有四個要素亦即四分的把握。這樣說並不正確。奘傳唯識學傳統流行八字真言:「安難陳護一二三四。」安是安慧,難是難陀,陳是陳那,護是護法。他們對識轉變(vijñāna-pariṇāma,此中是說識或心識,未有限定為意識)或心識的活動、變化,各自不同。安慧著重心識由某一剎那轉變至下一剎那,只是心識從一種狀態轉為另一種狀態,並沒有分化作用,故是一分。難陀則說心識轉化或分化為相分與見分,故是二分。陳那則在相、見二分之外,加上自證分,而為三分。護法則在陳那的三分之外,再加證自證分,而為四分。在心識的轉變活動中,論師對轉變的結果有多少分,並無一致的說法。

不知倪先生如何確定一致的四分說？

五、第106頁末段，倪先生說唯識學從末那識到平等性智的轉變，與儒家的「惻隱之心」和「己所不欲，勿施於人」都是轉變的探討和要求。這從大處看似無問題，但若細究起來，雙方的分別仍然非常明顯，儒家是道德的導向（orientation），唯識學則是宗教的導向。道德與宗教終是不同，前者要成就道德的人格，後者則要證成覺悟、解脫。在佛教看來，道德仍受限於世間的學問，是不徹底的；宗教則可讓人達致出世間的境界，是徹底的。

六、第107頁第二段，倪文說佛教意義的感性直觀和智性直觀都是智慧。說智性直觀是智慧，這無問題；感性直觀如何能是智慧呢？唯識學把心識分為四類：感識、意識、我識和藏識，感識即是感性直觀，這是有執著，被視為傾向染污方面的，與智慧有甚麼關係呢？倪先生引述《成唯識論》的「善觀諸法自相共相無礙而轉」來說妙觀察智，這種智慧能同時照見諸法的個別相（自相）與普遍相（共相），在觀個別相時，不可能作為感性直觀來照見，因為在這個階段，感性直觀的「感性」已被克服、被轉化了。感性直觀必須被克服、被轉化，才有智慧可言。

七、倪文最令人失望的地方是，題目標出宗教經驗與般若現象，我看來看去，都弄不清楚倪文要傳達甚麼訊息，要告訴我們甚麼東西。文中對宗教經驗和般若現象的意義都沒有說清楚。就宗教經驗來說，文中一方面說「宗教經驗與智慧之間沒有內在聯繫」，但馬上又說「在佛教中，宗教經驗基本上等同於智慧」（第96頁第二段）。這明顯是不一致的說法，佛教是宗教，它自然不能脫離宗教經驗，何以與智慧之間沒有內在聯繫呢？跟著又說佛教的宗教經驗基本上等同於智慧，這是甚麼意思呢？就倪文整篇來看，他明顯地

對「宗教經驗」沒有確定的概念。這種概念其實在很多文本中都有
交代，如德國神祕主義的艾克哈特大師（Meister Eckhart）、伯美
（Jacob Böhme），英美的希克（John Hick）、特利司（David Tracy）
等的著作中都有說及，Eckhart 與 Böhme 更在與宗教經驗密切相連
的冥契實踐中下過深厚的工夫，倪先生只是對此未有留意而已。另
外，題目中的「般若現象」到底指甚麼？文末又提「般若現象學」。
相差得太遠了。到底要講般若現象還是要講般若現象學呢？實際
上，「般若現象」這種語詞便大有問題，般若是智慧，與終極真理
的證成大有關連，怎能說是現象呢？關於般若（prajñā），我把倪文
看了又看，看不出對這個語詞有甚麼解釋。這是甚麼智慧呢？文中
沒有交代。其實，流行空間很廣的《心經》一開始便對般若智慧交
代得很清楚：

> 觀自在菩薩行深般若波羅蜜多時，照見五蘊皆空，度一切苦
> 厄。（玄奘譯本，《大正藏》8・848c1-2）

其中，般若波羅蜜多（prajñāpāramitā）是觀照諸法都是無自性因而
是空的智慧，能證成這種智慧，便能從種種苦痛煩惱解放開來（度
一切苦厄）。倪先生怎麼不去了解一下呢？在題目中列得清清楚楚
的重要概念，卻在文中完全沒有交代其意涵，真是難以理解。

　　最讓人費解的是，倪文花了很多篇幅談論到胡塞爾，但胡塞爾
對題目所標示的宗教經驗與般若「現象」都沒有交集，倪先生也說：
「胡塞爾本人對智慧與知識的區別著墨不多。在他那裏，基本上沒
有作為宗教經驗的智慧概念。因為對他來說，神……不是現象學的
純粹意識意義上的絕對，因而也受到現象學還原的擱置。」（第 99

頁第二段）又說：「胡塞爾之所以對宗教經驗意義上的『絕對』持謹慎態度，很可能是因為他缺乏在此問題上的直接直觀經驗，因此將它懸擱起來，置而不論。」（第 109 頁第二段）既然沒有交集，為甚麼嘮嘮叨叨地把胡塞爾說個不休呢？這不是焦點轉移，致文不對題嗎？另外，倪文說到胡塞爾，都有清楚交代原典出處，但對於佛學，除了《成唯識論》與《解深密經》外，都沒有說明文獻依據，這是依據別人的說法嗎？例如第 97 頁第二段提出智與慧的原來語詞分別是 jñāna 與 prajñā。這是何所據呢？佛典通常以 prajñā 為智，亦即是般若，何以是慧呢？《唯識三十頌》與《成唯識篇》說到心所（caitasa），其中有慧，屬別境性格；可是沒有智，智是轉依而得的。倪先生何以以 prajñā 為慧呢？

附錄一、禪之辯證

久松真一著

關世謙譯，吳汝鈞校定

　　大體而言，辯證的目的在於闡明事物的理趣，而闡明事物的理趣，須依據事物之所以存在，來析述其道理。而所謂的道理，就是任何人都必須作這樣思考的意思。什麼人都必須作這樣的思考，並非只是現在都是作如此思考，即使現在大家不曾作如此思考，或者縱然現在並無一人作如此思考，卻終究必是任何人都須作如此思考的。只是現在未作如此思考，而其必須作思考的理由是：其道理超越事實，有其論理上的必然性。現在即使尚無一人作如此思考，或是任何人均未曾作此想，但其道理超越事實，則必是有其論理上的普遍性。（汝鈞案：這裏說事物的理趣，意即事物的本質。而事物之所以存在，可以就存有論一面言，亦可以就邏輯或論理言。久松似傾向後者，故強調論理上的普遍性與必然性。久松即從這點說事物的辯證的性格。）

　　辯證法的目的，在於闡明與事物有關的論理上的必然性與普遍性。因此，辯證所關心的，並非只是事物的「如實有」，而是其「因而有」。「如實有」固然可以依據其存在，而得以明瞭，但「因而有」卻必須憑藉其論理上的根據，才能得以明瞭。例如：勇氣固然是道德上的一個德目，但這種勇氣，究竟是一個什麼樣的東西呢？即是說：勇氣是「如實有」的，但若透視於勇氣的此一意識，它是憑藉其存在才得以明瞭的。但何以勇氣能成為道德上的德目？可見

勇氣之「如實有」；並非憑藉所凝視的意識，而是勇氣作為道德上的德目原理，必須憑藉其論理方面的根據，才得以明瞭的。由於這樣的道理，一切事物之「如實有」，是依其涵攝事物的普遍的、論理的原理而推斷出來的。因此，想要明瞭事物的「如實有」，須要把特殊與普遍論理地結合起來。這也可以說是在特殊的基礎上，去尋求論理上的普遍；更可以說普遍在論理上是涵攝特殊的。依據文語的使用方法，特殊與普遍的關係，在「如實有」的情況下也會有的。但是，在此一情況下的兩者的關係，絕不具備論理上的意義。例如，我個人所具有英勇的象徵，固然是英勇的一般概念所涵攝的，但在這種情況下，概念只是比象徵在「如實有」方面，較具普遍性而已，而概念卻並非說明象徵的「因而有」。因此，兩者的關係，應該是事實上的涵攝關係，而不是論理上的融攝關係。（汝鈞案：「如實有」是現實層面，「因而有」是邏輯或存有論層面，後者具有普遍的性格。「因而有」的意義是基於邏輯的需要，與現實無關。）

　　這裏所謂事實上的，不一定只限於空間方面的存在，而是指一般廣泛地說的意識對象。所謂的價值，固然不是空間上的存在，卻也是作為意識的對象而顯現的，是意識上的存在，所以是涵攝在事實層面之中。這種事實層面對於由特殊到普遍的涵攝，是由觀察作用的發展所成就。但論理的東西對於由特殊而趨向普遍的涵攝，則是通過道理的作用而發展完成的。這些都是同樣地憑藉各自的作用的開發，由多方面所組成的一個體系建立起來。從觀察作用的體系上看，始終不曾超出「如實有」的體系。「如實有」固然可依其體系，而使其明朗化，但「因而有」卻必須憑藉道理上的作用，才能明瞭。不論是物理學、歷史學、心理學，乃至現象學，它們之間容或有深淺的差異，畢竟它們是屬於觀察作用所構成的「如實有」的

體系，因而在性質上無從探究其「因而有」。（汝鈞案：「因而有」的基礎在道理或理性本身。它必須根於理性的要求。它與一般的經驗科學所依的觀察不同。即使是深入的觀察，也與理性的要求無關。另外，久松在這裏提到現象學，視之為觀察所致，倘若這是指胡塞爾（Husserl）所說的，則不是很恰當。）

　　歷來的哲學，多是憑藉道理作用，組織成「因而有」的體系。康德（Kant）認為哲學並非 quid facti 的學問，而是 quid juris 的學問，就是基於這個意思。在認識哲學上，康德像處理心理學那樣，不論其認識上的事實的構成，而是探討認識的論理的可能性。而在道德哲學上，他要究明的，並非道德在經驗上的成立，而是其客觀性的論據。寇痕（Cohen）則在康德的認識論所含有的認識中，將所與性袪除，因為那也算是思惟的本質，或者可稱是由根本原理所演譯出來的。而所以稱為所與性者，也是只限於「似乎有」而已，必須更進一步去瞭解「因而有」。此外，黑格爾（Hegel）把一切存在都予以論理化，也是由「如實有」而進趨於「因而有」，從而試圖建構其徹底的體系。他根據其所謂的現象學，如同胡塞爾一派所倡言的現象學那樣，並不是想制作「如實有」的體系，而是想創造「因而有」的體系。當然，依上述的解說，我仍然未必認定他們所提倡的結果是正確的。不過，他們也把關切的重點，擺在「因而有」方面，不在「如實有」一面。從學術整體的體系而言，「如實有」與「因而有」的體系，在學術上，何者是沒有假定呢？對於這種地位的爭端，已由最深的「如實有」體系的現象學展現其開端了，不管是哪一方面獲得優勝，其趨向於「如實有」的普遍方針，與趨向於「因而有」的普遍方針，這兩種的不同，是必須暫且承認的。我在這裏以辯證的形式來探討的，畢竟是後者的方針的意義。（汝鈞

案：一切大的哲學體系，都以「因而有」作為其探尋的焦點。）

　　因此，禪之辯證也不似禪的歷史學與心理學那樣，是「如實有」的體系，而是「因而有」的體系。然而，禪的「因而有」體系，究竟是怎麼一回事呢？像禪之辯證這樣的東西，畢竟是可能的麼？還有，即使有其辯證的可能，那究竟是絕對的可能，還是條件上的可能呢？如果是條件上的可能，那又是在什麼條件之下可能呢？這問題，不止是有關禪之辯證的可能性問題，而是關涉到禪的獨立性問題，甚至是一般宗教與論理，乃至非合理性與合理性的問題。在學術上來說，這是極為重要的課題，同時也是相當艱難的問題。

　　如先前所述，事物的「因而有」，必然地預認作為該事物的論理依據的普遍。在這裏卻可提出「諸惡莫作，眾善奉行」的命題。乍眼看來，人們還以為這是一個道德方面的命題哩；以為它本身並非指事物的「因而有」，而是一項要人「不要做惡事，必須行善事」的命令式的特殊命題。正是因為這樣，這一命題令人不明其所以，為什麼必須做善事，而不可以做惡事呢？要明瞭其原故，這特殊命題必須預認一普遍命題作為它在論理上的依據。對於這一特殊命題，倘若我們提出「凡人必須多行善事，切不可作惡事」的命題，它較前一命題更具普遍性。當然，此一普遍命題，如果不更依一普遍形式的命題，是不能具備所設定的義理的；若依據此項命題，便可確定前者的命題的義理。就為什麼凡是人都必須行善事來說，若依於「做人就應該多行善事」一命題，是無從得以確定的；這需要求更深一層的命題。但雖然沒有那種命題，只要提出「凡人必須多行善事」的命題，由於每個人都能理解必須行善，所以，教人去行善的命令式，可以看作是具有論理依據的命令。起初大家肯認這種命令不是幻覺的命令，不是獨斷的命令，不是專制的命令，便可成

為必須遵從的合理的命令。這樣，特誅的命令為了保有其特殊的真理性，在基礎上必須具備普遍性。沒有明確的普遍性的特殊，我們視之為一種妄想，一種幻覺，也是無何不可的。因此，把普遍問題搞清楚，對於究明事物的真實來說，是極其重要的。（汝鈞案：這裏所謂普遍性或普遍問題，是理性特別是道德理性的要求，這要求是一命令式，如命令我們「凡人必須多行善事」。這種命令我們也是自明的，它本身具有絕對的普遍性。）

　　就通常認為最主觀的好惡感情來說，我們喜歡這項事物，可能是可笑的，或是討厭那種東西，可能是不可思議的，像這樣的好惡感情，也需依據普遍來加以規定。當然，即使是好惡，但若一味地只說喜歡也不對，而只說討厭也不對，這是道德方面的問題。不過，喜歡會覺得可笑，厭惡會覺得不可思議，這種好惡的感情，固然是個人的自由。但若認為對那樣事物喜歡，是可笑的話，這則不是依普遍來規定善惡，而是依普遍來規定好惡。對於不隨順個人自由的道德行為，或是藝術的鑑賞，若要達致客觀涵義，我們需經常不斷地要求普遍性。當我們各自作出其個人的行為時，會考量如何去作才是好的行為，就像欣賞一幅畫，怎樣去觀賞才不致於看走了眼。自己所做的行為是否沒有不妥之處呢，自己雖覺得這幅畫很好，但這是否是一幅毫無價值的畫呢，這都是由於我們要求普遍性所致。類似這樣的要求，相信在禪生活方面，也是會有的。不，與其說是禪的日常生活，不如說是對哲學上的思索，更顯著地存在著這項要求。（汝鈞案：好惡的感情是主觀的，不必有客觀的依據。但決定行為的善與惡，或藝術品的好與醜，則有客觀的依據，以普遍性為定準。禪與哲學思惟，都要求普遍性。）

　　禪門中所謂一千七百公案，都是以喚起我們對普遍的要求為

先。禪的公案，無不是發自我們的日常生活，而且都是依據常識；它課賦給我們的課題，即使通過相當深奧的思索，還是似解非解的。像「走過來，聽那隻手的聲音」，「從鍋子裏撈出富士山來看看」，或是「人從橋上過，橋流水不流」，「清淨行者不入涅槃，破戒比丘不墮地獄」，「毛吞巨海，芥納須彌」，「汝等諸人若喚作竹篦則觸，不喚作竹篦則背，汝等諸人且道喚作甚麼」等公案，對於這些公案，不管你具有怎麼明晰的理智，也會有莫名其妙的感覺。當我們面對這些公案時，任何人都會認為，這些問題與其說是難解，還不如說是根本就是不合情理的問題；更懷疑這些問題到底能否作為問題來看。所謂難以理解的問題，是指那些儘管也能解釋，但卻不是那麼容易理解的問題，但總是以可以解釋為前提的。不合情理的命題，則是無法理解的問題；本來不能成立的問題，因而是不具有問題價值的問題。提出這種不能作為問題而成立的問題，若試圖去求解，必是狂妄愚癡。

　　既然這樣，我們在試圖解釋這項問題時，或許認為，從外表看來，這是不合情理的，但我們也有這樣的設想，這問題本來是可以解釋的。此中有一種對普遍的強烈的要求在呼喚著我們。「水流橋不流」的常識，連三歲小孩也能輕易地作答的問題。在這個場合中，對於普遍性的要求，是極其微弱的。但對「橋流水不流」的這句禪話，不管是再怎樣犀利的頭腦，也是無從輕易地理解的。此一問題不像「水流橋不流」的情形那樣易解，所謂的橋，是在兩岸架設起來，是固定的；而水，則是由上而下不曾間斷地穿流著。「橋流水不流」若依淺解的普遍，顯然是不易理解的。我們要把這一普遍揚棄，另求其他的普遍。例如，水並不只限定於流動，也有無風吹動而池水靜止的時刻。所以，說「水不流」未必不合情理。還有，橋

也未必只限於永遠是架設在兩岸而固定的，當洪水等自然災害來臨時，為湍流所沖擊，也可以發生「橋流」的情形。從這種種的考慮來看，或是當你站在橋上去凝視急流時，在感覺上，好像是橋正在逆流向上溯行，而水卻反而有靜止的視覺，由之便產生出「橋流水不流」的推量。這些情況起碼合情理地解釋了「橋流水不流」這一禪語。就這一問題上，可以看到，我們可以達到較認為水是會流動的，橋是固定的這種普遍更深一層次的普遍。（汝鈞案：普遍可視為一種理解的方式，或理性運用的方向。久松顯然以為，普遍性可就不同的層次言，或是常識的普遍，或是弔詭〔辯證〕的普遍。）

　　但是，這一公案的真意，卻不像上述所解釋的那樣。如果我們作這樣的詮釋：橋是架設固定在兩岸，而又在流動，而水則由上而下地流動，竟又停了下來，則我們終將覺得這是難解的，普遍是難尋的。同時，我們亦覺得有一追尋更深的普遍的要求。即使我們是實際上從橋上走過來的人，甚至亦能與橋下的流水打成一片。對於這一公案，能悟得其必然的論理上的依據，達到真實的普遍，解決了這個問題，我們又勢將會面臨這樣的疑難：何以只有這一普遍才是這椿公案的必然的理論根據呢，而別的普遍就不是呢？不過，只要認為對於「橋流水不流」的禪語，可以有一普遍予以合理地理解的話，則像上述所列舉的其他兩個普遍也應該是對的。然而，上述這些話題，對於這椿公案來說，卻不是必然的普遍；既然是這樣，又該是甚麼樣的普遍才能言之成理呢？如果只是依據禪的宗門傳統所制定的來說，相信這不能成為解答此項疑問的必然根據。為甚麼呢？這是因為依據傳統而制定出來的東西的價值，並不是傳統自身，而是構成傳統而為有價值者。在禪來說，依由傳統所制定才算正確的，那必定能合乎禪趣的緣故。即使在若干程度上仍是依傳統

來制定，如果不能合乎禪趣，依然難稱得上正確。站在合乎情理的基點上來說，儘管是同樣的普遍，把其他的一切都視為虛偽，只有一種才是真實的東西，這便是合乎禪趣。因此，為了徹底地理解「橋流水不流」這一禪門公案語句，必須更進一步去探求禪的最高普遍。即是說，為什麼只有作這樣的解釋，才能確定就禪的立場來說，這是妥當的呢？這樣我們才能把這語句放在禪的公案的脈絡上來理解。便是由於這樣，對於一則公案的拈提，就禪來說，亦必須經歷若干層次難以透過的普遍性。另外，又須經歷多位祖師的關卡，在事事物物的各方面需要保持真正的見解，不能違背禪的本旨。又為了立即分出龍與蛇、龜與鼈的差別，必須進行無限的辯證程序。禪門的祖師在悟前與悟後所經歷過的幾十年的長養工夫，不是別的，正是依據這種辯證的體驗來把一切特殊都涵攝於一種普遍中的過程。這便是所謂大事的真正解決，正是把一切特殊都包攝於唯一的普遍中。那才是「因而有」的體系的成立處。這裏所謂的普遍與特殊，是立足於像水與波那樣的緊密關係中的。普遍之中有特殊，特殊之中也有普遍。由於普遍是作為特殊的論理的根據的普遍，故離卻特殊就沒有普遍可得。而特殊又是依普遍才得以成立，故離卻普遍也沒有特殊可得。特殊與普遍，依據洞山禪師的話語來說，是正位與偏位交相迴互的關係。在禪的理想上來說，特殊與普遍，正與偏，是完全地不二的。像一般所說那樣，沒有形式的內容是盲目的，沒有內容的形式則是虛空的。在禪道方面，倘若不能依據見性來悟取普遍，一切特殊都成了妄想與煩惱；如果不能以後得智去究明特殊，則普遍不過是默照的暗窟而已。（汝鈞案：作者似乎以為真正的禪的理解方式，或真正的普遍，必須符合禪趣。禪的最高普遍，必須從禪趣中求。而這禪趣是難以一下子把握的。必須經過多種試

探，或考驗，或辯證歷程，才能得到。這些考驗或辯證歷程，是特殊的，要透過這多項的特殊，最後才能悟到禪的普遍——最高的普遍，也就是真正的禪趣。）

因此，《少室六門》的〈血脈論〉有這樣說法：

> 不見性人，妄稱是佛，此等眾生，是大罪人。若不見性，說得十二部經教，盡是魔說。

另外，黃檗斷際禪師的《宛陵錄》也說：

> 縱爾廣學，勤苦修行，木食草衣，不識自心，皆名邪行。

洞山禪師把正中偏置於五位中的第一位。而白隱禪師在《息耕錄開筵普說》也作過懇切的開示：

> 若人不見性，探經卷，訪師友，作種種行業，總是妄情所為，生死大兆也。終日學無作，而終日打造作，終日求無為，而終日打有為。若又一回見性，終日行有為，即是無為，終日打造作，直是無作。

這裏首先指出，如果不能悟得普遍，則一切特殊不過是純然的偶然而已。縱然是這樣，在另一方面，洞山禪師在正中偏之外，也設置了偏中正之位，警誡我們不要住著於普遍的空虛，以及沒有內容的性格，以為這是偏枯的。此外，白隱禪師在他的《五位口訣》中，呵罵「固執地死守著普遍」的人為「死水裏禪」、「棺木裏守屍鬼」；

並稱他們為「以在正位中求取印證為本的大癡人」，而予以輕視之。
他又說：

> 假有明了平等真智，不能煥發無礙妙智。是故在寂靜無為空
> 間隱處，雖內外玲瓏，了了分明，觀照纏涉動搖、騷鬧、憎
> 愛、差別塵緣，則無半點力。

以譏誚住滯於普遍的做法。此外，東嶺禪師在其《無盡燈論》中也
說：

> 正中偏者，見性端的，雖已見徹，勢分微故，於差別法，尚
> 未了了分明。如彼鏡體有余垢，而物未審細。是故，又設偏
> 中正一位，切明此旨。若欲入此偏中正三昧，須參難透話頭。
> 偏中正者，見性明了，無一切垢，差別妙理，無物不現。隨
> 差別明，根本增明。隨根本明，差別極明。彼此極明了，則
> 於中亦無影像。是謂偏中正。

這是說，如果不去探究一切的特殊，就無從明瞭普遍之所以為普遍
的理由。這種情況，未必就能在禪門祖師的語句中求得徵驗，但從
目前所流行的宗門修行過程來看，是可以即時得到首肯的。（汝鈞
案：這裏直以性或最高主體性為普遍，以現象界的一切經驗內容為
特殊。要在當下在特殊中求普遍，不要捨特殊以求普遍。）

　　就上述的考察所得，禪必須先經由特殊，以達到作為其理論上
的根據的普遍，進一步達到由普遍而演繹特殊的辯證。但若果真是
這樣，我們是不是可以馬上便視禪的正位與辯證上的普遍為同一，

及視禪的偏位與辯證上的特殊為同一呢？如果真是同一的話，則禪
的正位應相應於西洋哲學中的理念；而偏位應相應於感性了。像正
位那樣，理念是一切存在的理論根據，而且又超越一切存在，是法
爾如是地獨自存立的普遍。而感性也像偏位那樣，是特殊，它不能
自覺到作為其論理上的根據的自性。理念超越一切存在，並非現實
的一切所能言喻，所以就像正位那樣，可以說是空。另外，由於感
性不能自覺到它的所以成立的依據，所以也可以說像偏位那樣，是
妄想與煩惱。倘若這樣看理念與感性的關係，則可以說，通過感性
以達成理念，讓理念在感性中實現，比之把偏位歸向正位，讓正位
在偏位中表現出來，實在沒有若何差異之處。這樣看來，在禪中的
正偏迴互的寶鏡三昧，或者是萬法差別的妙智，可看作是黑格爾所
謂理念與感性的完全的合一，或空之理念在感性中展示出來的歷
史。在這樣的思考下，禪所說的法、佛性、空、無、心等，常常在
新的解釋下，被視為與西方哲學所說的法則、規範、理念、第一原
則，乃至普遍妥當性等，具有相同的性格。大體上說，對於經論所
表達的思想的真確的理解，並非單純地將這思想加以如實地抽象綜
合便成，而是要將這思想放在我們生活的現在意識上，確定其位置，
才能得到那真確的意趣。但是，那到底是否就是對於禪的真確的理
解呢？即使理解的方法是正確，如果所理解的並非禪本身的話，那
麼，禪的理解可就很難講了。把禪的正位與普遍、理念等同起來，
把偏位與特殊、感性看作是同一事物，是否真正妥當呢？

　　當然，如先前所述，禪對於由特殊趨向普遍，進一步由普遍而
趨向特殊的辯證，也不相悖離。就這一點來說，所謂佛法、法、正
位等，應該是指普遍；而眾生、煩惱、偏位等，可以說是特殊。正
是因為這樣，我們把佛性與普遍、眾生與特殊，放在同一的範疇內

考量。但卻很難說普遍就是佛性，特殊就是眾生。這是什麼道理呢？因為說普遍就是佛性，必須與說在禪裏面的普遍就是佛性，嚴格地區分開來。就前一點來說，普遍與佛性是同一事物；但在後者，所說的是禪的普遍就是佛性，不是說禪的佛性就是普遍。普遍只是形式意義而已，但佛性卻是充實在形式上的具體內涵。如果把禪的佛性說為是普遍，那麼，由於佛性與普遍為同一事物，則明瞭了普遍的概念，便能依此理解佛性了。若說禪的普遍就是佛性，則由於以禪的立場來說的普遍就是佛性，因而兩者是不同的東西，佛性便不能依於明瞭普遍的概念被理解。既然是這樣，那麼禪的普遍到底是什麼呢？對於此一問題，兩者的答案自然是各有不同。即是說：前一答案是禪的普遍，就是普遍；後一答案則是禪的普遍，就是佛性。因此，在「禪的普遍到底是什麼呢？」一場合所用的普遍，是單純地只是形式意義，所以，即使說禪的普遍就是佛性時，或說禪的普遍就是普遍時，這「普遍」是可以在毫無矛盾的情況下應用的。我們在先前曾說禪也有由特殊而趨向普遍，再由普遍而趨向特殊的辯證，在這種場合的普遍，就是此一意義的普遍。這是作為辯證的形式的普遍，而不是作為禪的內容的普遍。因為是這樣，即使現在我們說禪的普遍不是普遍，與說禪是由普遍以趨向特殊的辯證，也絕不矛盾。因此，作為辯證的形式的普遍，並非當下就與作為禪的普遍的普遍是同一的東西。這是非常明顯的。但是，這樣一來，禪的普遍，或者說，禪的論理的根據，又是什麼呢？（汝鈞案：作者以為普遍是一般說，是形式意義，佛性則是有具體內涵，是存在地說。故不能說禪的佛性是普遍；倘若這樣說，便把佛性的具體內涵剝去了。故應說禪的普遍是佛性；這樣說時，「禪的普遍」中的「普遍」，是在禪這一脈絡中說，故有禪的具體內涵，這即是佛性所有的。但

作者跟著在後面又說「禪的普遍到底是甚麼呢」中的普遍是單獨地
形成意義，便有矛盾之嫌。此處作者在用語上顯然有混淆不清之處。）

　　大致來說，在辯證中的普遍，因為是特殊的論理根據，所以也
是判斷特殊的判斷的大前提。現在倘若我們在這裏作出這幅畫很美
的藝術的判斷，首先，必須設定所謂美者就是如此這般的大前提。
此一大前提，就是判斷的論理根據，也就是普遍。依此普遍來作出
一個藝術方面的判斷。有的事物，由於是藝術方面的，因而只是以
藝術的普遍為依據。當我們作出這種行為是善的一道德的判斷時，
則須要作為其大前提的道德的普遍為依據。如果沒有這道德的普
遍，便不能作出道德的判斷。藝術的判斷與道德的判斷，在判斷的
形式上儘管是相同的，但其形式的內容卻各自迥異，因而兩者在判
斷性質上便不同。美的判斷與善的判斷在性質上不同，是由於各自
具有其性質迥異的普遍所致。道德的判斷與藝術的判斷之相互獨
立，是由於各有其要素，不能為他者所取代，之所以如此，是由於
它們直接各有其普遍。所謂的直接，是不能由其他更深一層的普遍
所演繹之意。由於不能被演繹，所以才是直接的。所謂直接，除了
由於以直接的方式來經驗之外，更沒有其他方法得知了。因此之故，
道德的辯證，只有依於道德的普遍才能成立，藝術上的辯證，也只
有依於藝術的普遍才能成立。為了確立道德的辯證，道德的普遍必
須先直接地被經驗；同樣地，為了確立藝術的辯證，藝術的普遍必
須先直接地被經驗。

　　同樣，禪的辯證也只能依於禪的普遍去成立。如果禪的辯證不
依據其他東西所不能演繹過來的直接的禪的普遍，而是依於其他的
普遍，那麼，縱然也說禪的辯證，它畢竟與依這普遍的辯證沒有什
麼異致，因此也就沒有所謂禪的辯證，或禪的判斷。或許在禪裏面，

並不是特別地有禪的判斷，禪的辯證，也許道德的判斷或藝術的判斷即此便是禪的判斷。這種想法可能也是有的。這種想法，本來不是因為開悟而變成柳綠花紅的視覺感受，但依然還是植基於柳綠花紅的悟了同未悟的思考。但是，這種思考很容易陷入惡性平等之見。所謂「悟了同未悟」，並不是在未開悟以前，即已判斷為柳綠花紅，而是在開悟之後，才判斷為柳綠花紅的。在未開悟以前的柳綠花紅，可以說是妄想；開悟之後的柳綠花紅，才是妙智。前者是日常事實的判斷。作為「事實的判斷」的判斷，了無少許謬誤，在判斷的普遍上，是妥當的真確判斷。然而，在禪來說，卻把同樣的判斷都視為妄想。何以都作為妄想看呢？那是在禪裏面的判斷的普遍中，這不能成為妥當之故。不論是在開悟以前，或在開悟之後，對於柳綠花紅的認知，應該沒有什麼不同。而以開悟之前為妄想，開悟之後為真智，尤其是把真偽看作是各別的，那是由於兩者的普遍有所不同的原故。因此，我們對於禪，特意認為有所謂禪的判斷，就是依於這一意思。對於禪，必須有了特殊的禪的判斷，才會視見性為第一要務。如果沒有這特殊的禪的判斷，則在禪來說，未見性時，會以一切判斷都是妄想，這便難以理解了。（汝鈞案：在開悟前的柳綠花紅，是有執取成分的，即執取柳綠花紅為具有自性。在開悟後的柳綠花紅，則是無執的柳綠花紅，是柳綠花紅的如如的在其自己。能見這柳綠花紅的如如的在其自己，即是見性。）

　　儘管說是論理層面的，也有道德意義的論理的東西，藝術意義的論理的東西，和理論意義的論理的東西。同樣都是論理的，在性質上卻是各自不同。性質之所以不同，那是因為它們各自所具有的普遍在性質上有所不同的原故。在禪道上，說到如果不能見性，則一切都是妄想，那是由於禪的論理，不是藝術的論理，不是道德的

論理，也不是理論的論理之故。因此，要見性，我們必須直接地體
驗禪的論理的普遍。因為是直接的，所以是頓悟的。當我們對於一
則公案下工夫時，首先必須由日常的道德的判斷，或是藝術的判斷，
乃至理論的判斷，對它加以判斷。但是，這種判斷不論是什麼時候
去實踐，都無從理解公案中的禪的意義。我們對它有所理解的時刻，
正是我們由這些判斷飛躍而出，進入禪的判斷的時刻。我們對於「橋
流水不流」的禪的理解，必須依仗禪的普遍來達致，也是這個意思。
我們依禪道來理解這則公案的時刻，與我們進入禪的判斷中，是同
時的。難以滲透的公案，也是我們不能輕易地飛躍進禪的判斷中去
的公案。在禪道上所謂的工夫，就是如此。它不是道德上的判斷，
也不是自然科學上的判斷，它必須是禪方面的判斷。禪的判斷並不
是通過次第深化理論的判斷與道德的判斷達致的；卻是要超脫這些
判斷，透過飛躍的挺進而達致。當植物學家看到一梨花，不管他如
何深化植物學的判斷，把花解剖過來，也不會達到以花為美的藝術
的判斷。同樣，不管如何深化其他種類的判斷，也不能達到禪的判
斷。因此，禪道上的見性的「見」，當然不是感官上的視覺，這是
不待贅言的事實。如是，這也不是理論的判斷、道德的判斷、藝術
的判斷，而是禪中特有的判斷。禪道上的「性」，如果不是透過這
種特有的判斷的「見」，是不能被體驗的。恰如色與眼，是一種事
體的兩面；「性」與「見」，也是同一事體的兩種不同的觀點。沒
有「性」，就無從「見」；沒有「見」，就無所謂「性」。「性」
之時，也就是「見」之時；而「見」之時，也正是「性」之時。此
一時刻的「見」，是對「性」之「見」；而「性」也正是「見」之
「性」。（汝鈞案：性是在見性中說，見也是在見性中說。性是見
性的性，見是見性的見。真正的性是在見性中所見的性，而真正的

見則是在見性中所表現的見。見性是性的如如呈現，此中沒有見與
所見的性的主客之分。）像永平道元禪師在其《正法眼藏》的〈唯
佛與佛篇〉所說的：

> 佛法不是一般人之所易於理解的。緣此之故，自古以來的凡
> 夫，都無從悟解佛法。故佛法是「唯佛所證」的。

又說：

> 無從徹底了解佛法時，儘管我們以往有所悟解，本質上卻沒
> 有了悟的感受。即使有所解悟，也不是以理解來覺悟。[1]

在這裏，不是依於「性」本身，而是依於其他的普遍所判斷得來的
「性」，並不是「性」。能見的「性」，不是「性」，而思量分別
的「性」，也不是「性」。想要憑藉思量分別來見「性」，恰如想
要用「耳」去見「色」那樣。因此，黃檗禪師這樣說：

> 今時人，祇欲得多知多解，廣求文義，喚作修行。不知多知
> 多解，翻成壅塞。

又說：

---

[1]　這裏所引的，是道元的《正法眼藏》的原文。此書尚未找得，只能據
　　久松之文譯出來。待找得便補上原文。

　　善惡都莫思量，當處便出三界。

臨濟禪師也說：

　　人信不及，便乃認名，認句，向文字中求意度佛法，天地懸
　　殊。

這是說，依靠純然的理論的普遍與道德的普遍，畢竟是難以達到禪
的普遍。

　　既如所述：禪的普遍就是直接的體驗。正因為是直接的，因而
依於普遍的判斷，才能構成既不是道德的，理論的，藝術的，而是
特殊的論理體系。這禪的辯證是獨立於道德、理論、藝術的辯證。
這辯證涵有不能還原回倫理學、科學、美學的禪在學問上成立的可
能性。這樣說來，作為禪的普遍的佛性，是甚麼樣性質的東西呢？
抑有進者，一切事物又如何從這樣的佛性演繹出來呢？而且，依於
這種演繹而構成的體系，與道德的體系、藝術的體系等又如何比較
呢？這些問題當然都是我們跟著要面臨的課題。這裏我們僅能對禪
的辯證的意義以及其所引伸的問題，加以考察而已，這些課題都要
暫時擱下不談。

附錄二、中觀學的四句法[*]

查喀勒佛諦著
馮禮平譯，吳汝鈞校定

斯提爾（F. Staal）在其《神秘主義之探索》（*Exploring Mysticism*）[1]一書中，說佛教裏並無任何非理性的義理。在該書的第一章第二節裏，他嘗試通過分析中觀學的四句方法來說明上述的見解。[2]筆者雖然相信斯提爾的論點是有根據的，但對其書該章、節中有關上述見解提出一些分析，也是未嘗不可。

斯提爾認為，當我們考察中觀學的四句時，我們會發覺到它是違反了矛盾律及排中律。四句的形式可以用下述的方式表達：

(1) P

(2) ~P

(3) P・~P

(4a) ~P・~~P 或　(4b) ~(PV~P)

如果 4b 反映了第四句形式的話，那麼，它自然是違反排中律（如果在 4b 裏出現的 P 都同樣代表一相同的句子，而這句子是同樣用來

---

[*]　筆者謹向何茲百格（Hans Herzberger）及默迪羅（B. K. Matilal）兩位致意，他們曾給本文的初稿提出意見。

[1]　Frits Staal, *Exploring Mysticism*, Penguin, 1975, pp. 40-54.

[2]　Ibid., pp. 40-54.

表達一種語言行為的話）的表達形式。但是，4b 似乎並非第四句否定法的唯一表達式。我們也可以說 4a 也是一可能的表達方式。而事實上，從《中論》所引用的原文看來，[3] 4a 是似乎切合一些的。（該偈頌的有關文句的翻譯是「非實非非實」。）

　　如果我們接受 4a 是第四句的正確表達形式的話，它便不是違反排中律的直接例子。但問題在於可否接受 4a 作為第三句之外的另一句。如果 4a 是被用作確切的選替式（alternative）的話，那麼，無論是雙重否定法或排中律都不被認可了。（P 及 ~P 都並不窮盡全部可能性，因為 ~~P 是有別於 ~P 的一種可能性而又不可化約為 P。）雖然 4a 自身並不違反排中律，但有關的脈絡卻顯示出排中律是違反了，因為它並不接受雙重否定法。[4]

　　有關這問題的標準解說是中觀學者否定了全部的四句。這些否定可以下述的形式來表達：

　　(1')　~P

　　(2')　~~P

---

[3]　　《中論》觀法品第八偈頌：「一切實非實，亦實亦非實，非實非非實，是名諸佛法。」

[4]　　當 4a 通過邏輯的化約而為 4b 時，我們也可以說它含藏了對排中律的否定。（這化約可以應用摩根定律 De Morgan's Law 表示出來，這定律即使是直觀主義者都不會懷疑的。）不過，這充其量只是說在構成 4a 時，人們是在邏輯的表態上（logically committed）把排中律否定了。我們甚至可以說 3 也是否定排中律的，因為 4a 可以從 3 導引出來，這 4a 是相等於 4b 的。（詳見 A. Heyting, *Intuitionism*, North-Holland Publishing Co., 1956, pp. 99-100.）從龍樹之用 4a 來代替 3 來說，他可以被看作是現象學地否定了排中律。

(3') ~(P・~P)

(4') ~(~P・~~P)

1'及 2'否定了四句中的第一及第二句（即上文的 1 及 2）。當我們斷言第一句及第二句組合，便會出現第三句（即 3），而由 3'所否定。對第一句及第二句的否定便構成第四句選替式（即 1'及 2'兩句的合取句，即 4），而 4'又把它否定了。因此，在 3'及 4'中，矛盾被否定了，故可以說在 4'中排中律是被違反了。

　　雖然中觀學者把四句都加以否定，但他們卻沒有否定所有事物。例如，他們沒有否定不矛盾律。我們可以說他們是否定一切必然假理（necessary falsities）（必然非真理 necessary non-truths）及全部一般執著的適然的真理及假理（contingent truths and falsities）。

　　我們可以運用下述的四句的具體例子來說明中觀學所謂一切皆不能斷定的立場：

(a) 法國皇帝是禿頭的。

(b) 法國皇帝不是禿頭的。

(c) 法國皇帝既是禿頭亦不是禿頭的。

(d) 法國皇帝既不是禿頭亦不是不禿頭的。

根據史緄遜派（Strawsonian）的論點，我們可以說，a、b、c、d 如果在一九七九年時來說，都是把真值真理（truth-value truth）（或假理 falsity）否定了，因為在這個時候法國已沒有皇朝了。就中觀學者來說，上述四句都不是真的，而下述的一句也不是真的：

(e) 現在沒有法國皇帝了。

這並非說 a、b、c、d 及 e 都是假的，而是說不可能給予它們真值（truth value）。這也只是說就 a、b、c、d 及 e 的使用而言，所否定的是它

們的語言行為的斷定或否定。

因此，筆者想起了史爾萊（J. Searle）對於非語句之否定（illocutionary negation）及命題之否定（propositional negation）所作的分別。茲引述他的著作中的一段說話看看，這說話與我們這裏〔討論的問題〕是有關連的：

> 「我答應前來」這句子有兩種否定，一者是「我不答應前來」，而二者是「我答應不前來」。前者是一種非語句之否定，而後者是命題之否定。命題之否定把非語句行為的特性留下來，不予改變。因為這些命題之否定都會歸於同樣含有這些非語句力量的另一命題中。一般的非語句之否定都把非語句行為的特性改變了，正如說「我不答應前來」並不是一個允諾而是拒絕去作一個允諾。[5]

現在讓我們把巴基斯坦平民在布圖（Bhutto）〔前巴基斯坦總統〕被判死刑後及執行死刑前所作的說話來作一分析。

(A) 我答應（合法地）釋放布圖。

(B) 我答應不（合法地）釋放布圖。

(C) 我不答應（合法地）釋放布圖。

B 句是一種命題之否定，而 C 是一種非語句之否定。A 及 B 句都是允諾，但因為一般平民都沒有資格作出那樣的允諾，這種語言行為是無的放矢（我們說這語言行為是無的放矢，是因為一種適切的語言行為，像在 A 或 B 的情況，其先決條件是那個想作出這樣允諾的

---

[5]　J. Searle, *Speech Acts*, Cambridge University Press, 1969, pp. 32-33.

人必須具有作出這種允諾的資格）。同樣的，C 句中如果說話的人是有資格作出那樣的允諾的話，這句子亦是不適切的（我答應不去釋放布圖，但我本來可以釋放他——本來是可以作出這允諾的，雖然事實上我沒有這樣做）。對於 A 句的否定，如果是因為其中有不適切的因素，我們便可稱這為非語句之否定。這種非語句之否定同時也把 C 句否定了，因為在 A 句中所有不適切的因素，在 C 句中也曾出現。

如果要給中觀學的四句否定作出首尾一致的解釋，我們似應參考非語句之否定這一類否定法。非語句之否定是一種全面的否定法，因為所說的話語不是適切的，雖然那種不適切性並不一定相同於上述例子中所謂允諾中者。筆者並沒有打算核證中觀派對四句的否定，或者問為甚麼一些陳述真理的具體例子被否定了呢。筆者試圖說明的是，雖然這些否定法在某些例子中並不能經得起理性的考驗，但對四句否定之否定法的架構卻不是非理性的。

中觀學對四句的否定可以說成是命題之否定（prasajya-pratiṣedha）這種否定式的有限制的例子。我們說這種否定式是有限制的例子，因為其中肯定的成分是零的。[6]

6　這是命題之否定的例子，這否定法與動詞片語（verb phrase）相配合，故其位置性（position）多於禁止性（prohibition）。詳見默迪羅所著《正理學派之否定論》（B. K. Matilal, *The Navya-Nyāya Doctrine of Negation*, Harvard University Press, 1968, pp. 156-157）。默迪邏在其《印度哲學分析中的知識論、邏輯及文法》（B. K. Matilal, *Epistemology, Logic and Grammar in Indian Philosophical Analysis*, Mouton, 1971）一書中說：「我要替中觀學多說幾句，在某些否定的情況下，『否認』（denial）的一面可以強烈到把『表態』（committment）一方減至全無（nullity）。」（p. 163）

後 記

　　本書附錄所收的兩篇文字，一是久松真一用日文寫的〈禪之辯證〉，由關世謙先生翻譯，另一是查咯勒佛諦（Cakravarti）用英文寫的〈中觀學的四句法〉，由馮禮平先生翻譯。兩篇文字都是由我對照原文校定。我對前一篇翻譯作了大幅度的修改，並在大多數的段文之後，都加上案語，幫助讀者理解。對後一篇翻譯，我只是稍微作一些修改。

　　這兩篇翻譯文字，在二、三十年前已成稿，但一直擱下，沒有注意。近日整理舊的文件時才發覺，翻看一過，覺得還是有參考價值，於是把它們放在書末，作為附錄。

　　最後，〈禪之辯證〉翻譯自〈禪の辯證〉，《東洋的無》，《久松真一著作集》，東京：理想社，1969，頁 122-138。查咯勒佛諦之文，其出處如下：S. S. Chakravarti, "The Mādhyamika Catuṣkoṭi or Tetralemma." *Journal of Indian Philosophy*, 8 (1980), pp. 303-306。

國家圖書館出版品預行編目資料

從詮釋學與天台學說起

吳汝鈞著. – 初版. – 臺北市：臺灣學生，2016.11
面；公分

ISBN 978-957-15-1720-9 (平裝)

1. 天台宗 2. 佛教哲學 3. 詮釋學

226.41   105020615

從詮釋學與天台學說起

著　作　者：吳　　　　汝　　　　鈞
出　版　者：臺　灣　學　生　書　局　有　限　公　司
發　行　人：楊　　　　雲　　　　龍
發　行　所：臺　灣　學　生　書　局　有　限　公　司
　　　　　　臺北市和平東路一段七十五巷十一號
　　　　　　郵　政　劃　撥　帳　號：０００２４６６８
　　　　　　電　話：(０２)２３９２８１８５
　　　　　　傳　眞：(０２)２３９２８１０５
　　　　　　E-mail：student.book@msa.hinet.net
　　　　　　http：//www.studentbook.com.tw
本　書　局　登
記　證　字　號：行政院新聞局局版北市業字第玖捌壹號
印　刷　所：長　欣　印　刷　企　業　社
　　　　　　新北市中和區中正路九八八巷十七號
　　　　　　電　話：(０２)２２２６８８５３

定價：新臺幣四五○元

二 ○ 一 六 年 十 一 月 初 版

22612
ISBN 978-957-15-1720-9 (平裝)